Fred Huber

Projekt Weltethik

in Psychotherapie, Medizin, Erziehung und Seelsorge

Die Kunst der Selbsterziehung
und Gesundheit als Weg

Info Verlag

Berufe und Personen werden nur aus Gründen der Leseflüssigkeit ausschließlich in der männlichen Form verwendet.

Herausgegeben von
Thomas Lindemann

Redaktion
Rebecca Barth, Kurt Fay
Constanze Jung

Satz
Rebecca Barth

Mitarbeit
Melanie Davis, Diana Sayegh

Bibliografische Information Der Deutschen Bibliothek
Die Deutsche Bibliothek verzeichnet diese Publikation in der Deutschen Nationalbiografie; detaillierte bibliografische Daten sind im Internet über http.//dnb.ddb.de abrufbar.

Postfach 33 67 · D-76019 Karlsruhe
Käppelestraße 10 · D-76131 Karlsruhe
Telefon (0721) 61 78 88 · Fax 62 12 38
e-mail: info@infoverlag.de
www.infoverlag.de

ISBN 3-88190-308-9

Fred Huber · **Projekt Weltethik**
in Psychotherapie, Medizin, Erziehung und Seelsorge

Fred Huber, Ph. D., Doktor der klinischen Psychologie, Century University, N.M., USA, Erziehungs- und Verhaltenswissenschaftler, Privatdozent für Psychotherapie (AKJP) Osnabrück, approbierter Psychotherapeut (Integrative Kognitive Verhaltenstherapie) sowie Rational-Emotiver Verhaltenstherapeut (Ausbildung bei Dr. Albert Ellis, New York). Seit 20 Jahren in privater psychotherapeutischer Praxis tätig (Einzel-, Paar- und Familien-Therapie sowie Seminare mit Workshops), Fachautor.

Inhalt

Vorwort

Ein ethisches Metakonzept für Erziehung, Wissenschaft, Bildung, Religionen, Politik und Wirtschaft möchte ich hier vorstellen und begründen. Es war und ist ein schweres, komplexes wissenschaftliches Projekt. Die hier erstmalig formulierten 30 internationalen ethischen Leitlinien und ihre Interpretationen entsprechen mindestens dreifach vernünftigen Auswirkungen:

➢ **Pionierleistung für eine Weltethik**, für internationale ethische Standards, welche Grundlage für Internationale Grundgesetze und Menschenrechte sind. Sie sind noch in Gesetzen zu formulieren und sämtlichen nationalen, soziokulturellen, religiösen, berufsethischen Konstrukten, Geboten, Rechten überzuordnen. Ein internationales Gericht hat über die Einhaltung und Sanktionen dieser weltethischen Standards zu wachen.

➢ **Verpflichtung für die Weltgemeinschaft**, wie Ursachen für die Entstehung von Terrorismus durch humane Hilfen beseitigt werden können; also Armut, Sklaventum, Ausbeutung, Korruption, internationales Bandentum. Die Konferenz gegen den Terrorismus (zuletzt in München am 02.02.2002) als 38. Konferenz zur Sicherheitspolitik mit 43 Ländervertretungen, ist ein erster kleiner Schritt in diese Richtung, der konsequent erweitert werden müsste, z.B. Teilnahme von mehr als 300 Ländervertretungen und größere Kompetenzen mit bindenden Verpflichtungen aller Teilnehmer. Gleiches gilt auch für das Weltwirtschaftsforum in New York (01.02.2000), wo mehr als 100 Ländervertretungen eine größere globale Gerechtigkeit fordern. Es ist nicht nur Terrorismus zu bekämpfen, sondern auch Armut und Hoffnungslosigkeit.

➢ **Individuelle Orientierung der Menschen (Weltethik)** für eine natur- und gesundheitsbewusste Lebensführung sowie spezielle Orientierung für Erziehung, Bildung, Psychotherapie und Ganzheitsmedizin (biopsychosoziale Medizin) stellen diese universalethischen Leitlinien außerdem dar.

Aufgrund dieser zumindest dreifachen Auswirkungen der 30 weltethischen Leitlinien erhoffe ich mir eine optimale Hilfe für jeden Menschen, der angeleitet wird, diese international ethischen Standards zu begreifen (nicht nur davon zu hören oder sie zu lesen), auch anwenden resp. im Heute umsetzen zu können. Das verhilft ihm zu einer zufriedenen, ausgeglichenen Lebensführung (signifikant verbesserte Lebensqualität) und zu einem rücksichtsvollen, reflektierenden, loyalen Miteinander: achtsamer, fairer, vernunftsorientierter Umgang mit sich, mit Mitmenschen, Tieren, Pflanzen; also mit Menschen und der Natur.

Damit diese Arbeit, die sehr zeitintensiv war, zustande kommen konnte, möchte ich hauptsächlich meiner Frau Ilka für ihre Rücksicht in den letzten Jahren sowie für das Schreiben des schwierigen Manuskriptes danken.

Bei Hans Becker, Dipl.-Pädagoge und Sonderschulrektor, bedanke ich mich für die Mithilfe beim Korrekturlesen sowie für Diskussionsbeiträge, die ich auch von meinem Freund, dem Arzt Paul Porostau, erhalten habe.

Für die formal-rechtliche Beratung stand mir Heinz Arzt als Jurist bei Bedarf ohne Zögern zur Seite und für die Supervision der englischen Übersetzung der 30 weltethischen Leitlinien inklusive Kommentar für Kofi Annan und für verschiedene Präsidenten die Philologin Agnes Regray.

Ihnen allen möchte ich für ihre Unterstützungen und Ermutigungen herzlich danken – auch meinem kleinen Sohn Nicolas, der in dieser Zeit über seinen Papa nur sehr eingeschränkt verfügen konnte.

Im November, 2002
Fred Huber, Ph.D.

Einleitung

In dem ersten „Projekt Weltethos“ von Hans Küng[1] (ebda S. 13f) ist er überzeugt, dass es „kein Überleben ohne Weltethos“ geben kann; es bedarf eines Ethos für die gesamte Menschheit. Die Menschen brauchen Werte, Leitlinien, Ziele zur Orientierung in ihrem Leben, keine Religionen mit Absolutheitsanspruch oder schon gar keine Einheitsreligion und keine Einheitsideologie. Sie benötigen verbindliche ethische Normen, Güter und Werte. Bisher konnten weder Religionen noch philosophische, psychologische Schulen oder berufsethische Kammergesetze der Psychotherapeuten, Mediziner, Juristen, Ingenieure etc. solche allgemein verbindlichen ethischen Normen und Werte vermitteln. Wir brauchen aber solche globalen ethischen Standards, weil die Menschheit unverändert dabei ist, sich selbst und ihren Lebensraum auf der Erde zu zerstören. Gleichgültigkeit, Selbstgefälligkeit, Gruppenegoismus, Überheblichkeit (also Persönlichkeitsdummheit) sind wesentliche Ursachen für dieses rein egoistisch-selbstzerstörerische Treiben der Menschen. Es wird mit dieser Pilotarbeit versucht, dass zumindest Anstöße für solch eine Weltethik (Konsensethik nach Jürgen Habermas)[2] von der Psychotherapie und der Verhaltensmedizin ausgehen. Die Grundwissenschaften der modernen Psychotherapie, die Verhaltensmedizin[3] (biopsychosoziale Medizin gegenüber der 1/3-Medizin, der Organ- oder Somamedizin) und die Semantik[4] bringen Forschungsergebnisse hervor, die Weltstandards entsprechen können; also für jeden Menschen in der spezifischen Situation gleiche Gültigkeit haben. Die moderne

Psychotherapie des 21. Jahrhunderts wird hier als Integrative Kognitive Verhaltenstherapie (IKV) verstanden[5]. *Integrativ* bedeutet nicht nur eine

a) Kombination von empirisch gesicherten, evaluierten Methoden, sondern auch eine

b) integrative Anwendung der klassischen resp. respondenten Konditionierungsprozesse, der Lernprinzipien der Verhaltenstherapie, des Modelllernens und der tiefenpsychologisch-analytischen gesicherten Methoden[5].

Kognitiv-emotiv bedeutet, dass automatisch ablaufende, gelernte Kognitionen (Bewertungen, Urteile, Vorurteile, Schlussfolgerungen, Überzeugungen, Interpretationen) beim Menschen zum jeweiligen Ereignis synchron ablaufen, seine Emotionen, Gefühle bedingen sowie seine physiologischen Reaktionen, z.B. im endokrinologischen, respiratorischen oder kardiovaskulären System. „Die Menschen sind nicht verwirrt von Dingen bzw. Ereignissen, sondern von den Sichtweisen, die sie zu den Dingen, Ereignissen haben" (Epiktet, 1. Jh. n. Chr.). Der klinische Psychologe und Psychotherapeut Albert Ellis[20] hat aus diesem Lehrsatz der Stoiker eine eigenständige Psychotherapie als wissenschaftliche Nachfolgetherapie zur Psychoanalyse entwickelt, nämlich seine Rational-Emotive Verhaltenstherapie (REVT), die in sich integrativ dynamisch und eklektizistisch* ist.

In seiner Berliner Rede forderte der deutsche Bundespräsident Johannes Rau (Mai, 2001), dass wir ethische Maßstäbe brauchen und Grenzen der Erkenntnis: Grenzen, was wir Menschen können, und Grenzen, was wir verantworten können. Mit Heilversprechungen des wissenschaftlich-technischen Fortschritts, z.B. der Gentechnik und Gentherapie, dürfen sich die Menschen nicht verleiten oder gar verführen lassen. Die Fragen nach Leben und Sterben betreffen uns alle. Wir dürfen Experten nicht alleine die Verantwortung überlassen. Von einem Ethikbeirat, wie von der Gesundheitsministerin Fischer im Frühjahr 2000 eingerichtet und bereits wieder aufgelöst, oder einem nationalen Ethikrat, der in Deutschland (2001) berufen wurde, kann keine notwendige Signalwirkung ausgehen, da

---

* so gekennzeinete Fachbegriffe s. Glossar

a) die Mitglieder nur beratende Funktion haben und
b) die Zusammensetzung populistisch erfolgte und nicht nach paritätisch-ethischen Kriterien; z. B. sind keine freien Theologen (nicht einer Amtskirche zugehörig) oder freie Philosophen, keine niedergelassenen psychologischen oder ärztlichen Psychotherapeuten in diesem Gremium; also ein Fehlen hochrangiger, unabhängiger Experten.

Ein Verfechter universal gültiger Menschenrechte ist beispielsweise auch der Philosoph Gregor Paul, der bei dem Philosophen Xunzi (3. Jh. v. Chr.) das Bild eines Konfuzianers sieht, der sich dem universalen moralischen Prinzip (nicht aber Herrscher oder Übervater) verpflichtet sieht. In Vorträgen und auf Konferenzen tritt Paul heute für solch eine universale Ethik und Globalisierung ein.

Der Europarat feierte im November 2000 ein Jubiläum: 50 Jahre Konvention der Menschenrechte. Die am 4. November 1950 von den damals zehn Mitgliedsberatern des Europarates und der assoziierten Bundesrepublik unterzeichnete „Europäische Menschenrechtskonvention" (EMRK) verpflichtet zwar zur Einhaltung der Menschenrechte in dieser Staatengemeinschaft. Doch bis heute werden diese Menschenrechte wie Recht auf Schutz des Lebens (Legalisierung der Abtreibung), Abschaffung der Todesstrafe, Schutz der Einwanderer vor Rassismus weder in Europa noch in der Welt eingehalten. Genauso wenig verwirklicht sind diese drei deutschen Grundwerte: Einigkeit und Recht und Freiheit oder die Rechte des Kindes, so wie sie in der UNO-Konvention von 70 Staats- und Regierungschefs im Weltgipfel in New York (1990) in einem Aktionsplan ausgearbeitet wurden. Noch immer werden weltweit Millionen von Kindern (z. B. in Indien allein 100 Millionen) zur Kinderarbeit verdammt. Analog verhält es sich mit den bisherigen Umweltgipfeln von Stockholm (1972), Montreal (1987), Rio (1992) bis Bonn (2001): Naturschützer fordern Deutschland und die Europäische Union auf, das Abkommen von Kyoto (1997) auf jeden Fall zu ratifizieren, auch bei fehlender Mehrheit (Wackelkandidaten Russland und Japan und Ausstieg der USA). Anstelle von einer weltweiten Reduzierung des Schadstoffausstoßes (Treibhausgas, v. a. CO_2) um 5,2 % unter das Niveau von 1990 zu senken, kam nur ein kleinster gemeinsamer Kompromiss ohne USA mit

Reduktionsfaktor von etwa 1% heraus, dem die Delegierten aus rund 180 Staaten zustimmten – auch Japan und Russland. Es wurde aber erstmals vereinbart, dass die Verursacherstaaten kontrolliert werden – nicht wurde vereinbart, wer die Kontrolleure kontrolliert und welche konkreten Strafsanktionen bei Missbrauch erfolgen werden.

Es ist uns allen bewusst zu machen, dass die fossilen Energievorräte nach heutigem Kenntisstand nicht mehr lange reichen:

Erdöl	42	Jahre
Erdgas	60	Jahre
Uran	38	Jahre
Kohle	660	Jahre

– aber Sonne und Wind sind unbegrenzt wie auch andere alternative Bio-Energien. Damit wir keine Erderwärmung (Pole) von nur einem Grad bekommen, ist in den nächsten 50 Jahren der Ausstoß an Treibhausgasen zu halbieren und in 100 Jahren einzustellen. Deshalb hat auch die USA in die Verantwortung genommen zu werden (z. B. durch Welthandelsboykott), sich der Einigung der 180 Staaten anzuschließen; zumal die USA alleine für 25% des Ausstoßes von Treibhausgasen verantwortlich sind. Wälder in den jeweiligen Ländern dürfen mittelfristig auch nicht mehr gegengerechnet werden – das entspricht einem Selbstbetrug bei fehlender Verantwortung. Auch der Weltgipfel in Johannisburg (26.08.–04.09.2002) für nachhaltige Entwicklung, der bislang größten UN-Konferenz mit rund 40.000 Teilnehmern und über 100 Staats- und Regierungschefs, brachte nicht annähernd den gewünschten und dringend erforderlichen Erfolg.

Durch diese vielen, kurz angedeuteten Problemfelder und durch ein Symposium des Instituts für Medizinische Ethik, Grundlagen und Methoden der Psychotherapie und Gesundheitsstruktur (IEPG) in Mannheim in Zusammenarbeit mit der Akademie für Ethik und Medizin in Göttingen wurde ich stark motiviert, mich mit dieser Thematik einer Weltethik zu befassen, zumal die Themen des Symposiums (14.10.2000) sich mit dem „Ethischen Handeln an den Grenzen des Wissens in Medizin, Psychotherapie, Psychologie, Seelsorge und Pädagogik“ befassten. Ausschlaggebend waren aber schließlich meine Patienten, auch viele junge Patienten, die sich bisher zur „Spaßgesellschaft" (just for fun) zählten, keine Sinnhaftigkeit in ihrem Leben sahen und auf der Suche nach gültigen, einsichtig verständlichen, ethischen Normen, Werten sind, die ihnen fehlen würden. Die Zehn Gebote (Dekalog) waren meist keine glaubwürdigen antwortgebenden Regeln für sie; die Grundrechte auch nicht, da sie von den sogenannten Autoritäten kaum kontrolliert und noch wichtiger, selten vorgelebt werden. Demgegenüber blühen Korruption, delinquentes Verhalten in allen Schattierungen, Selbstbereicherung, Privilegiengier, Suchtverhalten, Alimentationen, Narzissmus, Egoismen und Solipsismus* (Selbstgefälligkeit, Selbstbezogenheit, auch mit „geistiger Onanie")*, die vielfältige Persönlichkeits- und Charakterstörungen hervorbringen, unabhängig von Stellung, beruflichen und/oder schulischen Qualifikationen. Dieses deviante und/oder delinquente Verhalten* verschlingt in jedem reichen Land jährlich Milliarden Dollar oder Euro, die dem Land selbst und den armen Entwicklungsländern nicht zur Verfügung stehen.

Menschenrechte werden definiert als „Rechte, die jedem Menschen unabhängig von seiner Stellung in Staat, Gesellschaft, Familie, Beruf, Religion und Kultur bereits dadurch zustehen, dass er als Mensch geboren ist".

Das leitende normative Prinzip „Menschenwürde" sieht den Menschen von Geburt an im Besitz eines unantastbaren, unveräußerlichen Rechts, das ihm als Individuum vor jeder willkürlichen oder solcher Behandlung schützt, die ihn zu einem bloßen Objekt fremden Tuns werden ließe (vgl. Brockhaus, Bd. 14, S. 466f)[47]. Im Verhältnis der Menschen untereinander geht diese Idee „die unbedingte Anerkennung des Einzelnen als eines Trägers gleichen Freiheit" voraus, deren Gebrauch unabhängig voneinander erlaubt sein sollte (ebda., S. 466)[47]. Hinsichtlich der Effizienz des Menschenrechtsschutzes gilt es, zwischen Verfassung und vorzufindender Verfassungswirklichkeit zu unterscheiden. Auf die völkerrechtliche Ebene konnten die Menschenrechte erst im 20. Jh. vordringen. Im internationalen Bereich war der Einzelne allein auf den diplomatischen Schutz seines Heimatlandes angewiesen. Seit dem Ende des Ersten Weltkrieges ist die Epoche des klassischen Völkerrechts zu Ende gegangen. Seither befindet sich das internationale Völkerrecht in einer Umbruchphase bis heute, da die Grundstruktur des Völkerrechts auch ein Recht der souveränen Staaten beinhaltet. Die Mediatisierung* des Einzelnen durch seinen Staat ist immer noch nicht aufgehoben. Der Einzelne ist heute immer noch „kein prinzipieller Rechtsträger im internationalen Bereich, sondern taucht dort nur als Begünstigter von Völkerrechtsnormen auf" (ebda, S. 467)[47].

Erst mit der Allgemeinen Erklärung der Menschenrechte, die von der Generalversammlung der Vereinten Nationen am 10.12.1948 verkündet wurde, gab es einen Marktstein in der internationalen Entwicklung. Da es sich sehr schwierig erwies, die gesamte Materie in einer einzigen Konvention (völkerrechtliches Abkommen) unterzubringen, entstanden zwei Verträge:

➢ Internationaler Pakt über bürgerliche und politische Rechte (IP bürg. R. seit 23.03.1976);

➢ Internationaler Pakt über wirtschaftliche, soziale und kulturelle Rechte (IP wirt. R. seit 03.01.1976).

Bis zum Jahre 1989 traten erst 92 Staaten dem erstgenannten und 87 Staaten dem zweitgenannten Pakt bei. Deutschland ist in beiden vertreten. Der IP bürg. R. beinhaltet die Freiheits- und Gleichheitsrechte; ohne den Schutz des Eigentums- und Asylrechts. Die beiden Pakte bleiben weit hinter dem zurück, was in den 30 universal-ethischen Leitlinien gefordert wird. Es sind auch die meisten Staaten noch nicht in beiden Pakten vertreten, z. B. die USA, China, Afrika, Asien und Russland.

Die Verpflichtungsschwäche der Pakte ist ein weiterer konstruktiver Kritikpunkt, da die Souveränität (Hoheitsgewalt) der Staaten mit den Pakten auch kollidiert.

Somit liegen hier noch keine funktionsfähigen Kontrollorgane vor. Seit 1947 ist ferner eine Menschenrechts-Kommission des Wirtschafts- und Sozialrates der UNO tätig; seine Befugnisse reichen aber auch nicht über die einer Kommission hinaus. Eine Reihe von Konventionen wurde bei der UNO seit 1946 verabschiedet, beispielsweise

- Abkommen zum Schutze des Menschenhandels und der Prostitution (1949);

- Genfer Flüchtlingskonvention (1951);

- Konvention über die Verhütung und Bestrafung des Völkermordes (1946);

- Konvention über die Nichtverjährung von Kriegsverbrechen und Verbrechen gegen die Menschlichkeit (1968).

Hilfreich sind und waren diese humanen Konventionen, aber nicht durchgreifend und nicht verhindernd. Heute wird nach wie vor weltweit gegen solche Konventionen verstoßen. Deshalb brauchen wir weltethische, verpflichtende Standards für die Weltgemeinschaft mit Verfassungsform und Gesetzescharakter, die von einem Weltgericht zu kontrollieren und zu sanktionieren sind.

Nicht einmal auf regionaler Ebene ist der völkerrechtliche Menschenrechtsschutz gewährleistet; um so enttäuschender ist der Entwicklungsstand auf globaler Ebene. Die europäische Menschenrechtskonvention (EMRK), das Menschenrecht-Schutzsystem in Mittel- und Südamerika, die Amerikanische Menschenrechtskonvention von 1969 (AMRK) sowie „African Charter on Human Rights and Peoples Rights (1981)" (Afrikanische Menschenrechts-Charta) können mit ihrer verpflichtenden Kraft eher mit den Menschenrecht-Pakten der UNO verglichen werden – es fehlt an rational übergeordneten Menschenrechts- und Menschenpflichtsvereinbarungen, an überkonfessionellen, überkulturellen, universal-ethischen Standards sowie deren international gesicherten Kontrollen.

Ethik in Psychotherapie und Verhaltensmedizin

Nur wer das Ziel kennt, kann entscheiden.
Wer entscheidet, findet Ruhe.
Wer Ruhe findet, ist sicher.
Wer sicher ist, kann überlegen.
Wer überlegt, kann verbessern.

Konfuzius
um 551–479 v. Chr.

Ethikdefinition und Kurzbeschreibung

Die **Ethik** hat sich als Teildisziplin aus der Philosophie entwickelt. Ethik (griech. *ethos*: Gewohnheit, Herkommen, Sitte, sittlicher Charakter, moralische Gesinnung) stellt eine „sittliche Grundhaltung und Gesinnung, moralische Gesamthaltung eines Einzelnen oder einer Gemeinschaft"[7] dar. Sie befasst sich mit der Lehre von den Normen menschlichen Handelns; es geht ihr um die Theorie der Begründung ethischer Normensysteme und Handlungsregeln. Das sind auch die Gründe, weshalb Ethik in Psychotherapie und Verhaltensmedizin an erster Stelle bearbeitet wird; hier geht es auch um die Normen und Ziele (Zwecke, Werte) die rational, gut oder irrational, böse (schädlich) für einen Menschen sind. Außerdem geht es um die Vermittlungs- und Anwendungsebene; also das Handeln und Verhalten. Ethik als philosophische Disziplin versucht die Frage zu beantworten, an welchen Normen und Zielen (Werte, Güter), die Menschen ihr Denken orientieren sollten. In der Integrativen Kognitiven Psychotherapie (IKV) lautet die Frage analog: An welchen ethischen Leitlinien, Sinnhaftigkeiten, Normen haben die Menschen ihr *Denken* (Kognitionen), *Fühlen* (Emotionen, physiologische Reaktionen) und *Verhalten* (Aktionen) zu orientieren und/oder zu prüfen. Der Hamburger Bildungswissenschaftler Dietrich Schwanitz[8] hat das große Bedürfnis junger Menschen nach Normen und Bildungsinhalten (nicht bloß nach lexikalischem Wissen und Karriere) beschrieben. Jeder Mensch, der sich die Frage stellt, lebt innerhalb von Normen und Zielen, deren Anspruch auf Geltung in einer bestimmten Rangfol-

ge von seiner Gesellschaft, seiner Bezugsgruppe, von ihm selbst faktisch (im Sinne seiner Moral) anerkannt wird. Bevor ich hierzu Stellung nehme, ist ein Ausflug in die verschiedenen Formen der Ethik in der Philosophie vorgesehen, mit dem Versuch, gemeinsam gesicherte Erkenntnisse in einer Weltethik zu integrieren und zu assimilieren*.
Im Mittelpunkt der Ethik steht als Ziel des Handelns das Gute:

- das Gute als erstrebenswertes Gut, das wir in seinem Angenehmsein empfinden, wie Gesundheit, Wohlgefühl, Wohlstand, Achtung, Würde. Von dieser Bedeutung her leitet sich der Eudämonismus[9], als ethische Lehre, die das Ziel des Menschen in der „Glückseligkeit" sieht (besser: Zufriedenheit, Ausgeglichenheit, Freude), ab.

- das Gute als das eigene sittliche Gutsein: als sittliche Gesinnung und Haltung, aus der das sittliche Handeln erfolgt.

Sittlich gut ist, wenn ein Mensch sowohl um seinetwillen handelt als auch um anderen Seins-willen. Sittlich nennen wir auch einen Menschen, der der Selbstüberwindung um seiner eigenen Würde willen fähig ist. Eine bloße „Sittlichkeit-für-sich" hebt sich selbst auf.

Disziplinen der Ethik

Exemplarisch, chronologisch
Antike, Mittelalter, Aufklärung, Neuzeit, Gegenwart

Historisch lassen sich die Disziplinen der Ethik einteilen nach der Antike, dem Mittelalter, der Aufklärung, Neuzeit und der Gegenwart. *Platon* (428–348 v. Chr.)[10] ist Schüler von Sokrates und der Lehrer von Aristoteles. Er gehört zu den großen Philosophen der Antike mit seinem Hauptwerk „der Staat" (Politeia). Er entwickelte auf die Frage „Was ist das Gute?" das Samengleichnis[10]. Aristoteles[11] fragte in seiner Nikomachischen Ethik (nach seinem Sohn Nikomachos benannt) nach dem „höchsten menschlichen Gut." Er versteht darunter die im höchsten Sinne leitende Wissenschaft, die Staatskunst. Sie bestimmt, welche Wissenschaften oder Künste und Gewerbe in den Staaten vorhanden sind. Auch die Strategik, Ökonomie und die Rhetorik sind der Staatskunst untergeordnet. Im Mittelalter an der Schwelle zur Aufklärung fragte der französische Philosoph *René Descartes* (1596–1650): Was ist das höchste von Menschen erreichbare Gut? Er fand die ihm befriedigende Antwort, indem er den rechten Gebrauch des freien Willens als höchstes Gut bezeichnete und mit dieser Aussage untermauerte: Ich denke, also bin ich (Cogito ergo sum). Es ist aber erneut zu fragen, was „der rechte Gebrauch" konkret zu bedeuten hat? Descartes meint, dass der freie Wille auch dasjenige Gut ist, das im eigenen Sinne unser ist und uns am meisten angeht, woraus folgt, dass nur aus ihm unsere größte Befriedigung bervorgehen kann. *Immanuel Kant* (1724–1804)[12] hat mit einem genialen Entwurf mit seiner „Grundlegung" die Ethik auf die Bedingungen der Neuzeit umgestellt. Bis heute gilt Kant[13] als Meilenstein in der ethischen

Diskussion. Er beantwortete die Frage „Was ist ohne Einschränkung gut?“ mit der „Grundlegung zur Metaphysik“ und nannte darin drei Sitten „Tugend, Glück und guter Wille“. Berühmt wurde Kant durch seinen *kategorischen Imperativ:* Handle nur nach denjenigen Maximen, durch die du zugleich wollen kannst, dass sie ein allgemeines Gesetz werden (vgl. Kant: Grundlegung der Metaphysik der Sitten, 1785)[13]. Der kategorische Imperativ bezieht sich also nicht direkt auf Handlungen, sondern prüft Handlungsmaximen, d.h. subjektive Leitvorstellungen für das Handeln auf ihre Verallgemeinerungsfähigkeit. Bei Kant ist das Ziel des Philosophierens „die Methode selbst nachzudenken und zu schließen“ als neue Fertigkeit zu lernen. Die Moral bedarf bei Kant für sich selbst nicht der Religion. Neben der biblischen Theologie „muss“ eine philosophische Theologie stehen, die innerhalb der Grenzen der bloßen Vernunft bleibt und volle Freiheit haben „muss“[12] (ebda. S. 377). Der Mensch lebt einerseits aus der Erfahrung heraus, empirisch (a posteriori bei Kant) als auch aus der praktischen Vernunft oder aus Ideen ohne vorherige Erfahrung (a priori), also der reinen Vernunft. Es gibt auch Maximen* im Menschen, es können gute oder böse Maximen sein, die ihm auch angeboren sind; trotzdem ist er dafür verantwortlich. Der Mensch hat im Kantschen Sinne, als Gattung betrachtet, einen radikalen Hang zum Bösen. Die *Stoiker* (Philosophen, 300 J. v. Chr.) erkannten, dass zur Tugend der Kampf gegen das Böse in uns nötig ist. Sie sahen aber den Feind nur in der Neigung und nicht im radikalen Bösen (ebda. S. 378)[12]. Nach Kant kam geschichtlich betrachtet *Georg Wilhelm Friedrich Hegel* (1770–1831) und die Hegelianer mit ihren drei Formen des Denkens:

- abstraktes Denken (vom Leichten zum Schweren oder gleich mit dem Abstrakten beginnen),
- didaktisches Denken (schwerer als abstraktes Denken),
- spekulatives Denken, d. h. die Erkenntnis des Entgegengesetzten in seiner Einheit.

Die Hegelianer wurden vom Utilitarismus (die Nützlichkeit oder das größte Glück der größten Zahlen) von *John Stuart Mill* (1806–73) abgelöst. Es wird die Quantität und Qualität der Freude beschrieben ebenso wie Glück und Würde; wobei „Glück" mit der Freiheitsliebe und dem Streben nach Unabhängigkeit im Sinne der Stoiker gleichgesetzt wird.

Eine Ethik der Ehrfurcht vor dem Leben beschrieb der evangelische Theologe, Arzt, Kulturphilosoph und Friedensnobelpreisträger *Albert Schweitzer* (1875–1966)[14]. Unmittelbare und umfassendste Tatsache des Bewusstseins ist bei Schweitzer: „Ich bin Leben, das Leben will, inmitten von Leben, das Leben will". Das Grundprinzip des Sittlichen besteht darin, dass ein Mensch die Nötigung erlebe, allem Willen zum Leben die gleiche Ehrfurcht vor dem Leben entgegenzubringen wie dem eigenen: „Gut ist, Leben erhalten und Leben zu fördern; böse ist Leben vernichten und Leben hemmen".

Es folgten parallel zur Kulturethik von Albert Schweitzer noch in der Neuzeit die Sprachanalytische Ethik *George Edward Moore* (1873–1958) mit der Beschreibung des Problems einer Definition des Guten, die Gesinnungsethik versus Verantwortungsethik von *Max Weber* (1864–1920) sowie die Materiale Werteethik von *Max Scheler* (1874–1928) mit einer Rangordnung und Unabhängigkeit der ethischen Werte. Zeitgenössische aktuelle Antworten zur Ethik geben *Annemarie Pieper* mit ihrem Ansatz „Moral, Moralität und moralische Kompetenz" (ebda. S. 30–48)[15] oder *William K. Frankena* mit seiner Analytischen Ethik (ebda)[16] und dieser Ethikdefinition: „Die Ethik ist ein Zweig der Philosophie, sie ist Moralphilosophie oder philosophischer Reflex über die Moral, moralische Probleme und moralische Urteile ...". Frankena unterscheidet drei Typen der Reflexion der Moral:

Typ 1: Deskriptive Ethik; also die deskriptiv-empirische Art der Untersuchung wie sie von Anthropologen, Historikern, Psychologen und Soziologen durchgeführt wird.

Typ 2: Normative Ethik; ein normatives Denken von der Art, wie Sokrates es im „Kriton" geübt hat und wie jeder es übt, der danach fragt, was richtig, gut oder moralisch geboten ist. Normatives Denken kann die Form einer Auseinandersetzung mit uns selbst oder einem Partner annehmen, in der es darum geht, was in einem besonderen Fall oder im Allgemeinen gut oder richtig ist und die dann zu einem normativen Urteil führen kann.

Typ 3: Metaethik oder sprachanalytische Ethik. Das ist jene Art des Denkens, zu der, wie wir annahmen, Sokrates gekommen wäre, hätte man ihn in der Rechtfertigung seiner normativen Urteile bis zur Grenze getrieben. Dieses Denken hat logische, erkenntnistheoretische oder semantische* Fragen wie die folgenden zum Inhalt: Worin liegt die Bedeutung der Ausdrücke (moralisch) richtig oder gut – wie werden sie gebraucht? Wie können ethische Urteile und Werturteile bewiesen und/oder gerechtfertigt werden? Lassen sie sich überhaupt rechtfertigen und was ist das Wesen der Moral? Der Logik? etc. Über *Sokrates* (470–399 v. Chr.), der selbst keine Schriften verfasst hat, geben Sekundärquellen, vor allem Platon, Euklid von Megara, Phaidon von Elis, Aristoteles und Diogenes Auskunft. Die Vorsokratiker und Sokrates selbst haben sich das vernünftige Begreifen des menschlichen Lebens und der Tugenden als wesentliche Aufgaben gesetzt. Sokrates selbst entwickelte die Mäeutik (Entbindungskunst*) oder die Sokratische Methode, ein pädagogisches Verfahren, wie es in den Erstdialogen zum Ausdruck kommt, also scheinbares Wissen zu entlarven und den Gesprächspartner zur Erkenntnis zu führen, dass das Eingeständnis des Nichtwissens die Voraussetzung für die Suche nach echtem Wissen ist (Sokratische Ironie). Außerdem entwickelte er eine Fragetechnik, Sokratischer Dialog genannt. Sokrates versuchte mit sogenannten W-Fragen in das Unbewusste des Schülers vorzudringen und es zu „entbinden“, unbewusste Bewertungen bewusst zu machen.

Mit diesen Methoden arbeitet heute auch die Integrative Kognitive Psychotherapie; speziell die Rational-Emotive Verhaltenstherapie (REVT).

Moderne Integrative Kognitive Verhaltenstherapie (IKV) mit Rational-Emotiver Verhaltenstherapie (REVT)

Integrative Kognitive Verhaltenstherapie (IKV)[5/6] ist eine Psychotherapie, die kulturunabhängig, semantisierend (Bedeutung ermittelnd und beschreibend), überkonfessionell, metaethisch, metapsychologisch, verhaltensmedizinisch-orientiert, wissenschaftlich sowie praktisch-anwendend arbeitet. Sie ist offen, dynamisch, weltethisch konzipiert und bildet eine Integration aus empirisch gesicherter Verfahren aus der Kognitiven Verhaltenstherapie, der Rational-Emotiven Verhaltenstherapie nach Albert Ellis[18] der Tiefenpsychologie (z. B. Methoden wie Traumanalysen, projektive Psychodiagnostik, Hypnose resp. Tranceinduktion). Die IKV ist aber auch integrativ hinsichtlich ihren zugrundeliegenden Theoremen, Axiomen, Maximen*) aus Lerntheorien, Modelllernen, Habitualisierung* und gesicherten tiefenpsychologischen Phänomenen wie beispielsweise innere Widerstände, Übertragung, Gegenübertragung, Introspektion (Innenschau, Selbsterkenntnis). Die Rational-Emotive Verhaltenstherapie (REVT) betont die Tatsache, dass „hinter emotionalen Störungen ein absolutistisches Sollen oder Müssen steht (arrogantes Denken genannt), das psychisch gestörte Personen bewusst oder (meist) unbewusst von sich, von anderen und vom Leben überhaupt fordern oder befehlen" (Ellis/Grieger 1977 ebda. S. 9)[20]. In der praktischen Arbeit werden Rationale Selbstanalysen nach dem **A-B-C-D-E-Modell** durchgeführt (A = Anlass; B = Bewertungssystem; C = Konsequenzen gefühlsmäßiger, physiologischer und verhaltensmäßiger Art; D = Disput von irrational erkannten Kognitionen mit Umformulierung in rationale Kognitionen; E = neue Effekte. Ergebnisse, Erkenntnisse, Gefühle, Verhaltensalternativen).

Außerdem gehören zu den Methoden der IKV und REVT Imaginationsübungen, Selbstverbalisationen resp. Selbstinstruktionen, Rollenspiele (z.B. heißer Stuhl), aber auch symptomorientierte Entspannungsverfahren mit Affirmationen*. In der IKV können noch zusätzliche Methoden der kognitiven Verhaltenstherapie (z.B. Angstbewältigungstraining, Systematische Desensibilisierungen), der Selbstmanagement-Therapie (z.B. Entscheidungstraining, Vertragsmanaging), des Selbstsicherheits- und Kommunikationstrainings, der Stress- und Konfliktbewältigung sowie der gesundheitsbewussten Lebensführung (Ernährung, Schlaf, Sport ...). Es werden auch tiefenpsychologische Erkenntnisse, Phänomene, die meist unbewusst ablaufen, reflektiert und analysiert. Die Lernfähigkeit und Bereitschaft zur Änderung in der REVT kann beispielhaft an Ellis elf irrationalen Bewertungen (beliefs) aufgezeigt werden, die er auf vier irrationale Bewertungen (1981)[21] reduziert hat:

- Demandingness (müssen, sollen);
- Awfulizing (übertreiben, katastrophisieren: schlimm, schrecklich, furchtbar);
- Self-downing (Selbsterniedrigung/Internalisierung bei Misserfolgen) und
- Frustration intolerance (Ungeduld gegenüber Frustrationen/ geringe Konflikt- und Frustrationsfähigkeit).

Integrative Kognitive Verhaltenstherapie ist einerseits streng naturwissenschaftlich orientiert mit ihren Grundwissenschaften der Klinischen Psychologie, Testpsychologie, Verhaltensmedizin, Chrono- und Ökopsychologie einerseits und andererseits mit den deskriptiv-empirischen Geisteswissenschaften der allgemeinen Psychologie (Entwicklungs-, Lern-, Arbeitspsychologie), den Sozial- und Erziehungswissenschaften, der Ethnologie, Anthropologie, Philosophie und Semantik. Sie ist positiv eklektizistisch*, d.h. sie nimmt empirisch gesicherte, evaluierte Methoden auf (vgl. Therapieforschung Grawe et al.)[22], die dann individualisiert und fokuszentriert bei einem Patienten zur Anwendung und gegebenenfalls, eine Modifikation und/oder eine andere Akzentuierung erfahren, je nach einmaligem Prozessverlauf der psychotherapeutischen Behandlung. Bereits 1988[23] und 1994[5] habe ich eine Dokumentation der 10 Standardverfahren (SV) und der 15 Integrationsverfahren vorgestellt, welche patienten- und fokuszentriert zur Anwendung kommen und darauf verwiesen, dass

a) nicht alle Verfahren bei einem Patienten gemäß seiner Erst-, Verlaufs- und Abschlussdiagnose notwendig sind;
b) Individualisierung vor Standardisierung kommt (hier braucht ein Psychotherapeut breite, fundierte Kenntnisse und Fertigkeiten bezogen auf die Methodenvariabilität sowie eine Disponibilität und einen reflektierten Erfahrungsschatz);
c) jeder Patient ein einzigartiges Therapiesetting bekommt, welches sich während des Therapieverlaufes mehrmals persönlichkeits-und symptombezogen ändert;
d) persönlichkeitszentrierte Vorgehensweise das Primat der IKV ist – nach Persönlichkeitsanalyse und Erhebung der Biografie, der Anamnese und Verhaltensanalyse werden mit dem Patienten die Resultate besprochen und die ersten Therapieziele definiert, die mit welchen Methoden angegangen werden (Offenheit, Mitverantwortung, Transparenz, Würde).

Diese Dokumentation der Standard- und Integrationsverfahren ist offen und dynamisch zu handhaben; sie kann und wird von neu geprüften psychotherapeutischen Methoden ergänzt. Es ist klar, dass jeder Mensch, jeder Patient mit seiner einmaligen Lern- und Entwicklungsgeschichte, seiner Bio-, Psycho- und Soziopathogenese einer einmaligen *multimodalen Behandlung* bedarf (vgl. auch A. Lazarus, 1976)[24]. Noch deutlicher formuliert: Es gibt in der Psychotherapie und Verhaltensmedizin nicht zwei gleiche Krankheitsbilder, nicht zwei Patienten mit genau gleichen Diagnosen; aus diesem Grund ist eine monokausale und/oder auf eine Therapieart beschränkte Psychotherapie nicht in der Lage, einem Patienten wirklich hinsichtlich seiner Persönlichkeitsstörungen zu helfen, die sich einerseits neurotisch, vegetativ-funktionell, somatisch oder andererseits psychotisch, vegetativ-funktionell und somatogen multipel auswirken können. Meine eigenen, in mehr als 20 Jahren durchgeführten integrativen, persönlichkeitszentrierten psychotherapeutischen Behandlungen haben meinen Patienten und mir bewiesen, wie erfolgreich eine multimodale, individualisierte Psychotherapie ist. Unabhängig davon, dass ich in 20 Jahren „Therapieabbrecher“ nur gegen 1% hatte, wurden 86% der Patienten geheilt und waren mehr als 90% nach 3-jähriger Katamnese (Nachuntersuchung)[5] immer noch geheilt. Es kamen auch ehemalige Patienten nach vielen Jahren wieder in Behandlung mit neuen Beschwerden, Krankheitsbildern, um erneut zu lernen, sich selbst zu behandeln. Die Mundpropaganda der Patienten, Klinikärzte und niedergelassenen Ärzte führte dazu, dass wir bereits nach 6-monatiger Arbeit (1983) mit einjähriger Warteliste zu arbeiten hatten und weiterhin haben, trotz sehr hoher Behandlungsfrequenz und 6-Tage-Woche. Durch meine Bücher und sonstige Veröffentlichungen, Workshops, Referate und durch meine Dozententätigkeit in der Ausbildung von Psychotherapeuten konnte ich auch viele positive Rückmeldungen zur persönlichkeitszentrierten Arbeitsweise der IKV und REVT erfahren, auch weil sie auf verhaltensmedizinisch-wissenschaftlich orientierter Basis begründet ist. Es ist schade, dass so viele „Manualorientierten und Methoden-treu-seinmüssende Kollegen“ ihre eigenen Ressourcen und die ihrer Patienten nicht effizient ausschöpfen können. Die Zukunft der Psychotherapie wird sein, verstärkt multimodal effizienter zu arbeiten, die Einmaligkeit und Einzigartigkeit eines Menschen zu sehen, der in Krisen, Störungen und Erkrankungen bewusst, teilbewusst und/oder unbewusst gekommen ist, ihm begleitend, fair, würdevoll, gleichwertig biopsychosozial medizinisch also multimodal psychotherapeutisch effizient zu helfen und dann auch die Resultate zu evaluieren*. Andere Vorgehensweisen sind Stückwerk, als Hilfsmethoden oder Teilmethoden berechtigt; es sind therapeutische Maßnahmen; aber es ist noch lange keine Psychotherapie. IKV als Psychotherapie ist ein kreativer Akt und ein kreativer Prozess, persönlichkeits- und fokuszentriert, individualisiert und multimodal. Es bedarf deshalb auch permanent der Weiterbildung des psychologischen und ärztlichen Psychotherapeuten (künftig nach geänderter Ausbildung des Facharztes für Psychotherapie und Verhaltensmedizin) – also Arzt, klinischer Psychologe und Sozialwissenschaftler in Personalunion.

Verhaltensmedizin

Definition und Kurzbeschreibung

Der erste Kongress der Deutschen Gesellschaft für Verhaltensmedizin und Verhaltensmodifikation (DGVM) fand in München vom 02.–04. April 1987 statt. Die Gesellschaft DGVM wurde 1984 gegründet. Das Hauptanliegen der Verhaltensmedizin besteht darin, das Zusammenspiel von psychischen, sozialen, behavioralen (verhaltensmäßigen) und physiologischen Faktoren bei körperlichen Krankheitsbildern zu erforschen und psychologische ebenso wie bio-verhaltenswissenschaftliche Erkenntnisse für die Prävention, Diagnose und Therapie (sich bereits) somatisierter Erkrankungen – aber auch für die Rehabilitation nutzbar zu machen. Es war ein erstes großangelegtes Symposium von Ärzten, klinischen Psychologen, auch mit Weiterbildung zum psychologischen oder ärztlichen Psychotherapeuten, die gemeinsam – auch die bereits in den USA ab den Fünfzigerjahren – gewonnenen Ergebnisse verhaltensmedizinischer Forschung und Praxis in der Bundesrepublik Deutschland vorstellten. So war auch ein amerikanischer Arzt und Psychologe *R. T. Rubin*[25] Gastredner mit dem aktuellen Thema: „Current and Future Trends in Psychoneuroendocrinology" (Allgemein bekannte und künftige Trends in der Psycho-Neuro-Endokrinologie = Lehre von der Funktion endokriner Drüsen und der Hormone unter Beeinflussung psychischer also kognitiv = emotional-behavioraler und nervlicher Faktoren). Es wurden biopsychosoziale Erkrankungen vorgestellt, die eine interdisziplinäre Behandlung benötigen wie Kopfschmerz aus neurologisch, psychologischer Sicht; Verhaltensmedizin und Therapie des Spannungskopfschmerzes, der bulimischen und anorektischen Essstörungen (Ess-, Brech- und Magersucht), der Psychonephrologie (Lehre von den Nierenerkrankungen); der Psychoimmunologie, des Diabetes mellitus, der Herz-Kreislauf-Erkrankungen, der chronischen Schmerzen und Schmerzsyndrome auch mit jeweiligen Krankheitsbewältigungsstrategien (Coping).

Von 1987 bis 2002 gab es auch in Deutschland weitere verhaltensmedizinsiche Forschungsergebnisse v.a. unter Einbezug neuer Krankheitsbilder. So haben Forscher wie *Herta Flor, Niels Birbaumer* und *Kurt Hahlweg* Grundlagen der Verhaltensmedizin (Bd. 3)[26] und Anwendungen der Verhaltensmedizin (Bd. 4)[27] – mit zusätzlichen Krankheitsbildern wie Rheuma, Krebs, Aids, orthopädische, neurologische und dermatologische Störungen und darüber hinaus auch erstmalig Erkrankungen aus dem Bereich Gynäkologie und HNO – behandelt und in den Jahren 1998 bis 2001 vorgestellt. Das erste deutsche Fachbuch der Verhaltensmedizin gaben *Birbaumer N., Gerber W.-D.* und *Miltner W.* bereits (1986)[3] heraus, worin in der klinischen Anwendung diese Krankheitsbilder verhaltensmedizinisch erklärt, beschrieben und behandelt werden: *Psychoimmunologie, Schmerz und chronischer Kopfschmerz, kardiovaskuläre Störungen, Krebserkrankungen im Gastrointestinaltrakt, Diabetes, Asthma bronchiale, Nephrologie und Urologie (Störungen und Aspekte), gynäkologische Erkrankungen, Rheuma, Skoliose und Kyphose, HNO-Erkrankungen (Hörsturz, Tinnitus), Hauterkrankungen und Verbrennungen (wie Neurodermitis, Nesselsucht (Urtikaria), Schuppenflechte (Psoriasis), Hyperhidrosis, Akne vulgaris, Alopecia areata (kreisrunder Haarausfall), neurologische Störungen (Tortikollis spasmodicus, Morbus Parkinson, zentrale Erkrankungen), Bruxismus oder auch Onkologie und Hämatologie: Krebs im Kindesalter.*

In diesem ersten Handbuch der Verhaltensmedizin wird auch **Verhaltensmedizin** definiert und abgegrenzt (ebda., S. 1)[3]: Bei Verhaltensmedizin handelt es sich um eine ungenaue Übersetzung aus dem anglo-amerikanischen Begriff „Behavioral-medicine", der sinnvoller mit verhaltensorientierter resp. verhaltensbezogener Medizin ins Deutsche zu übertragen wäre. Mittlerweile hat sich Verhaltensmedizin als Bio-(soma-)psychosoziale Medizin auch in Deutschland etabliert, wenn auch an den Universitäten die Ärzte weiterhin fast ausschließlich somamedizinisch oder organmedizinisch noch ausgebildet werden, was dringend zu ändern wäre. Ein Problembewusstsein ist vorhanden; es fehlt an der Umsetzung, da auch die Professoren an den Medizinischen Fakultäten überwiegend nur in somatischer Medizin ausgebildet sind. „Hauptintension des verhaltensmedizinischen Ansatzes besteht darin, die Interaktionen zwischen biologischen, psychologischen (Anm. des Autors) und verhaltenswissenschaftlichen Faktoren bei der Genese und Behandlung von Krankheiten spezifisch für emotionale Störungen zu einem umfassenden und systematischen Modell zusammenzufassen, das durch empirische und experimentelle Untersuchungen zu sichern ist" (ebda. S. 1)[3] und vgl. auch Abb. 16 im Anhang. Die Beziehungen zwischen emotionalen Störungen und einzelnen Krankheitsbildern wurden zunächst für Asthma, Bluthochdruck, Magen-Darmerkrankungen untersucht, bevor heute Flor et al. 2001[27] die Anwendungen der Verhaltensmedizin auf die wichtigsten Erkrankungen veröffentlichen konnten.

Die allgemein akzeptierte und weite **Definition der Verhaltensmedizin** lautet: „Verhaltensmedizin ist ein Forschungsfeld, das sich mit der Entwicklung und Integration der für die Gesundheits- und Krankheitsprobleme relevanten Erkenntnisse und Techniken der verhaltens- und biomedizinischen Wissenschaften und mit der Anwendung dieser Erkenntnisse und Techniken im Hinblick auf ihre Prävention, Diagnose, Behandlung und Rehabilitation beschäftigt" (Schwartz & Weis, 1978, S. 7)[28].

Seit der ersten deutschen Veröffentlichung „Verhaltensmedizin" (1986)[3] gab es verschiedene Schriftenreihen[29(a+b)] für Psychotherapeuten, Psychologen und interessierte Ärzte, von denen ich auswählend zwei noch aktuelle hier nennen möchte:

- Fachausschuss Psychosomatik (Hrsg.): Schriftenreihe des Wissenschaftsbeirates der AHG (Allgemeine Hospitalsgesellschaft) „Verhaltensmedizin Heute-Basisdokumentation Psychosomatik in der Verhaltensmedizin (10 Jahre ...)". Hilden, Heft 2 (Mai 1994);
- Hans Reinecker et al.(Hrsg.): Verhaltenstherapie und Verhaltensmedizin. Berlin, Rom, Wien, Zagreb, H (1) 2000, quartalsmäßige Erscheinung bis heute.

Ethische Werte und Orientierungsrechte

Eine exemplarische Übersicht

Dekalog und Grundrechte (GG)

Die *Zehn Gebote* (Dekalog) haben eine weitreichende über die christliche Tradition hinausgehende Bedeutung erlangt. Viele Menschen in Europa, auch solche, die nicht konfessionell getauft und/oder gebunden sind, können sich weitgehend mit diesen Verhaltensregeln identifizieren. Es gibt praktizierende Christen, die den Zehn Geboten, die sie versuchen heute überwiegend zu leben (kein Mensch kann sie 100% einhalten, auch ein Papst nicht), die höchste Priorität einräumen – auch gegenüber anderen Texten im Alten und Neuen Testament resp. deren theologische Exegese*.

Sie lehnen oftmals die Institutionen und Funktionäre der Amtskirche ab; ja bezeichnen sie als wenig christlich in ihrem Denken und Handeln. Das Missionieren des Christentums brachte aber weder in Afrika, Lateinamerika noch Asien den erwünschten Erfolg; längerfristig werden die christlichen Religionen auf der Welt eher abgelehnt, wenn nicht verfolgt: Die Funktionen der Amtskirchen und die Weisungen der Funktionäre werden überwiegend abgelehnt, vgl. doppelbödige Moral zum Sexualverhalten oder zur Verhütung. Die wenigen positiven Ausnahmen, Priester die sich in der Amtskirche finden lassen, werden dann eher ausgegrenzt oder verfolgt, vgl. *Martin Luther, Hans Küng, Horst Herrmann, Karlheinz Deschner, Ernst Drevermann* und viele andere mehr. Positive Beispiele aus jüngster Zeit sind *Martin Buber, Paul Tillich, Mutter Theresa, Albert Schweitzer,* die als praktizierende Christen ein Vor-

bild für Christen abgeben können. Auch ohne Amtskirche und deren Funktionäre hätten diese Menschen ihr sinnvolles, an Gott und der Natur orientiertes Leben geführt. Die christlichen Gebote sind nicht hierarchisiert; sie sind aber unterschiedlich schwer von einem Menschen einzuhalten. Während das Gebot „Du sollst Vater und Mutter ehren ...“ bereits schwer in Wort und Tat einzuhalten ist, noch schwieriger sind diese Gebote einzuhalten: „Du sollst nicht ehebrechen ..., nicht stehlen, nicht begehren (gelüsten) deines nächsten Hauses, Weibes, Knechtes“ etc. Aber auch die christliche Verhaltensregel „Liebe deinen Nächsten wie dich selbst“ oder psychotherapeutisch formuliert: Liebe dich (sei aber nicht in dich verliebt), um einen anderen Menschen überhaupt lieben zu können, wird von vielen Amtsträgern der Kirche nicht gelebt. Bereits die subalterne Bezeichnung „Hochwürden“, „Ihre Exzellenz“ entlarven das Nichteinhalten dieser christlichen Verhaltensregel, vgl. auch „ex cathedra“ (aus päpstlicher Vollmacht und deshalb unfehlbar) etwas anzuordnen, ja zu befehlen.
Wenn wir uns das Grundgesetz nach der Bundesverfassungsgerichts G-Novelle von 1998 [30] betrachten, so ist es zwar Aufgabe aller Staatsgewalten, die Grundrechte zu respektieren und die freiheitlich-demokratische Grundordnung zu sichern. Aber in der Praxis gelingt dies oft nicht, weil keine Institution die Gerichte resp. die Richter wirklich supervidiert und so ein großer individueller Spielraum beim einzelnen Richter mit seiner Individualität besteht, wie er diese Akzeptanz oder den Respekt gegenüber den Grundrechten für sich internalisiert, unbewusst beeinflusst und dadurch auch subjektives Recht spricht. Psychotherapeutisch oder psychoanalytisch betrachtet, kann ein Richter in der Regel nicht a priori Recht sprechen und schon gar nicht mit der Formel „Im Namen des Volkes“, sondern ein vernünftiger Mensch und Richter, der über Introspektionsfähigkeit schon verfügt, versucht das Unrecht zu minimieren, den Schaden zu begrenzen oder teilweise wieder gut zu machen; nachdem der Schaden meist weitgehend nicht zu beseitigen geht. Mit welchen wirklichkeitsfernen Urteilen die Bevölkerung konfrontiert wird, erfährt sie regelmäßig in den Medien und spätestens dann, wenn ein Mensch selbst in ein Verfahren verwickelt ist oder wird. Dennoch können wir stolz darauf sein, dass am 01.09.1948 ein Parlamentarischer Rat eine demokratische Ver-

fassung erarbeitete und ein Grundgesetz mit 146 Artikeln hervorbrachte. Für den Menschen in seiner Alltagsbewältigung und für sein Selbstbild sind diese *kardinalen Grundrechte* hervorzuheben:

Art 1.1 Schutz der Menschenwürde: Die Würde des Menschen ist unantastbar. Sie zu achten und zu schützen ist Verpflichtung aller staatlichen Gewalten.

Art. 2.1 Allgemeines Persönlichkeitsrecht: Jeder hat das Recht auf freie Entfaltung seiner Persönlichkeit, soweit er nicht die Rechte anderer verletzt und nicht gegen die verfassungsmäßige Ordnung oder das Sittengesetz verstößt.

Art. 2.2 Jeder hat das Recht auf Leben und körperliche Unversehrtheit: Die Freiheit der Person ist unverletzlich. In diese Rechte darf nur auf Grund eines Gesetzes eingegriffen werden.

Art. 3.1 Gleichheit vor dem Gesetz: Alle Menschen sind vor dem Gesetz gleich.

Art. 3.2 Männer und Frauen sind gleichberechtigt: Der Staat fördert die tatsächliche Durchsetzung der Gleichberechtigung von Frauen und Männern und wirkt auf die Beseitigung bestehender Nachteile hin.

Art. 3.3 Niemand darf wegen seines Geschlechtes, seiner Abstammung, seiner Rasse, seiner Sprache, seiner Heimat und Herkunft, seines Glaubens, seiner religiösen oder politischen Anschauungen benachteiligt oder bevorzugt werden. Niemand darf wegen seiner Behinderung benachteiligt werden.

Art. 4.1 Glaubens-, Gewissens- und Bekenntnisfreiheit, Kriegsdienstverweigerung: Die Freiheit des Glaubens, des Gewissens und die Freiheit des religiösen und weltanschaulichen Bekenntnisses sind unverletzlich.

Art. 5.1 Meinungs- und Pressefreiheit; Freiheit der Kunst und der Wissenschaft: Jeder hat das Recht, seine Meinung in Wort, Schrift und Bild frei zu äußern und zu verbreiten und sich aus allgemein zugänglichen Quellen ungehindert zu unterrichten. Die Pressefreiheit und die Freiheit der Berichterstattung durch Rundfunk und Film werden gewährleistet. Eine Zensur findet nicht statt.

Art. 5.2 Die Rechte finden ihre Schranken in den Vorschriften der allgemeinen Gesetze (BGB, Fam R, Ju G, EUR resp. EMRK etc.), den gesetzlichen Bestimmungen zum Schutz der Jugend und in dem Recht der persönlichen Ehre.

Art. 5.3 Kunst und Wissenschaft, Forschung und Lehre sind frei. Die Freiheit der Lehre entbindet nicht von der Treue zur Verfassung.

Weitere wichtige Grundrechte sind noch zu nennen:

Art. 6 Familie und Eheschutz,
Art. 8 Versammlungsfreiheit,
Art. 13 Unverletzlichkeit der Wohnung,
Art. 14 Eigentum, Erbrecht und Enteignung,
Art. 15 Sozialisierung und Entschädigung,
Art. 17 Petitionsrecht,
Art. 18 Verwirkung von Grundrechten,
Art. 19 Einschränkung von Grundrechten,
Art. 26 Verbot des Angriffskrieges,
Art. 23 Staatsbürgerliche Rechte: Jeder Deutsche hat in jedem Land die gleichen staatsbürgerlichen Rechte und Pflichten,
Art. 34 Haftung bei Amtspflichtverletzungen und
Art. 56 Amtseid.

Der parlamentarische Rat hat versäumt, die *Grundpflichten* eines Bürgers genauso differenziert zu erarbeiten. Durch dieses Versäumnis gibt es heute eklatante Ungerechtigkeit z.B. im Gehaltssystem (Beamte und Nichtbeamte) sowie im Steuerrecht und in den Altersversorgungen (Pension versus Rente u.a.m). Es wird deutlich, wie uneinheitlich diese Grundrechte angewendet, verwirklicht werden und dass bedauerlicherweise sog. Privilegierte oder Pseudoprominente immer noch faktisch bevorzugt behandelt werden gegenüber den Bürgern. Die Gesetze werden im Bezug auf „Kavaliersdelikte“ (Stehkragen-Kriminalität) viel zu liberal angewendet, gerade auch bei sog. Prominenten.

Menschenrechte (EMRK)

Außer den Grundrechten wurden europaweit noch Menschenrechte verfasst. In der Konvention zum Schutz der Menschenrechte und Grundfreiheiten vom 4. November 1950 (in der bereinigten Fassung vom 01.11.1998, zwischen Deutschland, Liechtenstein, Österreich und der Schweiz abgestimmt)[31] sind in 59 Artikeln diese Menschenrechte und deren Umsetzung europaweit formuliert, die am 20.03.1952 von den Unterzeichnungsregierungen (Mitglieder des Europarates) noch um 6 Artikel erweitert wurden. Die wichtigsten dieser *Menschenrechte* sind:

Art. 1	Verpflichtung zur Achtung der Menschenrechte,
Art. 2	Recht auf Leben – (Recht auf Freitod besteht nicht),
Art. 3	Verbot auf Folter,
Art. 4	Verbot der Sklaverei und der Zwangsarbeit In Art. 4.2 steht: „Niemand darf gezwungen werden, Zwangs- oder Pflichtarbeit zu verrichten!“,
Art. 5	Recht auf Freiheit und Sicherheit,
Art. 6	Recht auf faires Verhalten,
Art. 7	Keine Strafe ohne Gesetz,
Art. 9	Gedanken-, Gewissens- und Religionsfreiheit,
Art. 10	Freiheit der Meinungsäußerung,
Art. 11	Versammlungs- und Vereinigungsfreiheit,
Art. 14	Diskriminierungsverbot,
Art. 17	Verbot des Missbrauchs der Rechte,
Art. 40	Öffentliche Verhandlung und Akteneinsicht,
Art. 47-49	Gutachten – Zuständigkeit des Gerichtshofes – Begründung der Gutachten.

Ergänzt wurden die Menschenrechte (1952) um Art. 1 (Schutz des Eigentums); Art. 2 (Recht auf Bildung); Art. 3 (Recht auf freie Wahlen) und Art. 4–5 (Räumlicher Geltungsbereich – Verhältnis zur Konvention). Die Europäische Union (EU), der EG-Vertrag, die Charta der Grundrechte, die Gerichtsarbeit, die Europarat-Satzung sind für das Europa-Recht (EUR) zuständig und verantwortlich; ebenso für die *Europäische Menschenrechts Konvention* (EMRK) resp. ihre Ausführungsgesetze. Die Konvention (EMRK) gilt mit Stand vom 30.06.1998 für 37 europäische Staaten. Neben den Europa-Rechten, den Menschenrechten (EMRK) wurde auch ein EU-Arbeitsrecht[32] verfasst, das u.a. auch die Freizügigkeit und den Arbeitsschutz regelt sowie ein kollektives Arbeitsrecht beinhaltete das 2001 in Kraft trat.

In der Klinischen Psychologie und psychologischen Psychotherapie wurden ebenso wie in der Medizin berufsethische Rechte und Pflichten formuliert, die die Würde des Klienten, Probanden oder Patienten ebenso ins Zentrum rücken wie die Würde des Arztes, Psychologen oder Psychotherapeuten. So hat der *Bund Deutscher Psychologen eine Ehrengerichtsordnung* (16 Paragraphen)[33] am 30.09.1953 auf der ordentlichen Mitgliederversammlung in Köln erlassen, in der sie die zur Wahrung und Sicherung der Berufsehre und berufsständigen Verpflichtung der Mitglieder wie auch deren ehrengerichtlichen Strafen bei Verstoß gegen diese Verpflichtungen konkret in Paragraphen aufführen.

In der Psychotherapie gibt es eine Reihe von Auflistungen mit Empfehlungscharakter für den ethischen Umgang mit sich und den Patienten, die auch „Grundrechte" oder „Gesetze" bezeichnet werden. Hierzu möchte ich nachfolgend exemplarisch die „11 Grundrechte des Menschen" (Patienten)[34] aufführen, die „11 Gesetze der Psychotherapie und Therapie"[35] überhaupt sowie die „10 Ethischen Grundsätze für die ambulante Verhaltenstherapeutische Praxis", herausgegeben vom deutschen Fachverband für Verhaltenstherapie im April 1998[36].

Schaffers elf Grund-Rechte (GR)[34] in der Psychotherapie

Ihnen ist ein Leitsatz vorgestellt: Du hast das Recht du selbst zu sein und grenzenlos zu denken.

1. GR: Ich habe das Recht, meine eigenen Bedürfnisse auszusprechen und meine eigenen Prioritäten als Mensch zu setzen, unabhängig von irgendwelchen Rollen, die ich in meinem Leben übernommen habe.

2. GR: Ich habe das Recht, mit Achtung als intelligenter, fähiger und gleichberechtigter Mensch behandelt zu werden.

3. GR: Ich habe das Recht, meine Gefühle zu äußern.
4. GR: Ich habe das Recht, meine Meinungen und Wertbegriffe zu äußern.
5. GR: Ich habe das Recht, für mich selbst ja oder nein zu sagen.
6. GR: Ich habe das Recht, Fehler zu machen.
7. GR: Ich habe das Recht, meine Meinung zu ändern.
8. GR: Ich habe das Recht, zu sagen, etwas nicht zu verstehen.
9. GR: Ich habe das Recht, zu verlangen, was ich möchte.
10. GR: Ich habe das Recht, Verantwortung für Probleme anderer Menschen abzulehnen.
11. GR: Ich habe das Recht, Umgang mit anderen zu pflegen, ohne von ihrer Anerkennung abhängig zu sein.

Kanfers*) elf Gesetze der Therapie[35]

1. Verlange nicht von Klienten,
gegen ihre eigenen Interessen zu handeln!
Um die Situation von Klienten zu verstehen, müssten wir zunächst versuchen, deren Perspektive einzunehmen und uns empathisch in ihre Welt einzufühlen, selbst wenn wir mit deren Sichtweise nicht einverstanden sind oder ihre Reaktion für unangemessen oder unvernünftig halten. Erst wenn wir fähig sind, deren subjektive und emotionale Lage adäquat nachzuvollziehen, kann eine Veränderung von Zielen, Motiven und Verhaltensweisen erwogen werden.

2. Arbeite zukunftsorientiert, suche nach konkreten
Lösungen und richte die Aufmerksamkeit auf die Stärken von Klienten!
Im Alltag neigen Menschen dazu, sich auf Probleme und Misserfolge zu konzentrieren, nach Ursachen in der Vergangenheit zu suchen (z. B. „Wenn ich nur wüsste, warum ich so geworden bin ...“), in vagen oder allgemeinen Begriffen zu sprechen (z. B. „Ich bin immer ganz durcheinander“) und nach verschwommenen

*) Deutsche Textfassung (Rolf Schneider, 1995), modifiziert vom Autor

Zielen (z. B. „Glück“) zu streben. In unserer Therapie sollten wir jedoch versuchen, die Fertigkeiten und Stärken unserer Klienten zu nutzen, um mit ihnen im Hier und Jetzt – mit Blickrichtung „Zukunft“ – konkrete Lösungen für konkrete Ziele zu entwickeln.

3. Spiele nicht den „lieben Gott“,
indem du Alleinverantwortung für das Leben von Klienten übernimmst!
Denke immer daran: Wir sind bestenfalls gut ausgebildete professionelle Helfer und erfüllen unsere Aufgabe dann optimal, wenn wir unser berufliches Wissen und Können, unsere persönlichen Stärken und Erfahrungen sowie unseren guten Willen dazu einsetzen, Klienten (Patienten) bei der Lösung ihrer Probleme und beim Erreichen ihrer Ziele zu assistieren. Wir können aber weder Dinge stellvertretend für Klienten erledigen noch für deren Tun (oder Nichtstun) allein Verantwortung übernehmen. Selbst bei sachgemäßer bzw. optimaler Ausführung unserer professionellen Dienstleistungen, gibt es für uns Grenzen der Einflussnahme bzw. Gegenkräfte in der Umgebung oder Lebensgeschichte von Klienten. Therapeutischer Erfolg oder Misserfolg hängt daher nicht nur vom Wissen, Können oder den „begnadeten Qualitäten“ eines Therapeuten ab.

4. Säge nicht den Ast ab, auf dem die Klienten sitzen,
bevor du ihnen geholfen hast, eine Leiter zu bauen!
Finde heraus, welche Funktionen das problematische Verhalten (die irrationale Einstellung oder emotionale Reaktion) im gesamten Lebenskontext von Klienten hat. Erst wenn Klienten andere (bessere) Möglichkeiten gefunden haben, um ihre Interessen zu verfolgen, oder sie durch die Therapie zu der Erkenntnis kommen, dass es nicht mehr nötig ist, sich an bestimmten Zielen festzuklammern, werden sie mit uns konstruktiv zusammenarbeiten.

5. Klienten haben „immer“ Recht!
Unsere Klienten haben meist lange Zeit für die Entwicklung ihrer Probleme gebraucht und daher gute Gründe, sich allen schnellen Änderungsvorschlägen zu widersetzen. Versuche deshalb nicht, mit ihnen über die „Wahrheit“ ihrer subjektiven Überzeugungen und Lebenshaltungen zu streiten, die Notwendigkeit bestimmter

Lebensziele anzuzweifeln, ihnen die „Unsinnigkeit“ ihrer Ängste oder Depressionen zu beweisen oder ihnen die Auffassung auszureden, dass andere Personen ihnen schlecht gesonnen seien. Akzeptiere zunächst die Sicht der Klienten als verständlich auf der Basis ihrer bisherigen Erfahrungen; versuche im Lauf der Therapie aber deutlich zu machen, dass es sich eventuell nur um eine von mehreren möglichen Sichtweisen handelt, die teilweise unkorrekt oder wenig hilfreich für zielführende Verbesserungen sein könnten. Assistiere Klienten dabei, konstruktivere Perspektiven zu entwickeln, indem du ihnen sokratische Fragen stellst, ihre Aufmerksamkeit auf neue Aspekte lenkst, sie behutsam mit eigenen Widersprüchlichkeiten oder Inkonsistenzen konfrontierst und zu minimalen Änderungsschritten bzw. Denk- oder Verhaltensexperimenten anregst.

6. Bevor du ein problematisches Verhalten nicht plastisch vor Augen hast, weißt du nicht, worum es eigentlich geht!

Alltagsbegriffe sind missverständlich: eine „Blamage vor allen Leuten“ war vielleicht nur eine minimale Ungeschicklichkeit oder das „völlige Versagen auf allen Gebieten“ bedeutet im speziellen Fall, dass ein Student nach sehr gutem Examen eine Absage auf seine allererste Stellenbewerbung erhielt. In der Therapie ist es daher notwendig, die schwierigen Situationen in eindeutigen, konkreten, nachvollziehbaren Verhaltensbegriffen zu beschreiben, sie – wenn möglich – direkt (oder im Rollenspiel) zu beobachten, ihr konkretes Auftreten durch Selbstbeobachtung und nachfolgende Aufzeichnungen registrieren zu lassen und subjektive Klientenschilderungen durch Informationen seitens anderer Personen (soziale Umgebung!) zu validieren. Dies trifft auch auf die jeweiligen Ziele zu.

7. Du kannst nur mit Klienten arbeiten, die anwesend sind!

Unser erstes Ziel besteht immer darin, Klienten zur Therapie (und zum Wiederkommen) zu motivieren, sie in der Therapie zu halten und vorzeitige Abbrüche zu vermeiden. Dies ist die elementare Voraussetzung für konstruktives Arbeiten und zielorientierte Lösungen. In den Sitzungen müsste zudem verhindert werden, dass Klienten über Probleme von abwesenden Personen (Partner, Kinder etc.) sprechen oder das Verhalten anderer verändern möchten, statt an ihren eigenen Anliegen zu arbeiten. Falls bei Partnerschafts- oder Familienproblemen nicht alle beteiligten Personen in Therapie sind, können immer nur gewisse Ausschnitte oder Komponenten geändert werden. Eine Arbeit mit Teilen des Systems ist zwar möglich, häufig aber nicht ausreichend für durchgreifende Verbesserungen.

8. Peile kleine, machbare Fortschritte von Woche zu Woche an und hüte dich vor utopischen Fernzielen!
Globale, generelle, weit entfernte Langzeitziele müssten in spezifische, konkrete und realisierbare Kurzzeitziele zerlegt werden, wenn sich therapeutische Verbesserungen ergeben sollen. Ein chinesisches Sprichwort sagt: Auch eine Reise von 1.000 Meilen beginnt mit dem ersten Schritt. Es kommt also darauf an, dass Klienten zunächst überhaupt einmal Schritte in Richtung ihrer Ziele unternehmen und dass sie sich dann von Woche zu Woche ein kleines Stück weiter auf den Weg machen. Dinge ändern sich jedoch mit der Zeit, und Probleme/Ziele fluktuieren im Verlauf der Therapie. Therapeutische Schwerpunkte lassen sich daher nicht auf Dauer festlegen, sondern müssten von Termin zu Termin überprüft, modifiziert, revidiert und neu vereinbart werden.

9. Bedenke, dass die Informationsverarbeitungskapazität von Menschen begrenzt ist!
Gib Klienten nicht mehr Informationen als sie verarbeiten können. Beschränke dich auf kurze Fragen und Bemerkungen (von jeweils ca. 10 bis 15 Sekunden Dauer), behandle nicht mehrere Punkte auf einmal, wiederhole wichtige Aspekte eventuell zu verschiedenen Zeiten aus veschiedenen Blickwinkeln und passe deine Sprache den Klienten an. Sei lieber redundant* als die Aufnahmefähigkeit von Klienten zu überfordern.

10. Wenn du in der Therapiestunde härter arbeitest als deine Klienten, machst du etwas falsch!
Unsere Therapiestunden dienen primär dazu, die Klienten zu aktivieren. Nicht du, sondern die Klienten haben Probleme. Folglich müssten sich diese (und nicht du) aktiv mit Bewältigungsschritten

beschäftigen. Es ist zwar verständlich, wenn sie von dir eine schnelle und umfassende Hilfe erwarten. Du sollst sie auch anregen, sich in und zwischen den Sitzungen mit konkreten Änderungsschritten zu befassen. Du darfst aber nicht zulassen, dass Klienten dir ihre Probleme aufbürden oder passiv bleiben, während sie dich an Lösungen arbeiten lassen (und dir dann die Schuld für Misserfolg in die Schuhe schieben).

11. *Spare nicht mit Anerkennung für die Fortschritte von Klienten!* Der Erfolg ist die Mutter des Erfolgs! Klienten brauchen mehr positive Bestätigung als ihr Therapeut, denn schließlich sollte vor allem deren Selbstwertgefühl durch die Therapie gestärkt werden. Achte dabei auf minimale Verbesserungen und lobe besonders jede kleine Eigeninitiative! Bringe Klienten auch bei, eigene Stärken zu erkennen und zu würdigen sowie sich für ihre Fortschritte selbst zu verstärken (zu loben).

Zehn Ethische Grundsätze (Wagner-Haase) [36]

Wagner-Haase*) hat (4/1998) [36] zehn ethische Grundsätze für die ambulante verhaltenstherapeutische Praxis verfasst:
1. Verhaltenstherapie setzt einen zielorientierten und reflektierten zwischenmenschlichen Kontakt zwischen grundsätzlich gleichberechtigten und unabhängigen Personen voraus.
2. Verhaltenstherapeuten bieten Patienten eine Dienstleistung an, für die sie durch Ausbildung, Erfahrung und Weiterbildung, im Sinne der gegebenen wissenschaftlichen und fachlichen Standards, qualifiziert sind.
3. Eine therapeutische Beziehung setzt eine freie Vereinbarung voraussichtlicher Inhalte, Ziele und auf diese gerichtete Interventionen sowie der Behandlungsdauer und ihrer Kosten voraus.
4. Verhaltenstherapeuten verhalten sich gegenüber ihren Patienten ressourcenorientiert, transparent und zielklar.

---

*) Herausgeber: DVT = Deutscher Fachverband für Verhaltenstherapie e.V., Münster

5. Im Mittelpunkt der Vereinbarungen von Zielen und damit verbundenen Maßnahmen steht das Recht der Patienten auf umfassende Information hinsichtlich aller Interventionen und deren Wirkung sowie möglicher alternativer Verfahren.
6. Hinsichtlich der Therapieplanung und möglicher notwendiger Änderungen und/oder Weiterentwicklungen von Inhalten, Zielen und Maßnahmen im Therapieverlauf besteht gegenüber den Patienten Transparenz in Form von kompetenter Information und offener Zieldiskussion, so dass diesen zu jedem Zeitpunkt eine informierte Zustimmung, Modifikation oder auch Ablehnung therapeutischer Maßnahmen und Ziele möglich sind.
7. Behandlungen und Behandlungsverläufe werden über aussagekräftige Aufzeichnungen dokumentiert, die vor unrechtmäßiger Verwendung hinreichend geschützt werden und nur nach vorheriger Einwilligung durch die Patienten Dritten zur Kenntnis gegeben werden.
8. Im Sinne einer fachgerechten verhaltenstherapeutischen Behandlung ist ggf. für die Hinzuziehung eines ärztlichen Mitbehandlers zur medizinischen Abklärung und/oder Begleitbehandlung und im Interesse und mit Einverständnis der Patienten für einen kollegialen Austausch der Erkenntnisse Sorge zu tragen.
9. Verhaltenstherapeuten unterziehen ihre Arbeit kontinuierlicher Supervision, die eine intersubjektive Prüfung des therapeutischen Vorgehens anhand fachlicher wissenschaftlicher Standards ermöglicht. Insbesondere zu diesem Zwecke erstellen Verhaltenstherapeuten, mit Einverständnis der Patienten, Aufzeichnungen von Therapiesitzungen auf Bild- und Tonträger.
10. Die Beziehung zu den Patienten ist im verhaltenstherapeutischen Setting wohlwollend und professionell gestaltet. Verhaltenstherapeuten gehen grundsätzlich „keine persönlichen“ Bindungen, insbesondere keine sexuellen Kontakte zu ihren Patienten ein (meint keine zu nahen, intimen Beziehungen; Anm. des Autors).

Kommentar zu den ethischen Werten und Orientierungsrechten

Die *zehn Gebote* sind als ethische Grundorientierung zum Teil für jeden Menschen (auch Nichtchristen) gültig, bezogen auf die Verhaltensregeln, nicht zu lügen, nicht zu töten, nicht zu stehlen, nicht zu begehren (des anderen Besitz, Erfolgs etc.). Die Gebote, die sich auf den (personifizierten) Gott beziehen, sind eingeschränkt gültig resp. nach rational theologisch-philosophischer Exegese auch allgemeingültig. Es gibt keine Religion, die das Töten von Menschen erlauben außer die „radikal-islamische" Religion der Taliban in Afghanistan oder der sog. „Märtyrertod" der Palästinenser (vgl. Islamismus versus Islam). Es gibt nur einen Gott im Sinne einer Geistenergie, einer Natur, einer Urmaterie und/oder einer prima causa. Menschen sollten neben diesem Gottesverständnis nicht etwas Anderes gleichwertig resp. „gottgleich" stellen, das ist irrational, inhuman und selbstzerstörerisch oder einfach dumm. Auch die *Grundrechte* in Deutschland weisen ihre Tücken, Leerräume und Möglichkeiten zu Fehlinterpretationen auf wie überhaupt alle Regeln, Gebote, Rechte. Sie sind absolut (Perfektionismus als Denkfehler in der internationalen Therapieforschung) und zum Teil ambivalent verfasst. Die Richter selbst haben wie andere Berufsgruppen auch (wie Menschen auf Erden überhaupt) weder eine rationale Erziehung (Fremderziehung bis 21. Jahre früher; heute 18. Jahre) erfahren. Sie sahen sich mit dem weltwichtigsten Unterrichts- oder Lehrfach weder in Schule, Studium oder Ausbildung praktisch konfrontiert und verfügen deshalb in ihrer Selbsterziehungsphase (18 Jahre bis zum Tod weder a priori noch a postiori) nicht über die Fähigkeiten, Kenntnisse,

Fertigkeiten dieses wichtigsten Lehr- und Lernfaches: rationale Erziehung und Bildung zur eigenen Charakterentwicklung, Persönlichkeitsbildung als erste prozessuale Sinnhaftigkeit im Leben eines Menschen unter Kenntnis und Reflexionen von weltethischen, dynamischen Normen, Werten und deren rationalen Bearbeitung. Sie haben ebenso wie andere Berufsgruppen keine überwiegend rationalen biopsychosozialen Programme zu den von „Gott" geschenkten Ressourcen gelernt und engrammiert:

- *Fünf primäre Sinne* (Sehen, Hören, Riechen, Schmecken, Tasten) – lassen wir hier bewusst die 12 Sekundärsinne wie z.B. den Gleichgewichtssinn oder den kinästhetischen Sinn weg;
- *Drei Grundtriebe* (Ess-, Trink- und Schlaftrieb);
- *Fünf komplexe Triebe* (Kontakt-, Sexual-, Aggressions-, Spiel- und Neugierdetrieb);
- *Drei Urtriebe* (Lebenserhaltungs-, Todessehnsuchtstrieb und Urtrieb nach Liebe, Geborgenheit, Wärme, Zugehörigkeit).

Dieses wichtigste und permanent notwendige Bildungs- und Anwendungsfach, die **„Kunst der Selbsterziehung"**, gibt es faktisch so wie hier vorgestellt nicht; es ist auch von den Privilegierten dieser Erde nicht erwünscht. Es ist (zumindest unbewusst) im Menschen verankert, dass er einmal erhaltene (z.B. durch Geburt) geschenkte und/oder „erkämpfte" Privilegien freiwillig nicht mehr abgibt und dadurch sich nicht nur persönlichkeitsgestört macht, sondern mit seinen Mitmenschen und der Natur dadurch weder sinnvoll noch fair, würdevoll, gleichwertig und gleichberechtigt umgehen kann noch will. In Notsituationen, Revolutionen und Katastrophen will plötzlich der Mensch vorübergehend auf die Privilegien verzichten, dann sie aber wieder schnell besitzen, vgl. irrationales Höherwertig-sein-wollen des Adels: Während der Französischen Revolution, als Adlige enthauptet wurden, wollte keiner von ihnen mehr adelig sein; heute tummeln sie sich wieder in ihren abgegrenzten Zirkeln mit ihren Privilegien (wenn auch etwas eingeschränkt durch die Revolutionskraft des Volkes). Rationale Erziehung, die in rationale Selbsterziehung einzumünden hat, basiert auf der weltgesicherten Erkenntnis und Tatsache, dass jeder Mensch *„ein einmaliges, gleichwertiges männliches (weibliches) Wun-*

derwerk Gottes ist, das stets fließt, sich ändert, dynamisch, bildbar ist und deshalb sich nicht von einem anderen Menschen, egal welcher Rasse, Religion, Stellung, Funktion (der ebenfalls einmalig und gleichwertig ist) bevormunden, negativ manipulieren oder mobben lassen darf." Er darf einem anderen Menschen weder freiwillig das Recht schenken, zubilligen höherwertig zu sein noch darf ein Mensch sich selbstgefällig das Recht herausnehmen. Sollte er dies tun, hätte er mit negativen Sanktionen der Menschheit zu rechnen.

In meiner psychotherapeutischen Arbeit lernen die Patienten diese ethische Grundüberzeugung zu internalisieren und zu leben (Psychohygiene und rationales Selbstbild resp. rationale Ausdifferenzierung des SELBST). Es gibt keine Steigerung zur Einmaligkeit oder Gleichwertigkeit, wie das viele Menschen wünschen, z. B. „besonders einmalig" oder „besonders gleichwertig" sein zu wollen. Der Unterschied von Mensch zu Mensch besteht in der Art und Weise der Lebensführung, die bei zwei Menschen nicht gleich sein kann. Ist sie überwiegend rational, fair, liebe- und würdevoll oder überwiegend irrational, unfair, lieblos (selbstverliebt) und würdearm? Die Art und Weise einer Lebensführung hängt wiederum – wenn die Grundbedürfnisse befriedigend sind und/oder werden (Essen, Trinken, Schlafen, Arbeiten, Wohnen, Kleiden) und er sich nicht objektiv betrachtet in einer Katastrophe sieht – hauptsächlich davon ab, welche kognitiven Programme ein Mensch konditioniert bekam, bezogen auf die göttlichen Ressourcen (Sinne, Triebe), und wie er gelernt hat eigenverantwortlich, selbststeuernd, tatsachen- und gegenwartsorientiert mit sich, den Mitmenschen reflektierend, bewusst umzugehen. Die Gene spielen hierbei solange eine untergeordnete Rolle, solange keine Gendefekte messbar vorliegen und/oder sich ergeben haben. Eine allgemeingehalte, offene Definition des Menschsein als Homo sapiens (Kulturwesen) gibt *G. C. Jung* (1875–1961): „Nur die Bewusstseinsfähigkeit des Menschen macht ihn zum Menschen". *Eugen Roth* (1895–1976) beschreibt das Menschsein humorvoll treffend so: „Irrtum: Ein Mensch meint gläubig wie ein Kind, dass alle Menschen Menschen (bezogen auf die Art und Weise ihrer Lebensführung; Anm. d. Autors) sind". Bei der inhaltlichen Analyse der Grundrechte[30] und Menschenrechte[31] sind neben absoluten, dichotomen Aussagen auch zu offene Aussagen sog. "Gummiaussagen“ aufgeführt, z. B. Art. 5.1. Was sind allgemeinzugängliche Quellen? Für betroffene Bürger sind alle Stasi-Akten nicht zugänglich, aber den irrational definierten Prominenten – nur für Sie! Prominent meint, nicht alles was hervorragt, weicht positiv ab, z. B. viele sog. prominente Künstler, Schauspieler, Politiker, die bewiesener Maßen – entlarvt durch die Medien – negativ hervorragen, ohne dies jedoch meist einzusehen und/oder zu begreifen, vgl. Täter-Opfer-Syndrom (Täter werden blitzschnell nach ihrer Entlarvung zum Opfer). Stasi-Akten sind nach Berliner VG-Urteil (2001) nicht für jedermann zugänglich. Was ist das für eine irrationale Interpretation des Rechts? Wo kann hier noch objektiv von Gleichheit vor dem Gesetz (Gericht) gesprochen werden? Analog können Irrationalitäten in Art. 34 (Haftung bei Amtspflichtverletzungen) oder in Art. 56 (Amtseid) bewiesen werden. Der Steuerzahlerbund hat im Jahr 2000 nachgewiesen, dass rund 70 Milliarden (!) Steuergelder der Bürger veruntreut wurden von Staatsbeamten und/ oder Angestellten im Öffentlichen Dienst, ohne dass die Beamten in Verantwortung genommen und zum Regress verpflichtet werden. Das (Indianer-) Ehrenwort des Exkanzlers Helmut Kohl wird selbstherrlich, egomanisch über seinen Amtseid und über die Verfassung gestellt, ohne dass er persönlich negative Konsequenzen hatte außer Geldtransfers und Bußgeldern, die er wieder zum größten Teil bei seinen Günstlingen (Vasallen) einsammelte; nur damit er nicht verurteilt wird, wie jeder Bürger in ähnlich gelagerten Situationen (bei jahrelangem Schwarzgeld bunkern und Akten vernichten). Papier ist ein Stückweit geduldig – auch und gerade bei den Grundrechten und den Menschenrechten, die zwar unstrittig gut gemeint sind, aber nur soviel wert sind, wie sie auch faktisch und neutral kontrolliert (nicht Beamte kontrollieren Beamte) zur Anwendung kommen. Da bestehen noch signifikante Divergenzen und noch sehr großer Handlungsbedarf. Die psychologische und pschotherapeutischen Rechte sind hilfreich für die Therapiearbeit, für das Selbstverständnis der Berufsgruppe; sie geben aber keine internationalen einheitlich-ethischen Werte und Normen ab.

Ethische Grundsätze in der Persönlichkeitsentwicklung und Charakterbildung eines Menschen

Internationale ethische Standards in der Psychotherapie und Verhaltensmedizin anhand der Vorgehensweise in der Integrativen Kognitiven Verhaltenstherapie (IKV)

Anhand eines Beispieles möchte ich verdeutlichen, was es konkret bedeutet, mit einem **Sinn** psychotherapeutisch und verhaltensmedizinisch rational umzugehen:

➢ *Den Sehsinn somatisch, anatomisch betrachtet* bedeutet, dass wir zwei Augen haben, Sehbahnen, Sehnerven, Pupillen, Stäbchen und Zäpfchen, Augenlider, Netzhaut, Augengröße, Tränendrüsen, Augenfarbe, Sehstärke und dass diese anatomischen Teile in Funktion zueinander stehen. Bei einer Sehschwäche erhalten wir Sehhilfen (Brillen, Kontaktlinsen), beim Grauen Star (Katarakt: Trübung der Linse des Auges aus verschiedenen Ursachen) sind Star-Operationen durchzuführen, beim Grünen Star (Glaukom: Sammelbegriff für Erkrankungen des Auges mit erhöhtem intraokularen Druck (Augendruck) kann ebenfalls operiert werden. Der Augenarzt (somatischer Kollege) ist gut für Augendiagnosen und Augenbehandlungen ausgebildet; es gibt viele gute Sehhilfen und Operationstechniken. Dieser Teil der Medizin (Somatische Medizin) ist wichtig und bleibt wichtig!

➢ *Der Sehsinn psychomedizinisch betrachtet* (zweites Drittel der Gesamtmedizin resp. der biopsychosozialen Medizin) bedeutet, dass ein Mensch lernt und einsichtig engrammiert (in die Hirnrinde einprägt: aktiv und passiv), dass er ohne Wenn und Aber sich einmalig und gleichwertig als Individium und Gemeinschaftswesen (Zoon politikon, Aristoteles) zu sehen hat. Deshalb ist es notwendig, solche Menschen klar und deutlich zu erkennen und sich von ihnen nicht betreffen oder gar manipulieren zu lassen, die sich höherwertig sehen oder höherwertig sehen lassen müssen (aktiv und passiv), vgl. das Heer der Profilneurotiker auf der Erde und/oder Menschen, die Privilegien haben „müssen" und zwanghaft sie verteidigen „müssen". Dazu gehören

- Titeladel (Titelsucht, akademische und administrativ-beamtenrechtliche);
- Geldadel (Gewinnmaximierung: Ökonomie vor Ethik) vgl. viele Großindustrielle, Großbanker etc.;
- blaublütiger Adel (mit Hierarchie von Herzog bis zum König oder Kaiser);
- Kirchenadel (Hochwürden, Kardinal, Papst);
- Ganovenadel (einfache Kriminelle bis zur Mafia).

Jeder Mensch in diesen sich höherwertig sehenden, persönlichkeitsgestörten Untergruppen hat seine eigenen Gruppeninteressen, Gruppenzwänge, Gruppenkodizes, die untereinander nach außen liberal gepflegt werden, aber unter sich rigide und ausgrenzend sind. Ihre Gruppendynamik läuft ebenso nach festem oft konservativem Regelwerk ab wie ihr elaborierter Sprachcode (Artikulation und Redewendungen, gewählter Wortschatz etc.). Es ist beschränkend, inhuman und irrational, solch einen Gruppen-Konformismus leben zu „müssen" resp. von ihm gelebt zu werden. Analog verhält es sich mit Menschen, die sich minderwertig sehen „müssen" und sich dadurch Selbstwertprobleme und/oder Depressionen entwickeln. Sehsinn psychomedizinisch interpretiert bedeutet ferner, äußeres, ästhetisches Sehen und Wahrnehmen sowie inneres ethisches Sehen und Wahrnehmen sowie deren bewussten und unbewussten Entsprechungen. Durch die Bewusstmachung dieser Doppelfunktion mit ihrem Gehalt der äußeren und inneren Wahrnehmung wird erst ein Mensch zum „sehenden Sehenden" und bleibt nicht ein bloßer „äußerlich Sehender" (vgl. Autofetischismus; Fixiert sein auf Körper und/oder Körperteile des Menschen in der Spaßgesellschaft- oder Wellness-Boom) oder nur ein „sehender Blinder". Analog verhält es sich mit den „hörenden Hörenden", den „fühlenden Tastenden" etc. Wer kann schon auf seinen inneren gelernten, automatisch-unbewusst ablaufenden Bewertungsdialog hören, ihn analysieren und die über 50% erkannten irrationalen Inhalte in rationale Bewertungen umformulieren? Das Bewusstmachen der Sinne und deren rationale Interpretation gehört auch zur Hauptaufgabe der Integrativen Kognitiven Psychotherapie.

➢ Schließlich ist der *Sehsinn noch sozialmedizinisch* (letztes Drittel) zu interpretieren in der Verhaltensmedizin und Integrativen Kognitiven Verhaltenstherapie wie Integrativen Psychotherapie überhaupt. Dieses Drittel der Gesamtmedizin, die Sozialmedizin unterteilt in Chronomedizin (Zeit), Ökomedizin (z.B. Kontaktgifte, Umwelt, Enviroment) und Arbeitsmedizin, ist ebenfalls ein wichtiger Bereich, der bisher weitgehend ebenso vernachlässigt wurde wie die Psychomedizin. Konkret bedeutet sozialmedizinisch mit dem Sehsinn umzugehen: Wie lebe ich in meinen sozialen Interaktionen meine Einmaligkeit und Gleichwertigkeit? Wie erlebe ich sie im Umgang mit Mitmenschen, den Verwandten, Kollegen, Kameraden (Clubs, Vereine), Freunden, sog. Vorgesetzten, Nachbarn etc.? Wie kann ich mich faktisch gleichwertig einbringen? Wie lerne ich, weder selbst mobben zu brauchen (Fehlverhalten eines Menschen) noch mich von Mobbing betreffen zu lassen oder gar mich zu einem Mobbingopfer machen zu lassen? Was kann ich dazu beitragen, die Umweltgifte zu reduzieren? Wie kann ich die negativen Einflüsse von Umweltgiften (Lebensmittel, Bausubstanzen, Kleidung etc.) auf mich bezogen mindern?

Menschen lernen in der verhaltensmedizinisch orientierten Psychotherapie als Welttherapie sich heute zu freuen; sich täglich überwiegend zufrieden und ausgeglichen machen zu können und überwiegend ein faires Handeln und Verhalten zu leben. Sie lernen auch, wie sie sich von unreifen Menschen (auf ihren Persönlichkeitsstand und Charakter bezogen) nicht mehr mobben, subaltern behandeln, ausgrenzen, negativ manipulieren lassen. Sie bedauern solche Menschen, die sich persönlichkeitsgestört höherwertig oder minderwertig sehen „müssen“. Dieses von der ethischen Norm (breites Verhaltensfeld, resultierend aus wissenschaftlich orientiertem rationalen Denken und dadurch aus echtem, situationsgemäßem Fühlen) deviante Sich-sehen und Sich-wahrnehmen-müssen, ist letztendlich eine Tragik für solche Menschen. Sie haben sich persönlichkeitsdifferenziert betrachtet noch nicht zum Kulturwesen Mensch entwickelt, vergeuden die drei höchsten Güter im Leben eines Menschen:

- Leben dürfen, Lebenszeit;
- Gesundheit als Weg;
- Liebesbeziehung (zu sich, zu einem Kind, zu einem Partner/ einer Partnerin und zu einem Freund/einer Freundin).

Diese drei höchsten Güter sind weder mit Titel, Geld noch mit Privilegien, Statussymbolen oder mit Talmi (anderen unechten Werten) zu erreichen!

Menschen haben rationale Programme zu den *Sinnen* und *Trieben* erstmalig zu lernen; nicht nur somamedizinische, sondern eine biopsychosoziale rationale Philosophie, damit sie sich signifikant anders fühlen und verhalten können. In der Integrativen Kognitiven Verhaltenstherapie werden die gelernten, unbewusst automatisch ablaufenden (oft irrationalen) Bewertungsprogramme identifiziert, überprüft anhand von fünf Prüf-Kriterien (für rationales Denken, echtes Fühlen und faires Handeln; vgl. Anhang 10) und dann konkret, gezielt umformuliert in rationale Programme, die überwiegend eine neue humane Lebensqualität ermöglichen, permanente Selbsterziehung bedeuten ebenso wie überwiegend Gesundheit als Weg. Die Patienten kommen beispielsweise mit Sexual- und Spielstörungen, Ess- und Trinkstörungen, mit Kontakt- oder Aggressionsstörungen, mit Leistungsstörungen zur Psychotherapie. Sie haben schon multiple somatische Beschwerden entwickelt, wenn sich nicht bereits (auch schon) verschiedene biopsychosoziale Erkrankungen manifestiert haben oder gar eine Komorbidität* von Krankheitsbildern vorliegt (verschiedene, sich aufrechterhaltende und/oder verstärkende Krankheitsbilder).

Sie lernen individualisiert, persönlichkeits(stand)- und fokuszentriert neue rationale Programme und Verhaltensweisen, die auch eingeübt, gesichert und kontrolliert werden. Dadurch kann es zur echten Heilung sowie erstmalig zu einer Statusverbesserung im Sinne einer zufriedenen, ausgeglichenen, bereichernden Lebensqualität kommen. Methoden der kognitiven Umstrukturierung[5] sind beispielsweise Gedanken-Stop-Übungen, rationale Selbstanalysen, Reframing, Selbstverbalisationen/Selbstinstruktionen (vgl. Anhang 1–2). Methoden des Verhaltenstrainings[5] sind beispielsweise Stressbewältigung, Kommunikations- oder Selbstsicherheitstraining, aber auch Verhaltensübungen bzw. Expositionsübungen)[5]. Für eine faire und rationale Kommunikation mit sich und anderen resp. für eine Liebesbeziehung benötigt ein Mensch die Kenntnis und Fertigkeit aus der psychotherapeutischen Mnemotechnik. Diese Gedächtnis- und Anwendungshilfen unterstützen den Einprägeprozess (Einprogrammierung) im Unterbewusstsein, sind also danach spontan verfügbar. Mnemotechnische Hilfen in der Integrativen Kognitiven Verhaltenstherapie sind:

→ Die 5 **W's**- einer Liebesbeziehung
(im Anhang 6):
Würde
Wahrheit
Worte schenken (dialogisches Prinzip)
Wirbewusstsein
Wärme.

→ Die 3 **S** einer reaktiven depressiven Episode:
Selbsttadel (self-blaming),
Selbstmitleid (self-pitying),
Selbstserniedrigung (self-downing).

→ Orientierung einer Lebensführung:
Statt **L-L-L** lieber **S-S-S**!
(**l**eicht – **l**angweilig/**l**eer – **l**abil)
lieber (**s**chwer-**s**chön-**s**tabil
(echte Erfolgserlebnisse möglich))

→ Suchen nach innerem **HALT**
(Mnemotechnik):
H = hungrig (**h**ungry)
A = ärgerlich (**a**ngry)
L = allein (**l**onley)
T = müde (**t**ired)

→ Sinnessysteme – Repräsentationsphase

Hypnose	**Primäre Sinne**
V–isuell (sehen)	V–isuell
A–uditiv (hören)	A–uditiv
K–inästhetisch (bewegungsempfindend)	T–aktil
O–lfaktorisch (riechen)	O–lfaktorisch
G–ustatorisch (schmecken)	G–ustatorisch

→ Humorvolle Bilder zum **LFT** (Low-Frustrations-Tolerance: Niedere Frustration- und Konfliktfähigkeit) oder zum **Pascha-Syndrom** (siehe Anhang 30) sind weitere hier bildlich dargestellte, exemplarische mnemotechnische (gedächtnisstützende) Hilfen. Der Humor spielt in der Psychotherapie – auch in Form der Mnemotechnik – eine wesentliche Rolle, vgl. z. B. *Eugen Roth*[54] „Sämtliche Menschen".

Ich möchte ferner eine Vorgehensweise zur unreifen Persönlichkeitsentwicklung an einem praktischen Beispiel beschreiben (reife Persönlichkeitsbildung, Abb. 15 im Anhang): Für die gebräuchlichen (üblichen) defensiven Selbstdarstellungen von Menschen als Leistungsträger resp. Funktionsinhaber, wie dies zur „Skandalbewältigung" erforderlich scheint (vgl. Uwe Barschel, Helmut Kohl, Manfred Kanther, Richard Nixon, Bill Clinton, Leisler Kiep, Gerhard Glogowski u.a.m.), hat die Psychologieprofessorin *Astrid Schulz* (Universität Chemnitz, 2000) ein **„Sieben-Stufen-Modell"** entwickelt. Die Stufen laufen nicht stets gleichmäßig hintereinander ab; manch Betroffener überspringt oder verdrängt eine Stufe. Das Sieben-Stufen-Modell der Skandalbewältigung bei sog. Prominenten (nach Schulz, 2000) besteht aus diesen Schritten:

1. leugnen „müssen",
2. umdeuten „müssen",
3. Beteiligung bestreiten „müssen",
4. rechtfertigen „müssen",
5. negative (egoistische) Absicht bestreiten „müssen",
6. Bedeutung relativieren (verharmlosen) „müssen",
7. Eingeständnisse (zögerlich erst nach vorliegendem Faktenstand).

Die achte Stufe ist dann in die „Opferrolle flüchten müssen", bei fehlendem Ursachen- und Problembewusstsein und somit auch keine reale Wiedergutmachung (Anm. des Autors). Nach dem Zu- oder Eingeständnis kommt ein Selbstmitleid auf und die Flucht in die Opferrolle.

Persönlichkeitsgebildete Menschen leben demgegenüber andere Prioritäten. Wer beginnt bewusst, ethisch und rational orientiert zu handeln, wird immer wieder auf die Fragen stoßen: Wer bin ich? Was darf ich? Was darf ich nicht? War mein Handeln jetzt selbstsicher oder egoistisch? Nach welchen ethischen Werten, Maßstäben (Orientierungen) will und kann ich mich richten? Bei der Beantwortung dieser Fragen sind mir die folgenden psychotherapeutischen Grundrechte eine wichtige Hilfe – ebenso wie das nachfolgende Programm zur Persönlichkeitsbildung und zur Trieborientierung (exemplarisch).

Zwölf psychotherapeutische Grundrechte (Grundpflichten)

1. Ich habe das Recht, als einmaliger, einzigartiger und gleichwertiger Mensch zu leben.
2. Ich habe das Recht, Gefühle zu zeigen und auszusprechen.
3. Ich habe das Recht, eigene Wünsche und Bedürfnisse zu äußern und sie auch einzufordern.
4. Ich habe das Recht, mich zu lieben, zu achten und meine Persönlichkeit frei zu entfalten.
5. Ich habe das Recht, mein Leben selbst mir und anderen gegenüber zu verantworten.
6. Ich habe das Recht, Entscheidungen zu treffen und tatsachenbewusst ja oder nein zu sagen (Vitamin-N).
7. Ich habe das Recht, Fehler zu machen, mir für Fehler zu verzeihen, meine Fehleranalyse (vier Faktoren s. Anhang 21) durchzuführen und aus Fehlern gerne zu lernen.
8. Ich habe das Recht, nicht perfekt zu sein und außer sterben nichts zu müssen (zu müssen gibt es eine Reihe rationaler Alternativen wie wollen, dürfen, mögen, können oder nicht können, nicht wollen etc.).

9. Ich habe das Recht, mir eine eigene tatsachenbewusste Meinung zu bilden und das Recht, meine Meinung einsichtig zu ändern.
10. Ich habe das Recht, Lob zu äußern, Lob einzufordern und Lob anzunehmen.
11. Ich habe das Recht, (konstruktive) Kritik zu sagen und anzunehmen.
12. Ich habe das Recht, Anerkennung auszudrücken und anzunehmen.

Bitte fragen Sie sich selbst, welche dieser zwölf psychotherapeutischen Grundrechte gestehe ich mir zu und welche möchte ich noch mehr ausschöpfen? Diese zwölf Grundrechte sollten auch mit der umgekehrten (inversen) Formulierung bearbeitet werden, im Sinne einer zusätzlichen Herausforderung (challenging):

1. Ich habe das Recht und die Pflicht, als einmaliger, einzigartiger und gleichwertiger Mensch zu leben.
2. Ich habe das Recht und die Pflicht, Gefühle zu zeigen und zu verbalisieren etc.

Durch die Erweiterung der Grundrechte in Recht und Pflicht wird das Aktive und Passive beim Menschen erst ausbalanciert, und er kann sich auch im Umgang mit den Mitmenschen ausgeglichen machen (vgl. Beziehung Ich zu Mir und Ich zu Du / Euch).

Zwanzig psychotherapeutische Gruppenregeln

Außer diesen zwölf psychotherapeutischen Grundrechten resp. zwölf Grundpflichten gibt es noch 20 wichtige Interaktions- bzw. Gruppenregeln, die sich in der psychotherapeutischen Praxis (Gruppentherapie v.a. Problemlösegruppen) bewährt haben:

1. Probleme anderer ernst nehmen – zuhören können (was schwer fällt, da jeder Patient zunächst stark seelisch emotional mit seinen eigenen Problemen und seiner Befindlichkeit belastet ist).
2. Nicht jammern, klagen, lamentieren, sondern vernünftig handeln, d.h. Problemlösungs-Alternativen anbieten!

3. Versuche so zu kritisieren, dass es der andere annehmen kann – ihn da abzuholen, wo er sich hier und jetzt emotional, belastungsfähig befindet. Solche empathische, konstruktive Kritik ist sehr schwer und nur von wenigen Menschen schon gelernt.
4. Spreche von deinen Erfahrungen und Empfindungen in der Ich-Form (wenn du das oder jenes sagst, dann fühle ich ... oder dann meine ich dazu ...). Wurden schon Ich-Botschaften ausgetauscht, können auch Wir-Botschaften gesendet werden (wir hatten doch vereinbart, dass ... und ich meine deshalb ...).
5. Vermeide Du- und Man-Botschaften (Man-Botschaften sind Masken-Botschaften).
6. Rückfragen sind erlaubt und erwünscht.
7. Anpassen in Tempo an den Langsamsten in der Gruppe im vertretbaren (großzügigen) Rahmen (z.B. bei Bradyphrenie*, dem Patienten noch verstärkt Einzeltherapie und andere Therapiegruppen anbieten, z.B. Mal- oder Ergotherapie).
8. Ratschläge haben Rat (Empfehlungen, die sinnvoll, alternativ sind) auszudrücken – sie können auch Schläge sein!
9. Reden ist Silber und Schweigen ist Gold – und Schweigen ist Silber und Reden ist Gold (erst durch die inversive Formulierung wird das Sprichwort rational und ist flexibel situationsgemäß zu handhaben).
10. Reden ist Silber und Üben ist Gold – Üben ist Silber und Reden ist Gold (analog zu 9).
11. Spreche klar, laut, kurz und deutlich; Worte sind Geschenke (vergeude sie nicht durch Phrasen, umständlich, abschweifendes, sprunghaftes Reden (Fluktuation) und/oder Redesucht (Logorrhoe). Der Gehalt der Aussage ist wichtiger als die Verpackung (z.B. Eloquenz). Versuche annähernd eine Übereinstimmung (Kongruenz) der Körpersprache mit der Verbalsprache zu erzielen (Echtheit, Glaubwürdigkeit).
12. Pünktlich sein: Versuche die Gleichwertigkeit der Lebenszeit durch Pünktlichkeit dir und dadurch anderen zu beweisen. Therapiezeit ist Lebenszeit für Patient(en) und Psychotherapeut. Lebenszeit ist das höchste Gut – Jede Sekunde im Leben eines Menschen ist einmalig und für keinen Milliarden Dollarbetrag zurückzubekommen; deshalb lebe nicht nur bewusst im Heute, sondern im Hier und Jetzt!

13. Bringe dich mit deinen Problemen ehrlich, offen ein, damit Du auch selbst etwas aus der Gruppe mitnehmen kannst (nicht Hilfstherapeut spielen müssen oder sich selbst als Sündenbock und/oder Unverstandene(n) abstempeln).
14. Platze nicht heraus, denke vorher nach und prüfe, was du sagen willst und rede dann, Spontaneität ist demnach auch erwünscht; sie wird vergleichsweise seltener vorkommen.
15. Was in der Gruppentherapie gesprochen wird, unterliegt der Schweigepflicht (versus Schweigerecht).
16. Gebe Feedback (Rückmeldung) zum Gehörten, bevor du weitersprichst. Selten Rückmeldungen auf Rückmeldungen geben und das auch aushalten können.
17. Es sollten nicht zwei gleichzeitig reden.
18. Jeder übernimmt die Verantwortung dafür, dass es ihm in der Gruppe gut geht und dass er seinen Zielen näher kommt. Er übernimmt auch eine Mitverantwortung für die Qualität (Effizienz) der Gruppentherapie.
19. Den anderen ausreden lassen – Ambiguitätstoleranz üben (Fähigkeit, die Meinung des anderen zunächst gleichwertig neben seine eigene stellen und sie sachlogisch begründen lassen).
20. Gefühle und Empfindungen möglichst genau beschreiben, um die „heißen", automatischen Bewertungen (Kognitionen) besser „entbinden" und gezielt bearbeiten zu können.

Sechs Grundregeln in der Selbstmanagement-Therapie

Wichtig für die Grundrechte (Individual- und Gruppenrechte) sind *Kanfers sechs Grundregeln* (Kanfer a.a.O. S. 35). Er hat sechs Regeln für ein Selbstmanagement-Vorgehen für Klienten (Patienten) formuliert, die in Verbindung mit den Individual- und Gruppentherapieregeln – integrativ – anzuwenden sind (modifiziert):

- Verhaltensorientiert denken (think behavior),
- lösungsorientiert denken (think solution),
- rational[*)] denken (Änderung des Autors, original positiv denken) (think rational),
- in kleinen Schritten denken (think small steps),
- flexibel denken (think flexible),

➢ gegenwarts*)- und zukunftsorientiert denken
(think present and think future).

Die Korrekturen erfolgten aufgrund der Tatsache, dass positives Denken zunächst in der Umgangssprache betrachtet genauso irrationales Denken wie negatives Denken darstellt. **Rationales Denken** bedeutet wissenschaftlich kontrolliertes, beweisbares, berechenbares, also „gültiges“ realistisches Denken. Die Realität besteht objektiv aus positiven, negativen und neutralen Teilen, nicht nur in den Naturwissenschaften, sondern auch in den Geisteswissenschaften und in der linguistischen Forschung, vgl. Semantik*4. **Das Positivum** (lat.) bedeutet auch Ganzheit, Echtheit wird aber so außer in der positiven Psychotherapie meist nicht gesehen. Außerdem möchte ich nicht nur zukunftsorientiert denken, sondern sowohl gegenwartsorientiert (hauptsächlich) als auch zukunftsorientiert (nebensächlich); aber auch immer wieder vergangenheitsorientiert, damit ich in der Gegenwart anders bewertend mit den Erfahrungen umgehen kann und dadurch auch einen Gewinn für morgen (wieder heute) habe.

Das Jahr hat so psychotherapeutisch betrachtet 365 Heute: Heute will und kann ich die Verantwortung für den sinnvollen Umgang mit meinen Sinnen und Trieben, für meine Tagesbewältigung und meine sozialen Interaktionen übernehmen. Gestern ist vorbei, ich kann an einem Gestern nichts mehr ändern und Morgen ist noch nicht geboren. Bleibt *Heute* mit vielen zig-Tausend Sekunden. Heute will ich tatsachenbewusst, selbstverantwortlich welche Entscheidungen treffen? Heute möchte ich aus welchen Fehlern lernen? Heute möchte ich mir und anderen Menschen wofür verzeihen? Heute möchte ich welchen Menschen helfen und/oder mir von welchen helfen lassen?

*) Diese Begriffe sind ausführlich zu bearbeiten!

Rational-philosophisches Programm zur Persönlichkeitsentwicklung

Die konkrete Vorgehensweise in der persönlichkeitszentrierten Integrativen Kognitiven Verhaltenstherapie (IKV) beginnt mit diesem rational-philosophischen Programm – *Rationale Gedanken, Erkenntnisse zur gesunden Entwicklung des Ich (Gesundheit), versus Rationale Gedanken gegen Depressionen, Angststörungen und Persönlichkeitsstörungen (Krankheit):*

Ich liebe, akzeptiere mich und ich gefalle mir als einmaliges „Geschöpf" Gottes – ohne arrogantes Wenn und Aber. Ich habe mich heute zufrieden und ausgeglichen zu machen, habe heute sinnvoll mit den göttlichen Geschenken wie fünf primären Sinnen und drei Grundtrieben sowie fünf komplexen Trieben mit Hilfe meines Reflexionsvermögens umzugehen. Durch die Bewusstseinsfähigkeit unterscheidet sich Mensch vom Menschen (C.G. Jung); aber auch von Tieren und Pflanzen, den übrigen „Lebewesen".

Der erste Sinn, die erste Sinnhaftigkeit im Leben eines Menschen ist: sinnvoller Umgang mit sich selbst, d.h. tatsachenorientiertes, überprüftes, kontrolliertes Denken in der Beziehung Ich zu Mir; damit ich mir heute keine Beziehungsstörung mache, keine Systemstörung Ich zu Mir und dadurch auch keine intrapsychischen, endogenen Systemstörungen sich entwickeln können, vgl. keine endokrinologischen Störungen, keine Immunstörungen, Herz-Kreislauf-(HKL-) Störungen, keine peristaltischen Störungen (Störungen im Magen-Darmtrakt). Aus solchen Systemstörungen resultieren wiederum verschiedene Sekundärsymptome und unbehandelt kommt es zur „Organwanderung" bei der Symptomatik bis hin zu somatischen Manifestationen (Krankheitsbilder). Deshalb ist es heute präventivmedizinisch, psychohygienisch, weltethisch wichtig, gesicherte Erkenntnisse der Verhaltensmedizin (bio-psycho-soziale Medizin), der IKV und Rational-Emotiven Verhaltenstherapie (sowie der Integrativen Psychotherapieforschung überhaupt) in sein Lebenskonzept zu integrieren und eine faire, faktenorientierte, sich herausfordernde, reflektierende und persönlichkeitsdifferenzierende Tagesbewältigung zu leben.

Methoden der Selbstmanagement-Therapie (Kanfer)[35], der REBT (Ellis)[20], der multimodalen VT (Lazarus)[24], der Integrativen

Kognitiven VT sind nach der Therapieforschung (Stand 2001/2002)[22] u.a. äußerst effektiv, um die erste Sinnhaftigkeit eines Menschen heute sich erfüllen und/oder für sich hervorbringen zu können. Konkret handelt es sich um **Methoden der Kognitiven Umstrukturierung** wie

- vernünftige Selbstgespräche, Selbstverbalisationen, Selbstinstruktionen tagsüber, 16–17 h lang; solange wie ich heute wach bin im Sinne eines *inneren rationalen Dialoges;*
- fünf Schritte einer Gedanken-Stop-Übung (GSÜ);
- Rational-Emotive Imaginationsübungen (REI);
- Rationale Selbstanalyse, das A-B-C-D-E des rationalen Denkens, echten, situationsgemäßen Fühlens und fairen Verhaltens (RSA);
- Selbstmonitoring (SM)- vgl. Anhang 3, 4, 7, 9,11, 12, 14, 17, 31.

Außerdem gehören Entspannungsverfahren und Visualisationen zu den Methoden der effektiven Selbstbehandlung: Atemtraining, Autogenes Training (AT) mit symptom- und patientenzentrierten Affirmationen*, progressive Tiefenmuskelentspannung (PME) und Visualisationen wie „frei von Angst“ oder „Befreiung von Depressionen“ mit Subliminals (unterschwelligen Botschaften) in Tages- und Nachtversion sowie Mototherapie, z.B. HKL-Training täglich und Ausdauer- oder Konditionstraining (3- bis 5-mal/Woche), vgl. Methoden im Anhang 24 a–c, 27,29.

Meine rationalen Gedanken zur Persönlichkeitsentwicklung (Patientenbeispiel)

Konkrete rationale Selbstverbalisationen heute: Ich bin ich und du bist du und ihr seid ihr. Ich bin nicht auf dieser Welt, um mich von einem Du oder von euch leben zu lassen, sondern ich bin auf der Welt, um zeitlebens gerne mein Selbst (meine Persönlichkeit, meinen Charakter) zu entwickeln: eigenverantwortlich-realitätsbewusst-weltethisch-reflektiert handeln; das entspricht einem rational-emotiven und behavioralen Lebenskonzept. Meine grundphilosophisch-ethischen Überzeugungen zu meinem Selbstwert, zu meiner Persönlichkeit sind: Ich bin ein *einmaliges**), *gleichwertiges**) weibliches (männliches) *Wunderwerk Gottes**) (= Licht, Leben, Geistesenergie, Natur, „prima causa"). Ich gebe anderen gleichwertigen Menschen nicht mehr die Macht, mich kränken, ärgern, hemmen, frustrieren, verunsichern, blamieren und negativ manipulieren, also mobben zu können und praktiziere auch kein Selbstmobbing, z.B. mich nicht ernst zu nehmen, mich nicht gleichwertig zu sehen, und mich nicht zu lieben. Ich will mich nicht von einem Du (von anderen Menschen) leben lassen, nicht diese Menschen kopieren und in ihrer Spur gehen, sondern auch eigene originale Sicht- und Verhaltensweisen sowie Praktiken entwickeln, eine eigene Spur machen und zurücklassen.

Die Entwicklung meines Selbst ist der 1. Sinn eines Menschen. Die Entwicklung von Selbstliebe (nicht Narzissmus), Selbstachtung (Würde), Selbstverantwortung (echte innere und äußere Freiheit), Selbstvertrauen, Selbststeuerung, Selbstakzeptanz, Selbstsicherheit, Selbstbeobachtung, Selbstkritik, Selbstherausforderung führen zu Emanzipation und Autonomie eines Menschen. Solange ich leben darf (Lebenszeit, ein Geschenk Gottes ist das höchste sittliche Gut), will ich gerne mit Selbstreflexion und Selbstverantwortung bei Faktenorientierung meinen Charakter entwickeln, Persönlichkeit ausdifferenzieren. Meine Selbsterziehung endet mit dem Tod.

Die zweite Sinnhaftigkeit, nämlich **meine Beziehungs- und Partnerfähigkeit** (Dualunion oder Dyade), kann erst dann von mir geleistet werden, wenn ich heute die erste Sinnhaftigkeit „Ich zu mir" überwiegend schaffe. Ich habe mich heute zufrieden, mutig, selbstsicher, ausgeglichen, fair zu machen, damit ich diese Beziehungsharmonie ich zu mir in eine Zweierbeziehung einbringen kann. Mache ich mir eine intrapersonale Beziehungsstörung (ich zu mir), bringe ich auch diese „hausgemachte" Beziehungsstörung in jede andere Beziehung ein, die wiederum dadurch gestört wird. Eine überwiegend harmonische Zweierbeziehung gelingt dann, wenn sie mit diesen W's einer Liebesbeziehung (fünf ethische Grundwerte) überwiegend gelebt wird – sonst nicht:

1. **W** = Würde (Selbstachtung, um die Würde des Nächsten achten zu können).
2. **W** = Wahrheit, Offenheit (im Umgang mit sich und dem/den anderen).

3. **W** = Worte schenken, nach dem *dialogischen Prinzip* (Martin Buber), mit Feedback und *Ambiguitätstoleranz* (Jean Piaget). Keine Monologe, keine Redesucht (Logorrhoe); aktiv zuhören können. Worte können Medizin oder Waffen sein! Oder sie können ungehört verhallen!
4. **W** = Wirbewusstsein, d.h. regelmäßig getrennt und gemeinsam innerhalb einer Woche etwas unternehmen und sich informativ austauschen.
5. **W** = Wärme als verbale Wärme (Empathie, Komplimente, Lob, Ziele, Interessen) und nonverbale Wärme (Hautkontakt, gemeinsame Erlebnisse genießen, Sexualität, Erotik etc.), (vgl. Anhang 5).

Weitere wichtige Sinnhaftigkeiten im Leben eines Menschen sind

- sich gruppenfähig zu machen (Freunde, Bekannte);
- anvertraute Menschen (Kinder) fair und vernünftig zu erziehen, damit sie ab dem 19. Lj. sich überwiegend vernünftig selbst erziehen können;
- im Einklang mit der Natur, mit Gott (Geistenergie) zu leben.

Ich will heute meine selbstzerstörerischen angst- und depressivmachenden Bewertungen erkennen; also meine Denkfehler, mein dysfunktionales Denken oder meine kognitiven Verzerrungen, damit ich dieses automatisch ablaufende, irrationale Bewerten (v.a. gelernt in den ersten 21 Jahren) sogleich in faire, objektiv stimmige, funktionale also rationale Bewertungen umformulieren kann (vgl. Anhang 36).

Dadurch kann ich mir erst eine andere Befindlichkeit machen und nicht mehr Angststörungen oder depressive Phasen. Meine Denkfehler beeinflussen negativ meinen Hirnstoffwechsel, mein endokrinologisches System, mein Immun- und Kreislaufsystem sowie meine Magen-Darm-Peristaltik, so dass sich biopsychosoziale Krankheitsbilder manifestieren, chronifizieren und generalisieren (Komorbidität, Aggravation)* können. Deshalb will und kann ich es mir heute wert sein, sinnvoll, rational, gerne eigenverantwortlich und tatsachenbewusst mit mir als wichtigste Person in meinem Leben, als meine beste Freundin (bester Freund), als Regisseurin in meinem Lebensstrom umzugehen, um dadurch in

Folge auch mit anderen Menschen ebenso fair umgehen zu können. Es ist eine Tragik für die meisten Menschen auf Erden, unabhängig von beruflicher Bildung, von Stand, Rasse, Alter, Religion, dass sie zeitlebens diese ersten Sinnhaftigkeiten nicht begreifen und deshalb auch nicht erkennen können. Menschen, die höherwertig sein *müssen*, sind krank, sind profilneurotisch: blaublütiger Adel, Geldadel, Titeladel, Ganovenadel – analog verhält es sich mit Menschen, die minderwertig sein müsssen. Sie übersehen, dass Gott alle Menschen gleichwertig geschaffen hat. In welcher Art und Weise Menschen mit sich und anderen umgehen, darin liegen die großen Unterschiede von Mensch zu Mensch begründet. Das ist wiederum bedingt (über 50%) von ihrer Fremderziehung* (bis zum 18. Lebensjahr; früher bis zum 21 Lebensjahr) und der nachzufolgenden Selbsterziehung zeitlebens. Da es nicht zwei gleiche Erziehungsphasen gibt, sind auch nicht zwei Menschen gleich, weder im Denken, noch im Fühlen und Verhalten. Nach wie vor gilt der weltethisch rationale Lehrsatz: Gene prädisponieren und die „Umwelt" realisiert, d.h. trotz Entschlüsselung/Entdeckung des Genoms (2000) ist und bleiben Charakterbildung, Persönlichkeitsbild, Erziehung die wichtigsten Valenzen* für die Entwicklung eines Menschen. Genetische Prädispositionen sind Nebensache, Hauptsache sind die Fremd- und anschließend Selbsterziehungsphasen sowie das soziokulturelle interaktive Lernen für die gesunde Entwicklung eines Menschen.

Genetische Dispositionen* sind vermehrt (erschwerend) hinderlich gegenüber genetischen Prädispositionen für die gesunde Entwicklung eines Menschen, (noch) nach dem derzeitigen Forschungsstand. Durch das „therapeutische Klonen"* versprechen sich die Forscher, dass auch künftig (vielleicht in 10–20 Jahren) die ersten Erfolge sichtbar sind, so dass trotz genetischer Aberration (Abweichung) – z.B. Chromosomenaberrationen* wie Trisomie 21 oder Klinefelder Syndrom – auch hier die „Gesamtheit der Umwelteinflüsse" über 50% ausschlaggebend für die gesunde Entwicklung eines Menschen ist. Unterschiede von Mensch zu Mensch sind objektiv betrachtet jedenfalls nicht nur durch Stand, Rasse, Religion, Geldvermögen, schulische Bildung, Karriere a priori (von vornherein) begründet. Das zu glauben wäre Selbst- und Fremdmobbing sowie Krankheit als Weg im Fatalismus.

Praktische Patientenbeispiele zur Charakterbildung und zur Selbsterziehung

Die Patienten erhalten diese Arbeitsblätter (A–E), um zu Hause sie zu lesen und in den nächsten Sitzungen gezielt Fragen stellen zu können beim gemeinsamen Durcharbeiten der Texte. Es wird dann mit den Patienten gemeinsam ein Excerpt („Auszug") erarbeitet:

A. Meine rationalen Gedanken zur Persönlichkeitsarbeit (Patientenbeispiel – Excerpt)

Ich bin die einzige Frau auf dieser Welt, die mich relativ sicher lieben und akzeptieren kann in einem Maße wie dies kein anderer Mensch schafft.

Ich liebe und akzeptiere mich und bin gerne für mich verantwortlich, gehe fair und würdevoll mit mir um. Ich betrachte mich als Wunderwerk der Schöpfung mit Geschenken wie Sinnen (Hör-, Seh-, Geschmacks-, Geruchs-, Reflexionssinn) und Trieben (primäre: Essen, Trinken, Schlafen; komplexe: Kontakt-, Spiel-, Sexual-, Aggressions- oder Aktivitätentrieb und Trieb der kognitiven Neugierde). Mit diesen Geschenken sinnvoll umzugehen heißt: 1/3 sublimieren, 1/3 kanalisieren, 1/3 ausagieren, regelmäßig, zeitlebens (*Orientierungsschema* erhalten, vgl. Anhang 18,19).

Gerne heute Verantwortung für mich zu übernehmen ist schwerer als sich fremd steuern zu lassen, aber verschafft mir erst echte innere und äußere Freiheit und vergrößert meine Selbstsicherheit, meine psychische Energie, meine Motivation und meine Lebensfreude.

Diese Persönlichkeitsarbeit ist das erste Lebensziel eines jeden Menschen und Voraussetzung für anschließend erforderliche Arbeit an meiner Partnerfähigkeit und für faire Fremderziehung (z. B. Kindererziehung).

Immer wieder werde ich feststellen, dass ich mich nach andressierten, abhängigen Normen aus meiner Kindheit verhalte. Dies stört mich nicht weiter, weil ich meine Fehleranalyse ruhig und gelassen mache (anstelle von Schuldzuschreibung), um danach alternativ mich rational verhalten zu können.

Umgekehrt lasse ich es auch nicht mehr zu, mich betreffen zu lassen von Fehlverhaltensweisen anderer, sondern praktiziere diese rationalen Methoden flexibel; ignorieren – mit dem Konfliktpartner reden – Humor einsetzen – Ironie-Paradoxon – und reversible Äußerung (Spiegelmethode) – Reframing und Konfrontation (vgl. B).

B. Alternatives, rationales Verhalten in der sozialen Interaktion mit dem Partner

Es ist grundsätzlich unvernünftig, sich von Fehlverhaltensweisen (Vorwürfen, Schuldzuschreibungen, Du-Botschaften, Aggressivität, Impulsivität, Etikettierungen, Katastrophisierungen, Negativismen,...) betreffen zu lassen. Keine Sieger-Verlierer-Konstellation und keinen Geschlechterkampf, sondern faires, liebe- und würdevolles gleichberechtigtes Diskutieren miteinander, mitverantwortlich und konsensfähig.

Vernünftig ist: flexibel diese nachfolgenden rationalen Verhaltensweisen anzuwenden (über 1000 rationale Verhaltensalternativen bei beliebig kombinierter Anwendung):

1. **Ignorieren** heißt: „Ich möchte, obwohl ich es gehört habe hier und jetzt noch nichts sagen" (nicht „schlucken").
2. **Mit dem Konfliktpartner reden:** unter vier Augen; grundsätzlich nach der Konfliktsituation, zu einem gemeinsamen verabredeten Zeitpunkt; möglichst an einem neutralen Ort.
3. **Ironie / Humor:** O. J. Bierbaum Zitat: „Humor ist, wenn man trotzdem lacht". Kein Zynismus und / oder Sarkasmus. Ironie hat mit Humor gepaart zu sein, und beide Gesprächspartner können darüber lachen.
4. **Spiegeln / reversible Äußerungen:** umkehrbare Äußerungen = alles, was ich einem Kind (Partner) sage, kann es / er auch mir mit den gleichen Worten sagen. Reversible Aussagen und / oder Verhaltensweisen sind klare Unterscheidungen für Beziehungsqualität (diskriminativer Stimulus).*
5. **Pradoxon:** = ähnlich wie Ironie, sind Übertreibungen und / oder Verdrehungen, um durch diese Aussagen den Sinn zu verdeutlichen.

6. **Reframing:** Einer Situation einen neuen Bezugsrahmen (frame) geben, indem ich z. B. durch die „Brille" des anderen die Situation betrachte und versuche sie zu interpretieren.
7. **Konfrontation:** Sich hier und jetzt mit dem Partner auseinandersetzen und versuchen, die gelernten Kommunikationsregeln dabei anzuwenden (vgl. Anhang 25, 26, 28).

Diese alternativen, rationalen Verhaltensweisen sind Voraussetzung für eine „Streitkultur" für gekonntes Streiten, was grundsätzlich zu einer harmonischen Beziehung gehört.

C. Selbststeuerungskonzept für angeborene Triebe (Orientierungsschema) – ausgearbeitete Bespielprogramme für Patienten

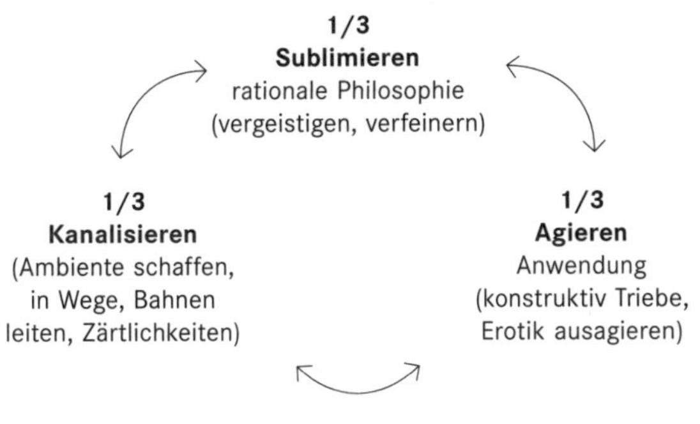

Alle angeborenen Triebe (Aggressions-, Kontakt-, Spiel-, Sexualitäts-, Schlaf-, Ernährungstrieb sowie Trieb der kognitiven Neugierde) sind natürlich und schön, wenn der Mensch harmonisch selbststeuernd und gerne eigenverantwortlich zeitlebens mit ihnen so versucht gemäß dem Orientierungsschema umzugehen.

Jeder Trieb hat unterschiedliche „Erfüllungszeiten" hinsichtlich einer sinnvollen Befriedigung und ist ein Geschenk des „Schöpfers". Sinnloser destruktiver Umgang mit einem Trieb, z.B. Sexualtrieb nur sublimieren wollen (Zölibat), führt zur Triebstörung und chronifizierend zur Persönlichkeitsstörung eines Menschen und/oder zur psychischen resp. psychosomatischen Krankheit. Analog verhält es sich mit den anderen angeborenen Trieben!

D. Exemplarische Beispielprogramme zu drei komplexen Trieben

I. Aggressionstrieb

➢ *Sublimieren:* Der Aggressionstrieb hat wie jeder Trieb drei unterschiedliche Qualitäten: positiv – negativ – neutral und wird flexibel gehandhabt im soziokulturellen Sprachgebrauch. Der negative, destruktive Umgang mit einem Trieb ist das Leichteste und bedauerlicherweise am häufigsten bei Menschen Anzutreffende, z. B. Vandalismus*, Delinquenz*, Mobbing*. Ich möchte sinnvoll, vernünftig mit diesen gleichwertigen, gleichwichtigen Geschenken Gottes umgehen, damit ich mir Bereicherung und Sinnhaftigkeit im Leben mache. Aggressionstrieb kann synonym auch Aktivitäten – und im weitesten Sinne auch Arbeitstrieb bezeichnet werden. Ich möchte meinen konstruktiven Umgang mit dem Aggressionstrieb in verschiedene Bereiche aufteilen, die ich wiederum als Ganzes in meine Persönlichkeit integrieren möchte:

a) Soziokultureller Umgang; welche sinnvollen Aktivitäten wähle ich aus, plane sie und beabsichtige sie relativ regelmäßig für mich und meine Bezugspersonen (z.B. Kino, Theater, Konzerte, Ausstellungen, Besuche, Essen gehen, Schwimmbad, Reisen ...)?
b) Sportmotorischer Bereich; also welchen Muskeltonus, welche Muskulatur, welchen Allgemeinzustand und welche Kondition mache ich mir (z.B. weg von rein pyknisch, leptosom, athletisch resp. sthenisch oder asthenisch zu einem sog. Mischtypen) durch Konditionstraining (Schwimmen, Radfahren, Walking), Herzkreislauftraining, Ganzkörpergymnastik; spezielle Körperschulung wie Yoga, Rückenschulung, Stretching, Spiele (Individual- und Mannschaftsspiele)?
c) Künstlerisch-kreativer Bereich; also was wähle ich für mich aus (Malerei, Musik, Theaterspielen, Instrument spielen, Tanzen, Fotografieren, Kunsthandwerk ...)?

d) Auswahl einer beruflichen Tätigkeit nach Interesse, Qualifikation und Weiterbildung;
e) Psychotherapeutischer Bereich; vgl. gelernte Methoden im Alltag anwenden, sie integrieren wie z.B. Zähne putzen.

➢ *Kanalisieren:* Ich wähle aus, bespreche mit dem Partner/Freund, wie und wann ich das Ausgewählte in Handlung umsetzen kann – oder bespreche es mit mir. Planung bedeutet Orientierungshilfe! Um sinnvoll mit dem Aggressionstrieb kanalisierend umgehen zu können, bedarf es meiner Selbstverantwortung, Selbstreflexion, Selbststeuerung, Kreativität und meiner primären und intrinsischen Motivation (Sachmotivation).

➢ *Ausagieren:* Wie zuverlässig, vertrauensvoll, ehrlich gehe ich mit meinem eigenen Vorhaben/Plan um, den ich zwischen 51–99% zu erfüllen versuche, d.h. im Mittel als Fernziel ca. 75%? Ich habe mich für das Beginnen einer ausgewählten Tätigkeit, für das Aufrechterhalten derselben gelobt und lobe mich für das Abschließen dieser Aufgabe. Ich verspreche mir, wenn ich wieder festgestellt habe, dass mein überwiegend vernünftiger Umgang mit dem Aggressionstrieb heute da und dort destruktiv verlief, meine Ursachenanalyse zu machen und versuche, mir vernünftige Denk- und Verhaltensalternativen für das nächste Mal vorzunehmen. Ich weiß, dass es zur Problemlösung mindestens drei alternative rationale Wege (Methoden) gibt, die in eine elegante und mehrere nicht eleganten rationalen Lösungen unterteilt werden. Ich „muss" die elegante rationale Lösung nicht sogleich wissen (Mussturbation), sondern da der Weg das Ziel ist, kann ich, sollte ich sie erkennen, umsteigen! Ich verzeihe mir einen Fehler, mache die Ursachenanalyse, lerne gerne aus einem Fehler (vgl. 4 Faktoren-Analyse, Anhang 21).

II. Sexualtrieb (Patientenbeispiel):

➢ *Sublimieren:* Ich weiß, dass es eine männliche und weibliche Sexualität gibt mit deutlichen physiologischen, anatomischen, aber auch soziokulturellen Unterschieden. Sexualität ist das, was ein Mensch oder zwei Menschen angenehm empfinden und objektiv gesund/vernünftig ist, z.B. ein Lächeln schenken und geschenkt bekommen, ein Blick, sich geborgen fühlen in einem Raum mit einem anderen Menschen, sich Komplimente machen oder einfühlsame Äußerungen, Wünsche, Bedürfnisse formulieren und einfordern etc. Die Sexualität der Frau ist im Vergleich zur Sexualität des Mannes omnipotent, und der Mann versucht unbewusst, die Dominanz der weiblichen Sexualität durch Spontanhandlung und Aggressivität oft auch zu kompensieren. Zur Sexualität und Erotik sind sowohl biologisch, hygienische rationale Programme zu lernen (wird meist in Schulen und Elternhaus vermittelt), aber auch ästhetische rationale Programme (Schönheit des weiblichen/männlichen Körpers in seiner Einmaligkeit) sowie sozial-psychologische rationale Programme zum Sexualtrieb (liebevolle, würdevolle, faire, lustvolle, zärtliche Interaktion in Partnerschaft, Ehe und Familie). Die Menschen lernen bedauerlicherweise kaum rationale Programme in der Fremderziehungsphase (Schwangerschaft, Geburt, Leben bis zum 21. Lebensjahr) zum Sexualtrieb mit Erotik bezogen auf

- ästhetischen Umgang,
- psychosozialen Umgang und
- ethischen Umgang.

Seit Sigmund Freud[49] ist der Sexualtrieb die wesentliche Triebkraft im Leben des Menschen, sowohl im Individium wie auch – über den Triebverzicht – bei den Kulturleistungen der Gesellschaft. Freud nimmt die Kraft des (Sexual-) Triebes (die Libido) und den Ablauf des Triebgeschehens (Spannungsaufbau, Höhepunkt, Befriedigung, Abklingen der Spannung) als Muster für prinzipiell (alle) anderen Affektabläufe, was heute nicht mehr so absolut gesehen wird.

➢ *Kanalisieren:* In Wege leiten, also vorbereiten, alleine oder gemeinsam, um atmosphärisch erotisch ein Ambiente zu schaffen, was beiden gefällt: Beleuchtung, Geruch, Ort, Musik, Accessoires etc. Außerdem gehören zum Kanalisieren die Zärtlichkeiten und die Sprache sowie sexuelle Fantasien, aber auch Massagen, gegenseitiges Füttern oder gemeinsames Baden u.a.m.

➤ *Ausagieren:* Stimulieren an primären und sekundären Geschlechtsmerkmalen (erogene Zonen) sowie Koitus mit oder ohne Orgasmus bzw. durch andere sexuelle Praktiken, die von beiden erwünscht sind, z. B. Mammakoitus, klitoriale Stimulation evtl. bis zum Orgasmus (manuell, oral), Onanie oder Masturbation*, gemeinsam, gegenseitig, alleine vorführen etc.

III. Kontakttrieb (Patientenbeispiel):

➤ *Sublimieren:* Es gibt zwei Pole wie bei jedem Trieb, nämlich hier z. B. *introvertiert* gegen *extravertiert.* Ich möchte keinen Pol extrem leben, sondern gemäß dem rationalen Denken „sowohl als auch" vorgehen (vgl. *Bipolaritätslehre,* Anhang 20). Dadurch ergeben sich:

a) eine flexible freundliche Beziehung: ich zu mir!
b) unterschiedliche Beziehungsqualitäten zu anderen, nämlich
- Primärgruppenbeziehung, mit größerer Komplexität, Intimität und dadurch notwendiger Flexibilität, z. B. Ehemann, Kinder, zweitbeste Freundin, Eltern, Geschwister und Freund.
- Sekundärgruppenbeziehung, z. B. gute Verwandte, Bekannte.
- Tertiärbeziehungen wie Nachbarn, Interessengemeinschaften, weitläufige Bekannte, Kumpel, Kollegen.

Der Kontakt zu mir sowie zu anderen hängt
wesentlich von vier Größen ab:

- Macht,
- Anspruchsniveau,
- Selbst- und/oder Fremdmotivation,
- Selbst- u. Fremdeinschätzung.

Sozialbeziehungen werden oft dauerhaft gestört gelebt und gestört erlebt durch unvernünftigen Umgang mit Macht sowie Ansprüchen bei mangelhafter Selbstverantwortung sowie Selbstmotivation (=primäre oder intrinsische Motivation). Machtgehabe sowie Anspruchsniveau haben oftmals mussturbatorischen und absoluten Aufforderungscharakter; also entspringen einem arroganten Denken.

➢ *Kanalisieren:* Ich möchte in meinen verschiedenen Individual- und Gruppenbeziehungen Möglichkeiten heraussuchen, die auch meiner Interessenlage entsprechen. Dabei denke ich an sportmotorische, soziokulturelle und künstlerisch-kreative Bereiche. In der Beziehung ich zu mir möchte ich mir Kurzweile machen und ebenso exemplarisch in der Auswahl der Kontakte bzw. Tätigkeiten vorgehen wie in der Paar- oder Familienbeziehung. Der Unterschied zwischen der Kontaktbeziehung ich zu mir und ich zu Mann (Frau) oder ich zu Kinder besteht darin, dass ich mich eigenverantwortlich heute zufrieden, ausgeglichen machen möchte (ich als meine beste Freundin/mein bester Freund); während ich flexibel mitverantwortlich mit Mann (Frau) bzw. Kind umgehen will.

➢ *Ausagieren:* Gemeint sind meine Vorstellungen, Pläne, Vorhaben, Absprachen, die ich umsetzen will, ohne zu müssen! Hierbei möchte ich versuchen, mein Vorhaben mehr als 50% heute zu leben – lehne es ab, 100% es erreichen zu wollen (Denkfehler Perfektionismus, sonst Enttäuschungen vorprogrammiert). Ich möchte exemplarisch innerhalb meiner Sympathieskala bei Personen und Handlungen vorgehen (z.B. Skala 1–10). Die Einschätzung der Sympathie kann sich durch Fehler gegenüber einem Menschen positiv oder negativ verändern.

Diese Patientenbeispiele, gemeinsam mit dem Psychotherapeuten erarbeitet, stellen für den Menschen eine Bereicherung in seinem Leben dar, ermöglichen ihm, viele neue Erkenntnisse in seinem Leben auszuprobieren, wovon er vorher noch wenig gehört oder begriffen hatte. Außerdem bringt der Patient viele eigene Anregungen, Erfahrungen ein, die integralen Bestand innerhalb seiner Therapie sind.

E. Rationale Ziele im Leben eines Menschen nach Wichtigkeit und Dringlichkeit:

1. Persönlichkeitsarbeit in eigener Verantwortung und Selbststeuerung zeitlebens, um körperliche und seelische Gesundheit und Stabilität zu erlangen sowie zu erhalten.
2. Arbeit an meiner Partnerfähigkeit und in der Partnerschaft mitverantwortlich.

3. Aktive Übernahme der Mutter-Kind-Rolle (resp. Vater-Kind-Rolle) mit zunehmendem Ausblenden der Mitverantwortung im Hinblick der Mündigmachung des Kindes und dessen allmählich sich ergebenden Ausdifferenzierung seiner sozialen Kompetenz.
4. Pflege von Kameradschaft, Freundschaft, Kollegialität (Arbeit-Freizeit).
5. Zeitlebens eigene Interessen, Hobbies verwirklichen, wie auch gemeinsame Unternehmungen regelmäßig mit Partner und Familie durchführen.
6. An meiner Berufskompetenz arbeiten.

Der Inhalt dieses Arbeitsblattes (E) ist für viele Menschen deshalb problematisch, weil sie in ihrer Fremderziehung andere Prioritäten gelernt und engrammiert* haben. **Männer lernten** in unserer Leistungsgesellschaft erstrangig: Ich bin der Beruf, ich „muss" Karriere machen und mir und anderen beweisen, was ich bin, wer ich bin, was ich kann und wieviel ich verdiene und wollen in der Regel dafür gelobt und bewundert werden; was sie zwar bewusst abstreiten, aber unbewusst bei ihnen dennoch ruminativ (wiederkäuernd) abläuft. Die Heftigkeit ihrer Ablehnung „beweist" bereits schon ihre Konditionierungen. Durch rationale Selbstanalysen mit vielen hundert Männern, vor allem aus der oberen Mittelschicht und Oberschicht (schulbildungsmäßig), konnte ich diese Aussagen eindeutig verifizieren*. Dann erst kommt bei Männern an zweiter Stelle „ich bin ich"; wobei dies überwiegend ein egoistischer, irrational gelernter Ansatz darstellt und nicht konform geht mit der Persönlichkeitsarbeit im davor beschriebenen Sinne. Erst an dritter Stelle kommt meist beim Mann die Partnerschaft und Familie.

Die Frau hat gelernt, dass sie das Lebensprinzip zu leben hat: „Ich bin du (Mann) oder „Ich bin ihr (Familie)" und sie übersieht resp. vernachlässigt dabei die 1. Sinnhaftigkeit und das oberste Lebensziel „Ich bin Ich." Sie begehrt dann in zu großem Maße Liebe, Zuwendung, Anerkennung von anderen, was sie aber nicht bekommt und andere ihr auch nicht zu geben vermögen. Sie macht sich dadurch beziehungs- und gefühlsabhängig, verspürt Dauerfrustrationen, welche sie oft mit Suchtverhalten zu kompensieren versucht. *Frauen kompensieren* hilflos oft mit Ess- und/oder

Kaufsucht; während *Männer* oft mit Arbeits-, Trink- und/oder Spielsucht (aktuell: oft auch Mediensucht) unbewusst ihre dauerhafte Persönlichkeitsstörung kompensieren.

Es sind wichtige Daueraufgaben, Methoden, Fähigkeiten und Fertigkeiten in der Psychotherapie zu lernen. Bedauerlicherweise gibt es heute noch keine andere Institution, außerhalb einer qualifizierten psychotherapeutischen Praxis (Klinik), wo rationales Denken, echtes situationsgemäßes Fühlen sowie faires Verhalten, wissenschaftlich fundiert, verhaltensmedizinisch und „weltethisch" orientiert gelernt und eingeübt werden. Damit ein Mensch befähigt wird, Autonomie, Bereicherung, Gesundheit, Freundschaft und Liebe zu leben und erleben zu können, benötigt er dieses *rationale Training*, was dann zu einer über 50%tigen verbesserten Lebensqualität führt. Außer in Fachkliniken, Ausbildungsinstituten (für Psychotherapeuten) und in ambulanter Psychotherapie gibt es derzeit keine Möglichkeit, „Gesundheit als Weg" und „Selbsterziehung" mit wissenschaftlichen Methoden sowie wissenschaftlich supervidiert und evaluiert zu lernen. Hier ist ein Handlungsbedarf schon lange überfällig!

Zusammenfassung und Kommentar zur Ethik in Psychotherapie und Verhaltensmedizin

Nachdem ich die erste Sinnhaftigkeit im Leben eines Menschen, die Selbsterziehung oder Persönlichkeitsbildung ausführlich beschrieben habe, ist es ferner wichtig, auf die Klassifikationen wie auch Diagnostik von *Persönlichkeitsstörungen* einzugehen, wie sie von der Weltgesundheitsorganisation (WHO) in dem Handbuch „Internationale Klassifikation psychischer (besser: biopsychosozialer) Störungen" in der 10. Revission (ICD-10) 1991[50] beschrieben sind. Hierin sind zwölf verschiedene Krankheitsbilder von Persönlichkeitsstörungen erklärt, die auch in der ambulanten Psychotherapie behandelt werden können, wenn auch gravierende Unterschiede im Schwierigkeitsgrad und in der Komplexität der Behandlung dieser Persönlichkeitsstörungen vorliegen. Die in der ambulanten psychotherapeutischen Praxis am häufigsten vorkommenden Persönlichkeitsstörungen lassen sich so unterteilen:

- selbstunsichere und ängstlich-vermeidende Persönlichkeitsstörungen;
- narzisstische Persönlichkeitsstörungen (Selbstverliebtheit);
- dependente Persönlichkeitsstörungen (Abhängigkeit/Sucht);
- affektiv-depressive Persönlichkeitsstörungen;
- passiv-aggressive und negativistische Persönlichkeitsstörungen;
- histrionische (schauspielhafte) Persönlichkeitsstörungen;
- zwanghafte (anankastische) Persönlichkeitsstörungen.

Seltener anzutreffen sind die paranoiden, schizoiden, dissozialen resp. antisozialen (psychosoziale Deprivation/Mangel) selbstschädigenden und sadistischen Persönlichkeitsstörungen sowie die Borderline-Persönlichkeitsstörung*. Zuletzt aufgeführte Persönlichkeitsstörungen bedürfen meines Erachtens sowohl stationärer als auch ambulanter psychotherapeutischer Behandlungen. Die meisten Persönlichkeitsstörungen gehen mit einer Komorbidität* (Vielzahl von anderen Erkrankungen, Beschwerden) einher. Wenn wir den Fokus* einer Persönlichkeit auf fünf Variablen lenken, dann haben wir auch bei der Diagnose und Therapie dieselben zu analysieren. Diese **fünf Variablen der Persönlichkeit** sind:

- Fokus auf die Einzigartigkeit (Identität);
- Fokus auf Verhalten und Eigenschaften (Prädisposition versus Umweltbeeinflussung);
- relative Stabilität über eine bestimmte Zeit;
- relative Stabilität bezogen auf verschiedene Situationen;
- Eigenheiten, Eigenschaften, die dem Psychotherapeuten charakteristische Verhaltens- und Denkmuster zeigen.

Der letzte Punkt ist der wichtigste, der bei einer Analyse der Persönlichkeit im Vordergrund zu stehen hat. *Das ethische Handeln des Psychotherapeuten* resp. die ethische Orientierung des Patienten und Psychotherapeuten ergibt sich aus einer ethischen Weltbildung mit ethischer Werteorientierung. Bewusst lasse ich hier noch die einzelnen Bereichs- und Spezialethiken weg und konzentriere mich auf die philosophisch-anthropologische und verhaltensmedizinisch-orientierte Ethik bei der zusammenfassenden Diskussion[52].

Ein Mensch hat die Überwindung der Grenzsituationen in seinem Leben zu lernen. Grenzsituationen sind außerordentliche Herausforderungen, in denen es um den Menschen selbst geht, um sein Selbst. Das Grundziel in der Entwicklung des Menschen ist die personale Autonomie, was bedeutet, sich wertend zum Wert der Freiheit zu verhalten. Der Psychotherapeut benötigt in seiner alltäglichen Arbeit eine relative Autonomie, eine Freiheit durch Verantwortung, eine teleologische* Überzeugung (teleologischer Gottesbeweis), damit er selbstmotiviert mit Verhältnismäßigkeit (als Ausdruck von Gerechtigkeit) wirken kann. In der Persönlichkeitspsychologie[53] sind viele Persönlichkeitsfaktoren ermittelt worden. **Fünf Persönlichkeitsmerkmale** werden als die wichtigsten bezeichnet (big five):

(1) **Gewissenhaftigkeit** (gewissenhafte Menschen nehmen es mit der Arbeit, den Aufgaben genauer, neigen weniger zu Gewalttätigkeit, weniger zu delinquentem* Verhalten und zu Mobbing).

(2) **Verträglichkeit** (Kompromiss- und Konsensfähigkeit, Geduld, Konflikt- und Frustrationsfähigkeit sind schon besser entwickelt).

(3) **Extraversion** (solche Menschen, die nach außen gerichtet sind – Auswärtswendung – bewähren sich besonders in Teamarbeit und in gleichwertiger Position als introvertierte Menschen, die nach innen gerichtet sind). Extraversion bedeutet: kognitive Einstellungen, die durch Konzentration der Interessen und Realitätsbezug auf äußere Objekte, Vorgänge gekennzeichnet sind (Auswärtswendung der psychischen Energie – Gegenpol: Introversion).

(4) **Emotionale Stabilität** (eine Ausgeglichenheit, die sich ein Mensch im Heute zu machen hat, da wir nicht ausgeglichen sind, sondern aufgrund unserer biopolaren Anlage (Determination und Disposition*) Labilität versus Stabilität so polartig angelegt haben – Gegenpol: Labilität resp. Neurotizismus).

(5) **Offenheit** (im Sinne von Wahrheit, Ehrlichkeit, Aufrichtigkeit, Echtheit; aber auch offen sein für neue Erfahrungen (flexibel, disponibel, kreativ).

Die „big five" der Persönlichkeit wurden schon mehrfach getestet z.B. in den 50er Jahren in den USA bei Offizieren und in Deutschland von dem Psychologen Alois Angleitner (1999). Die meisten Persönlichkeitsforscher akzeptieren das „big five"-Persönlichkeitsmodell zumindest im Sinne eines „Arbeitskonsens".

Der Mensch verhält sich im Wachzustand stets bewertend, interpretierend meist unbewusst (vgl. innerer Dialog). Diese Bewertungen (Bewertungssystem) hat er in seiner Erziehung (Gesamtheit der Mitwelteinflüsse zwischen der Bipolarität: Führen versus wachsen lassen) gelernt. Er stellt sich immer wieder diese Fragen und findet keine Sinnantworten:

- Wer bin ich?
- Was ist der Mensch?
- Warum bin ich da?

Ich habe versucht, im ersten Kapitel diese Fragen ausführlich zu beantworten. Da es keine inhaltlich operationalisierte einheitliche Definition von Würde, Gewissen und Freiheit auf der Welt gibt, ist es wichtig, diese höchsten sittlichen Werte „weltethisch", also übereinstimmend einheitlich zu operationalisieren.

Für die Würde eines Menschen haben wir die deutschen und europäischen hochpersönlichen Grundrechte und Menschenrechte aufgeführt und teilweise diskutiert. Diese Persönlichkeitsrechte stehen heute für das Menschenbild in unserem Gemeinwesen im Okzident. Sie sind so noch nicht kompatibel mit den Persönlichkeitsrechten beispielweise im Orient. Um eine einheitliche personale Identität oder soziokulturelle Identität zu erreichen, benötigen wir Weltkonferenzen mit Fachleuten, die sich regelmäßig treffen und sich befleißigen, einheitliche sittliche Werte und Definitionen der Person zu erarbeiten (analog den Umwelt- und Ökologie-Gipfeltreffen). Die **personale Identität** steht grundsätzlich auch im Spannungsfeld zur **kollektiven Identität** (Wir-Identität), die sich gegenseitig positiv (wahr, echt) zu beeinflussen hat. Objektive Wertsetzung entspricht einem Akt der rationalen Erkenntnis. Subjektive Wertsetzung entspricht dagegen einer irrationalen Erkenntnis mit Intuition und/oder überfrachteter Emotionalität (overfloating) einhergehend. Das Gewissen eines Menschen formt sich stets unter Berücksichtigung des soziokulturellen Umfeldes, der Kanonisierung* sowie des jeweiligen Zeitgeistes. *Das Gewissen ist die Kontrollinstanz des Ichs zur Aufrechterhaltung der eigenen Homöostase**. Jedem Menschen, jedem Psychotherapeuten liegt ein spezifisches Menschenbild zugrunde. Deshalb ist auch hier ein stimmiges Menschenbild zu kreieren aus medizinischen (biopsychosozialen), anthropologischen, ethischen, naturwissenschaftlichen, ökologischen, ökonomischen Aspekten in Verbindung mit theologischen Aspekten, die zu integrieren sind, zu einem metaethischen Menschenbild sowie zu einer Weltethik, also zu einer bio-psycho-sozialen Ethik, zu einer verhaltensmedizinisch-psychotherapeutischen Globalethik.

In der Philosophie stand die Ethik in der Diskussion zur Trias der Ethik:

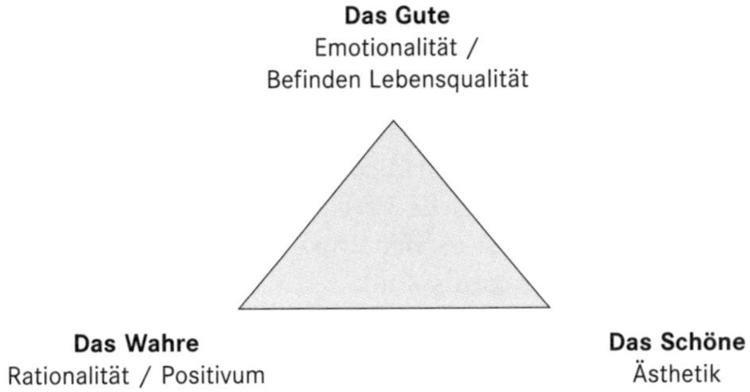

In der Psychotherapie und Verhaltensmedizin standen bisher im Wesentlichen acht ethische Probleme zur Diskussion:

- Anwendung „informed consens“ (auf der im Laufenden haltenden Übereinstimmung);
- Entscheidung für eine Therapie (therapeutische Methodologie einer Therapierichtung, z.B. Verhaltenstherapie (VT) oder Psychoanalyse (PA);
- Normalitätsbegriff (soziologisch, soziokulturell, biopsychosozial, statistisch-mathematisch);
- Therapieziele: Heilung und/oder Leben können mit Symptomatik;
- Prävention (Präventivmedizin, -psychologie, -pädagogik);
- Zwangseinweisung mit verordneter Betreuung (z. B. betreutes Wohnen);
- Randomisierung* und Deutung (Evaluation)*; also zufällige Auswahl von Patienten, um die Risikofaktoren bei den Behandlungs- und Kontrollgruppen gleichmäßig zu verteilen sowie die wissenschaftlich gesicherte Auswertung;
- Begutachtung (vgl. Berentung, Strafmündigkeit, Zuweisung für Bildungseinrichtungen), Lockerung der Haftbedingungen (z. B. Freigängertum, Wegschließen auf Lebenszeit).

Auf alle acht Problemfehler möchte ich hier bewusst nicht eingehen, wohl aber auf einige wichtige wie Entscheidung für Therapie, Therapiezielen, Wichtigkeit einer Prävention, Normalbegriff (biopsychosoziale Orientierung) und Dringlichkeit resp. Wichtigkeit der Anwendung des „inform consens“. Einig sind sich europäische und nordamerikanische Psychotherapieforscher und Psychotherapeuten darin, dass es **vier Prinzipien im therapeutischen System** gibt, die ethisch gültig sind:

1. Prinzip des Nichtschadens,
2. Prinzip der Autonomie des Patienten (und Psychotherapeuten),
3. Prinzip der Fürsorge (caring),
4. Prinzip der Gerechtigkeit.

Das Prinzip der Gerechtigkeit hat der Harvard-Professor *John Rawle*, (1971)[57] ausführlich beschrieben. Mit Gerechtigkeit als Fairness interpretiert, fand er eine starke Resonanz in den Wissenschaftsdisziplinen und trug zu einer Renaissance der Praktischen Philosophie sowie zur Befruchtung der Psychotherapie bei. Rawle bezeichnet *Wahrheit* und *Gerechtigkeit* als *Haupttugenden* des menschlichen Handelns, welche keine Kompromisse dulden. Bei allen wissenschaftlich orientierten, empirischen, evaluierten **Psychotherapiestudien** kam es einheitlich – wenn auch unterschiedlich signifikant – zu diesen **positiven Ergebnissen** (outcome):

- Symptomlinderung,
- Beziehungsfähigkeit,
- Persönliche Freiheit,
- Lebensbewältigung, Lebenstüchtigkeit.

Im Symposium (10/2000)[52] hat der ägyptische Arzt und Psychotherapeut *Peseschkan* (Leiter der Wiesbadener Akademie für Psychotherapie) einen Vortrag über „Psychotherapie und transkulturelle Verständigung“ als Grundlage einer sozialen Weltethik der Zukunft gehalten. Hieraus möche ich abschließend noch einige Perspektiven, Fakten und Ziele referieren.

Peseschkan meint, dass Europa und der Orient zum Dialog und zur Fusion bereit seien. Er zitierte einige orientalische Sprichwörter, die ich dem Leser hier nicht vorenthalten möchte, weil sie einiges über eine soziale Ethik des Orients aussagen:

- Alle wollen den Himmel sehen, aber keiner will sterben.
- Wer nicht genießt, wird ungenießbar.
- Wer sich selbst und andere kennt, wird auch erkennen.
- Wenn du eine hilfreiche Hand brauchst, dann suche sie am Ende deines Armes.

Er führt weiter aus, dass es zunächst einmal drei zu reflektierende **Aspekte für eine Weltethik** gibt:

- Intrapsychischer Aspekt
  (Wie ist meine Einstellung zum Menschenbild?),
- Enviromentaler Aspekt
  (Wie ist meine Einstellung zur Mitwelt/Umwelt?),
- Universaler Aspekt
  (Welches Weltbild habe ich; was haben alle Menschen gemeinsam? Z.B. Vorurteile abbauen, um einen „informed consens" zu erreichen).

Bereits hier ergibt sich ein großes Aufgabenfeld. Die UNO hat 1999/2000 **vier fundamentale Prinzipien** aufgestellt, die für eine Weltethik (Universalethik) bindende Gültigkeit haben sollten:

1. Das Prinzip der Nichtschädigung (weltweite Akzeptanz),
2. Autonomie (andere gleichwertig respektieren),
3. Vorsorge (sich weitgehend unabhängig machen),
4. Gleichheit (ist außerhalb Europas am wenigsten bisher beschrieben und auch innerhalb Europas noch nicht umgesetzt, trotz Französischer Revolution (Freiheit, Brüderlichkeit, Gleichheit) oder dem deutschen Text der Nationalhymne: Einigkeit und Recht und Freiheit).

Aus diesen vier Prinzipien einer Universalethik resultieren wiederum **fünf Verpflichtungen** (vgl. Weltethos der UNO 2000):

1. Verpflichtung: keine neue Weltordnung ohne Weltethos,
2. Verpflichtung: jeder Mensch ist gleich zu behandeln,
3. Verpflichtung: Kultur-Solidarität und einheitliche Wirtschaftsordnung (z. B. ohne Nord-Süd-Gefälle),
4. Verpflichtung: Kultur der Toleranz,
5. Verpflichtung: Kultur der Gleichberechtigung und Kultur der Partnerschaft (Mann und Frau).

Um eine Weltethik deskriptiv-empirisch verfassen zu können, bedarf es eines interdisziplinären Forschungsansatzes, institutionalisiert, (z.B. WHO oder UNO) mit turnusmäßigen Bilanz- und Innovationskonferenzen in Psychotherapie und Verhaltensmedizin. Zur Disposition mit gegenseitigen Beeinflussungsfaktoren (Interdependenzen) stehen diese drei **Säulen einer Weltethik**:

Rational-emotiver (positiver) Ansatz*	⟺	**Inhaltlicher Ansatz**	⟺	**5-stufiges Vorgehen i.d. rational-emotiven (positive) Menschenführung**
Nicht nur Systeme behandeln, sondern welche Fähigkeiten hat der Mensch, der Patient?		Welche Probleme sind zuerst anzugehen und mit welchen Methoden?		1. Beobachtung/ Distanzierung 2. Inventarisierung 3. Situatives Ermutigen 4. Verbalisierung 5. Zielerweiterung

Die Entwicklungsstufen der Menschheit verlaufen vom Individium phasenweise zum komplexeren und größer werdenen Kollektiv: Vom Selbst zur Familie, zur Gemeinde, zum Land und schließlich zur Welt. In der bisherigen Menschheitsgeschichte haben wir uns mit dem Selbst (Individuum, Individualpsychologie), dem Paar resp. der Familie (z. B. Paar- und Systemische Familientherapie) und den soziokulturellen Phänomenen einer Region, eines Landes (z. B. Sozialpsychologie, Soziologie, Ethnologie) sowie mit dem Kollektiv (z. B. Massenpsychologie) intensiv befasst. Eine homogene weltethische Forschung steht noch am Anfang; sie gehört aber noch wesentlicher zur Globalisierung als die ökonomische Globalisierung – ja es ist sinnvoll, ökologische und weltethische Globalisierung zumindest synchron zur Weltökönomie zu entwickeln, wenn es schon nicht gelingt, vorausgehend die Weltkultur zu schaffen. Nach Peseschkan besteht das **Balance-Modell einer Weltethik** aus diesen vier Größen:

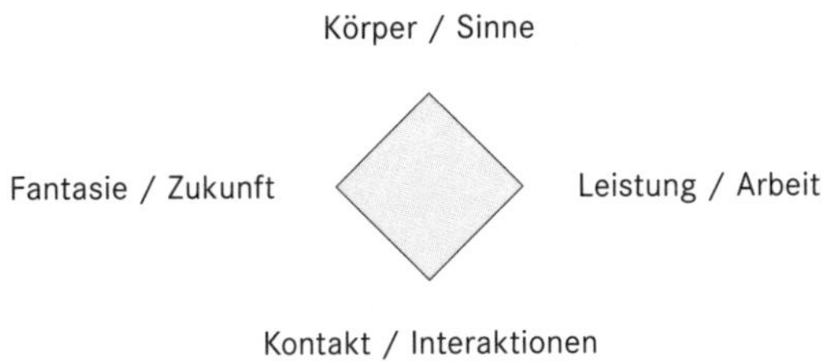

Unabhängig welche Arbeitshypothesen und Modelle wir einer allgemeinen Weltethik zugrunde legen, es ist zunächst wichtiger, dass ein Problembewusstsein der Verantwortlichen auf der Erde entsteht, damit dieses immense Vorhaben, eine weltweit gültige Verfassung einer Weltethik zu konzipieren, mit stringenter Verbindlichkeit für alle Staaten resp. Erdenbürger ernsthaft in Angriff genommen wird. Dieses Weltprojekt hat auch noch eine Offenheit, eine Kontinuität und Dynamik aufzuweisen und dürfte nicht in Rigidität, Konservatismus und/oder Fundamentalismus stecken bleiben. Ethische Probleme werden immer wieder neu sich ergeben durch Veränderungen in Forschung und Enviroment. Deshalb kann und darf nicht ein starres, festes Konzept (Programm) für Lösungen von ethischen Problemen entworfen werden, sondern ein rational-emotives, positives Projekt mit Flexibilität, Innovation, Verantwortung, Dynamik und kein Unilateralismus.

Ethik in
Medizin oder Biomedizin

Der Gebildete treibt
die Genauigkeit nicht weiter
als es die Natur der Sache entspricht. –
Denken und Sein werden
vom Widerspruch bestimmt.

Aristoteles
384–322 v. Chr.

Ethikdefinition und Kurzbeschreibung

Bioethik und **Medizinethik** werden heute kaum noch unterschiedlich gebraucht (vgl. Axel W. Bauer)[55] und eine Assimilation (Verschmelzung) ist auch anzustreben. Bioethik ist eine sehr junge Wissenschaft in der Medizin; sie gehört standardisiert in den USA schon seit den siebziger Jahren zur Ärzteausbildung. Erst seit 1994 besteht in der Universität Mannheim an der Medizinischen Fakultät ein Lehrauftrag für Medizinische Ethik. Medizinische Curricula (Lehrprogramme), Didaktik und Methodik sind für die Weiterbildung in Medizin und Ethik heute noch differenziert zu entwerfen, damit diese Disziplin auch obligat (verpflichtend) in den Ausbildungskanon der Mediziner integriert werden kann. Bereits (1991) wurde eine Wertebegründung und Wertedurchsetzung von Pöltinger und Wagner[56] in der Medizinethik veröffentlicht, die noch facharztspezifisch (Psychiatrie) ausgerichtet war und keinen Allgemeinheitsanspruch in der ärztlichen Ausbildung postulierte.

Eine wichtige ethische Maxime* für die Arbeit der Ärzte und psychologischen Psychotherapeuten ist der „Hippokratische Eid", den auch so die Psychotherapeuten uneingeschränkt akzeptieren und der in die Kammergesetze der Psychotherapeuten sowie in ihre Bundespsychotherapeutenkammer (2003) resp. in das Psychotherapiegesetz (gültig ab 01.01.1999) aufzunehmen ist.

Der **Hippokratische Eid** lautet: Was ich bei der Behandlung oder auch außerhalb meiner Praxis im Umgang mit Menschen sehe und höre, das man nicht weiterreden darf, werde ich verschweigen und als Geheimnis bewahren (ärztliche, psychotherapeutische Schweigepflicht).

ἃ δ' ἂν ἐν θεραπείῃ ἢ ἴδω ἢ ἀκούσω ἢ
καὶ ἄνευ θεραπηίης κατὰ βίον ἀνθρώπων,
ἃ μὴ χρή ποτε ἐκλαλέεσθαι ἔξω, σιγήσομαι
ἄρρητα ἡγεύμενος εἶναι τὰ τοιαῦτα.

Er stellt eine wichtige Voraussetzung für eine vertrauensvolle Zusammenarbeit zwischen Patienten und Behandler dar – besonders in der Psychotherapie. Zum Hippokratischen Eid kommt noch die Menschenwürde als Grundnorm in der Medizin hinzu. Achtung und Schutz der Menschenwürde ist auch die höchste Verfassungsnorm. Es sollten sich deshalb in Achtung und Schutz der Menschenrechte konkretisieren, was in den Grundrechten dem Menschen verbrieft wurde. Die Menschenwürde wird in der christlichen Tradition aus einem „Ebenbild Gottes" abgeleitet. Spätestens seit *Kant*[12/13], der den wichtigsten Diskurs* über Menschenwürde geleistet hat, wissen wir als Vernunftwesen, dass wir in gewisser Weise genötigt sind, die Würde auch aller anderen Vernunftwesen zu achten; also sich zu den Mitmenschen in ein Verhältnis gleicher wechselseitiger Anerkennung zu setzen. Dieses Verhältnis gleicher wechselseitiger Anerkennung ist im Arzt-Patient-Verhältnis heute sehr unbefriedigend: Einerseits sind die Ärzte kaum in Ethik (weder philosophisch-psychotherapeutisch noch in Medizin-Ethik) ausgebildet und trainiert, noch steht ihnen in ihrer Routinearbeit systemimmanent bedingt Zeit zur Verfügung, sich mit einem Mitmenschen, der als Patient kommt, gleichwertig, zeitnehmend dialogisch auseinander zu setzen. Bereits *Horaz* (08.12.65–27.11.8 v. Chr.) prägte den klugen Satz *„Wage es, weise zu sein"* (sapere aude), den Kant zur Maxime konkretisiert hat: *„Habe Mut, dich deines eigenen Verstandes zu bedienen"* (wurde auch Wahlspruch der Aufklärung: Ende 17. Jh.–Anfang 19. Jh.). Die Würde eines Menschen besteht somit in deren wesenhaften Berufung zum ethischen Handeln, in dem bloß vitale und egoistische Triebhaftigkeit überwunden werden müssten. Wird diese Berufung erfüllt, wird die Würde gewahrt: Der Mensch kann sich selbst achten, ist achtenswert durch andere und hat den Mitmenschen gleichwertig zu achten. Die Persönlichkeit ist die empirische Ausprägung der Person, in ihrem sich zeigenden Charakter, aber auch in ihrer Lebens- und Erfahrungsseite (G.W. Allport, 1938)[58]. Würde und Persönlichkeit sind zwei sich entsprechende Prozesse. Jeder Mensch hat eine individuelle Persönlichkeit bei gleichberechtigter Würde. Genauso wie die Wissenschaft sich in verschiedene Disziplinen spezialisiert hat, kam es auch zur Spezialisierung der Ethik: Ethik als philosophische Disziplin (Ausgang), Bioethik und zunehmend synonym zur Medizinethik, Ökologie-Ethik, Tierethik, Psychologie- resp. Psychotherapieethik, Rechtsethik, Sozialethik, Wirtschaftsethik, Pädagogische Ethik, Technikethik, Politik-Ethik etc.

Da es mir aber hier um eine Weltethik geht, gehe ich bewusst von den ethischen Wurzeln der philosophischen Ethik aus. Anschließend komme ich zu den relevanten ethischen Disziplinen der Medizinethik resp. Bioethik (inklusive Ökologie-Ethik) und zu der psychologisch-psychotherapeutischen Ethik, die wiederum pädagogische und soziologische Ethik mit einzuschließen vermag. Wirtschaftsethik, Politikethik, Technikethik oder Rechtsethik sind aus den ethischen „Basisethiken" mit ihren gültigen Maximen, Theoremen und wissenschaftlichen Erkenntnissen heraus zu entwickeln als sog. Sekundärethiken. Sie haben dennoch eine wichtige Rolle in weltethischen Prozessen; aber sind nicht so wichtig in ihrer Bedeutung und Auswirkung wie Basis- oder Primärethiken. Vor allem dürfen Sekundärethiken keine Selbstläufer werden.

Die Menschwürde und die Persönlichkeit eines Menschen mit ihrer a priori Einmaligkeit und Gleichwertigkeit sind die beiden höchsten ethischen Grundwerte in der philosophischen, psychotherapeutischen und medizinischen Ethik. So lautet §7(1) der gültigen Berufsordnung der Landesärztekammer Baden Württemberg: *„Jede medizinische Behandlung hat unter Wahrung der Menschenwürde und unter Achtung der Persönlichkeit, des Willens und der Rechte (Grund- resp. Menschenrechte; Anm. des Autors) der Patientinnen und Patienten, insbesondere des Selbstbestimmungsrechts, zu erfolgen"*.

Es ist interpretativ und verhaltensfolgend sehr schwierig und oftmals auch problematisch, was die „Wahrung der Menschenwürde" im konkreten Einzelfall erfordert. Hilfreich ist es dann, die philosophischen, psychotherapeutischen Ethiknormen und ethischen Werte noch heranzuziehen, solange, bis wir uns einer standardisierten, operationalisierten Weltethik bedienen, die wir aber noch detailliert zu erarbeiten und zu postulieren haben. Beispiele für die Problematik der Wahrung der Menschenwürde lassen sich viele finden. Heute werden auch einige Fälle zum Teil recht kontrovers diskutiert und in Empfehlungen, Bestimmungen, Regeln umgesetzt, vgl. Umgang mit Freitot, Sterbehilfe, mit Transplantationen, mit Abtreibung, mit (therapeutischem) Klonen, mit Hirntot, mit Sterilisieren/Kastrieren (z.B. Geistigbehinderte, Sexualstraftäter), und mit lebenslangem Wegschließen von Kriminellen und/oder psychiatrisch unheilbar Kranken, mit abgetriebenen Embryonen etc. Der Thüringer Medizinethiker *Urban Wiesing*[59] hat über die widersprüchlichen Regelungen im Deutschen Ärzteblatt (1999) und mit *Bernd Gordijn* (2000)[61] über Euthanasie (Sterbehilfe) in den Niederlanden berichtet. Die Problematik der Wahrung der Menschenwürde kann an deren Euthanasiebeispiel exemplarisch aufgezeigt werden. *Micha H. Werner* (2000)[60] vertritt die Position, dass menschliches Leben für unverfügbar gehalten wird und daher jede Form der Sterbehilfe abzulehnen ist. Auf der Gegenseite wird die Position vertreten, dass Sterbehilfe wegen der Bewahrung der Menschenwürde zu befürworten sei, um dem Menschen ein humanes Sterben zu ermöglichen, also ihn nicht unsäglich leiden zu lassen. Angesichts dieser Kontroverse darf man sich nicht dazu verleiten lassen, dass Menschenwürde ein leerer Begriff sei, den man beliebig interpretieren könne. Die Menschenwürde hat zweifelsfrei eine moralische Substanz; wobei der moralische, philosophisch-anthropologische und psychologisch-psychotherapeutische Sinn vor dem verfassungsrechtlichen und/oder medizinisch-technisch Machbaren zu stehen hat. Unter dem Eindruck der moralischen Katastrophe des Nationalsozialismus wurden durch den Text des Grundgesetzes 1949 per Staatsgewalt moralische Grenzen gesetzt. Grundrechte dürfen eingeschränkt werden, so steht es in der Verfassung. Grundrechte sind nicht identisch mit den Menschenrechten und damit auch nicht mit der Menschenwürde. Die Menschenwürde-Norm darf hingegen unter keinen Umständen eingeschränkt werden, denn sie stellt die höchste Norm der moralischen und rechtlichen „Normenpyramide“ dar; der alle anderen (Rechts)-

Normen nachgeordnet sind. Sie kann somit nicht mit den anderen gleichwertigen Normen kollidieren. Für die medizinische Praxis bedeutet dies, dass der Arzt den Heilauftrag, das Prinzip der informierten Einwilligung (informend consens) und die ärztliche Schweigepflicht zu erfüllen hat. Alle drei berufsethischen Forderungen (Berufsethos des Mediziners) haben also mit der Menschenwürde fundamental zu tun. Wenn wir die kardinale Frage „Wem kommt Menschenwürde zu?" betrachten, dann geht es gleichermaßen um die existentielle Frage: Wann beginnt das menschliche (menschenwürdevolle) Leben? Moralphilosophisch und psychotherapeutisch lautet die Antwort mit der Zeugung; verfassungsrechtlich heißt die Antwort: „Wo menschliches Leben existiert, kommt ihm Menschenwürde zu" nach Aussage des (BVerfGE 39 [41]. Die Frage lautet medizinethisch: „An welchem Punkt beginnt (existiert) spezifisch menschliches Leben mit der Nidation (Einnisten der befruchteten Eizelle in die Schleimhaut der Uterus* (Endometrium) oder später?", vgl. Probleme des Schwangerschaftsabbruches oder der Embryonen- und Stammzellforschung. Während in § 218 StGB der Zeitpunkt der Nidation* maßgeblich ist (wie auch moralethisch betrachtet), ist laut Embryonenschutzgesetz (EschG) der Zeitpunkt der Kernverschmelzung gültig (vgl. Wiesing, 1999)[59]. Es hat eine Zuschreibung von Menschenwürde präventiv zu erfolgen, auch wenn noch keine Vernunftsfähigkeit entwickelt ist, vgl. Embryonen, Feten*, Kleinkinder, schwerstgeistig Behinderte. Es lässt sich grundsätzlich mit der potentiellen, der möglichen zukünftigen Vernunftsfähigkeit argumentieren. Heute sind gewisse medizinische Krankheitsbilder irreversibel; morgen können sie schon reversibel (heilbar) sein, z.B. Formen von Imbezillität (Idiotie). Wenn sich Embryonen, Feten und Kleinkinder ungestört physiologisch und sozialpsychologisch gesund entwickeln können – was wiederum auch an der Vernunftsfähigkeit anderer liegt oder scheitert –, entwickeln sie sich wissenschaftlich und empirisch gesichert zu Menschen mit einer Vernunftsfähigkeit und personal identisch mit Menschenwürde. Deshalb besteht heute weitgehend Konsens, was die Menschenwürdenorm von uns fordert: eine klare, eindeutige Grenzziehung zwischen dem Machbaren und der Menschenwürdenorm, so wie sie ab der Nidation und mit der Kernteilung (Mitose) resp.

der Zelle als kleinste, alle Erscheinungen des Lebens zeigende und sich selbst reduzierende Einheit geboten ist. Auch bei einem Zelltod (Nekrose) liegen Ursachen in der nicht ausreichenden Endversorgung der Zelle vor (vgl. Sauerstoff, Nährstoffe, Ionenmilieu, Permeabitität der Zellmembrane), die wiederum verhaltensmedizinische Primärursachen haben. Nichts kommt von nichts! Gleiches gilt auch für die Millionen Spontanabgänge der fruchtbaren Frauen auf Erden. Bio- oder Medizinethik wird auch aufgrund der bisherigen Ausführungen definiert: Sie ist ein Teilgebiet der angewandten Ethik; das, was mit sittlichen Fragen zu Geburt, Leben, Tod und den anthropologischen Kategorien Menschsein, personale Identität, Krankheit, Gesundheit, Leib, Seele zu tun hat und weitere ethischen Reflexionen vornimmt. Sie dienen dazu, die Menschenwürde zu wahren, Missbräuchen medizinisch-(gen-)technischen Möglichkeiten vorzubeugen sowie Schaden an Mensch, Gesellschaft und späteren Generationen zu verhüten.

Diese anthropologisch-moralethischen Kategorien sind im Hinblick auch und gerade auf neue Entwicklungen und Möglichkeiten der medizinisch-biologischen Forschung und Therapie relevant (a.a.O. S. 336 und S. 383f)[47].

Die Bioethik hat sich aber auch mit Untersuchungen intensiv zu befassen, die den menschlichen Organismus betreffen (belasten) im Hinblick auf eine ständige Adaptions(Anpassungs-)fähigkeit zu den Veränderungen in der Umwelt (Enviroment) und den physiologischen (Nervensysteme, Endokrinium*, Drüsen, Rezeptoren*, Nozizeptoren*) sowie den gefühls- und verhaltensmäßigen (emotional-behavioralen) Auswirkungen (a.a.O. S. 163)[46].

Innovationen in der Somamedizin

Neue Ausbildung der Ärzte und Psychotherapeuten

Die Dringlichkeit der Frage nach dem im Dienst eines humanen ärztlichen Handelns Wünschbaren wächst in gleichem Maße, in dem das technisch Machbare in der modernen Medizin (Apparatemedizin, Gentechnik; Anm. des Autors) einen immer größeren Umfang erreicht. Mit dem Thema Ethik stellt sich auch die Frage in der Medizin- oder Bioethik sowie in der Ethik der Psychotherapie und Verhaltensmedizin nach einer grundlegenden Reform des Medizinstudiums resp. der Ausbildung der Ärzte und Fachärzte und somit auch des Facharztes resp. Fachpsychotherapeuten und nicht nur in Deutschland. Auch die Öffentlichkeit ist mittlerweile durch die Medien für eine konstruktive Auseinandersetzung mit bioethischen Problemen sensibilisiert. Es wird überfällig, dass wir mündige Ärzte und mündige Bürger und mündige Patienten haben, damit wirklich ein „informed consens" (informierte Zustimmung, Einwilligung, Übereinstimmung) mit den Patienten in der ärztlichen und psychotherapeutischen Praxis hergestellt werden kann. Unter mündigen Patienten wird verstanden, vom (fast ausschließlich) behandelnden auch zum handelnden Patienten zu werden. Das setzt voraus, dass der Arzt und Psychotherapeut sich innerhalb seines Heilauftrages verpflichtet sieht (verpflichtet wird), auch Aufklärung, Informationen dialogisch zu praktizieren und Diagnosen, alternative Behandlungskonzepte, integrative Behandlungssettings verständlich und transparent zu machen. In der Zeitschrift „Brückenschlag" der Klinik für Tumorbiologie Freiburg erklärt *Gerd Nagel* (1998 und 2001)[62], wie mündige Patienten handeln und mit welchen integrativen Methoden und immuntherapeutischen Ansätzen in der Krebstherapie psychoonkologisch und biologisch Patienten zu behandeln sind. Seine Klinik bietet auch schon seit Jahren die Möglichkeit einer **„Second Opinion“** an (Zweitmeinung: Erklärung zur Differenzialdiagnose sowie zu ergänzenden biologischen und psychosozialen Behandlungsmöglichkeiten). Zu einem kompetentem Patienten wird ein Patient, wenn ...

- er nicht nur Fragen beantwortet, sondern auch Fragen stellt und damit erst aufhört, wenn er meint, den Sachverhalt verstanden zu haben;
- er bei der Therapie mitreden kann;
- es ihm gelungen ist, einen kompetenten Arzt zu haben (zu finden), der sich Zeit nimmt und ihn auch wirklich informieren kann (biopsychosozial medizinisch);
- er aktiv mitmacht, mitdenkt, mitredet, sich mitteilt, mitentscheidet und Mitverantwortung übernimmt;
- er für Neues offen ist, annehmen und sich auch (vertrauensvoll) führen lässt;
- er sich nicht von seiner Angst gefangennehmen lässt.

Er setzt sich mit dem Stand seiner Erkrankung auseinander. Er ist offen für gesundheitsfördernde Maßnahmen und integriert sie aktiv in sein Leben. Er sucht den Ausgleich (die Balance) zwischen Aktivität und Entspannung (a.a.O. 2001, S. 3)[62].

Der mündige, kompetente Arzt bedarf einer grundlegenden anderen komplexeren, vielseitigeren Grundausbildung. In einem neuen grundständigen Studium hätte er ebenso wie der Psychotherapeut drei Studienschwerpunkte mit jeweiligem „Diplomabschluss“ oder besser mit internationalem Master of Art-Abschluss (M.A.) zu absolvieren:

1. **Hauptfach**: Somatische Medizin (gekürzt, gestrafft; mit weniger lexikalem Lernstoff); also Anatomie, Physiologie, Pathologie wie bekannt.
2. **Hauptfach**: Psycho- und Sozialmedizin; also die äußerst komplexen Interdependenzen zwischen Körper-Geist/Seele-Verhalten/Umwelt.

3. Fach: Außerdem sollte er als durchgängige Nebenfächer (Prüffächer) Ethik und Sozialwissenschaft/Erziehungswissenschaft studieren mit Schwerpunkt auf philosophisch-psychotherapeutischer Ethik und Medizin- resp. Bioethik. So ausgebildet ist er Verhaltensmediziner, mit Abschlüssen als Arzt (M.A.) und als klinischer Psychologe (M.A.) sowie in Sozialmedizin. Auf dieser Basis biopsychosozialer Ausbildung kommt dann nach dem Studium noch ein Praxisjahr VM i.P. (Verhaltensmediziner im Praktikum) in Kliniken, Praxen – sowohl als auch. Ferner bedarf es auch der Möglichkeit einer postgradualen nachqualifizierten Ausbildung zum Facharzt für Psychoonkologie oder Psychodermatologie resp. zum Fachpsychotherapeuten für Psychoonkologie, Psychoneurologie etc. Es sind dann nur noch einheitliche Approbationsordnungen und einheitliche Kammern für Verhaltensmediziner (oder evtl. auch Psychomediziner) mit gleichen sozialpolitischen Rechten und Pflichten erforderlich. Dieser Weg ist qualitativ besser, effektiver als der Weg zum Somatiker (Arzt) oder Klinischen Psychologen mit stark unterschiedlichen postgradualen Aus- und Fortbildungsmöglichkeiten für Ärzte und klinische Psychologen. Weiterbildung ist grundsätzlich, zusätzlich aufgrund der Veränderung durch Forschung und Enviroment angesagt. Aber sie reicht nicht aus, ein fehlendes Basisstudium (Basiswissen) noch nachholen zu wollen.

Eine Ausbildung in bio-psycho-sozialer Medizin und in philosophischer- plus Bioethik (mit Selbstanalyse resp. Selbsttraining unter Supervision) macht den Verhaltensmediziner und Fachpsychotherapeuten oder Facharzt nicht nur signifikant kompetenter, mündiger als bisher, sondern vermittelt ihm auch mehr Zufriedenheit und fordert in mehr heraus (challenging), was wiederum zur Bereicherung und Verbesserung seiner Lebensqualität beiträgt. Zuerst kommt der sich mündigmachende Mensch als Persönlichkeit (Daueraufgabe) und dann integrativ ein ethisch gelernter Beruf und mündige Patienten. Diese Persönlichkeitsentwicklung hätte, so wie es hier beim Arzt und Psychotherapeuten beschrieben wurde, für jedes Studium, für jeden Beruf in jeweils modifizierter Form zu erfolgen, wobei die Fächer Ethik und Persönlichkeitsentwicklung mit der Kunst der Selbsterziehung durchgängige Pflichtfächer ab Grundschule zu sein hätten.

Pathogenetischer Ansatz plus Salutogenetischer Ansatz in der Verhaltensmedizin

Waren bisher Anamnese, Untersuchungen, Befunde (Röntgen, Labor, Histologie etc.) sowie geäußerte Beschwerden, Symptomatik des Patienten die Parameter für medizinisches Handeln, so wird heute in der biopsychosozialen Medizin deutlich mehr verlangt.

Die Biografie hat den Verhaltensmediziner/Psychotherapeuten bekannt zu sein, die aktuelle Anamnese ist nicht nur somatisch-organisch, sondern auch psychosozial zu erheben. Es sind zusätzlich wissenschaftliche Leistungs- und Persönlichkeitstests durchzuführen sowie effizientere Screeningmethoden*. Es geht nicht nur um „second opinion“ und „informend consens“, sondern auch „third opinion“ mit Transparenz bei Abweichung eines Kollegen, z. B. bei Tumordiagnostik, Mammographie, Behandlung bei Prolapspatienten oder chronischen Schmerzpatienten (z. B. Fibromyalgie) etc. Der Arzt lernt, keine „Kunstfehler“ mehr zu machen (es ist keine Kunst, Fehler zu machen, wohl aber eine nicht ethische Art, eine Unart, sie vertuschen zu müssen), sondern ein Recht auf Fehler zu haben; aber auch die Pflicht aus Fehlern zu lernen. Durch die Mitverantwortung von Kollegen, beispielsweise im neuen Screening (Prüf- und Untersuchungskontrollmethoden), werden mögliche Fehler rechtzeitig erkannt und dadurch vermieden – insgesamt also minimiert, was zum Wohle der Patienten und Behandler signifikant beiträgt.

Die heutigen Ärzte und Psychotherapeuten können von dem Nebeneinander und/oder Gegeneinander, von Einzelkämpfer- oder Mitläuferdasein wegkommen und zu einem fruchtbaren, gegenseitig bereichernden gleichwertigen Miteinander gelangen. Es bedarf auch keines „Haifischbeckens“ mehr bei der Honorarverteilung wie in den letzten Jahrzehnten und mit „freundlichen und kollegialen Grüßen“ wäre keine (hämische) Floskel mehr.

Was wird nun unter pathogenetischem plus salutogenetischem Ansatz verstanden? Unter **pathogenetischem Ansatz**, z.B. in der Krebstherapie, werden die bisher durchgeführten konservativen Behandlungsmethoden verstanden, die ehrlicherweise auch deutliche Verbesserung erfahren haben wie Operation, Bestrahlung,

Chemotherapie, Biotherapie. Dem gegenüber wird unter **salutogenetischem** Ansatz in Gegenüberstellung verstanden:

a) pathogenetischer Ansatz (dieser wird aber modifiziert – meist in der Behandlungsdosis reduziert und dadurch verträglicher für den Patienten) plus
b) den Methoden des Ergänzungsansatzes salutogenetischer Arzt, vgl. *salus* (lat.): Wohlbefinden, Gesundheit, Heil sowie salutaris (heilsam), vgl. Anhang 32.

Konkret heißt das in der Praxis der Verhaltensmedizin und Psychotherapie beispielsweise bei der Krebsbehandlung, dass noch zusätzlich diese Verfahren integrativ angewendet werden:

1. **Immunabwehr:** Es gibt körpereigene Abwehrkräfte; daran zweifelt auch kein Fachmann mehr. Es ist „en detaille" noch nicht erkannt, wie sie funktionieren oder exakt therapeutisch gesteuert werden – das ist nur noch eine Frage der Forschungszeit. Hauptsache ist, dass es sie gibt und dass schon gesicherte empirische Erkenntnisse bei der Immuntherapie vorliegen, die keine bloßen Placeboeffekte sind, vgl. phytotherapeutische Immunstimulanzien (Immuntherapeutika wie z.B. Echinaceawurzelpräparate oder Präparate aus dem Purpursonnenhutkraut, Lebensbaumspitzen, Färberhülsenwurzel mit Handelsnamen wie Esberitox (Kombipräparat) oder Resplant (Monopräparat)), vgl. Liste 2000, Notwendige (pflanzliche) Arzneimittel[63].

2. **Ernährung:** Das Krebsrisiko wird weniger durch einzelne Nährstoffe oder Inhaltsstoffe als es durch das gesamte Ernährungsmuster, d.h. Nahrungsmittelauswahl, -zubereitung und -mangel beeinflusst wird. Es ist bekannt, dass vitamin- und ballaststoffreiche sowie kalzium-, fett- und säurereduzierte und proteinreiche Ernährung nicht nur gesünder ist, sondern auch dem Krebsrisiko vorbeugt und bei einer Krebsbehandlung unterstützend hilft, z.B. die Blutwerte rascher und deutlicher zu normalisieren nach einer Chemotherapie, vgl. *Word Cancer Research Fund,* 1997[64], und *Deutsches Institut für Ernährungsforschung,* 1999[65]. Es ist in der Medizin schon lange bekannt, dass Ernährung und Übergewicht in einem Zusammenhang zur Krebsentwicklung stehen können. Heute

liegen gesicherte Forschungsergebnisse vor, wie ein Krebsrisiko sich signifikant, auf die verschiedenen Krebsarten bezogen, reduzieren lässt durch geänderte Ernährungsmuster (Informationen über globale und nationale Schätzung vermeidbarer Krebserkrankung durch Ernährungsumstellung resp. Gesamtübersicht über risikosenkende und risikoerhöhende Faktoren im Anhang 33).

3. **Fitness:** Körperliche Aktivität, vor allem Ausdauertraining, führt zu zahlreichen Änderungen des Stoffwechsels und des Hormonhaushaltes. Sie reichen von Änderungen des Steroidhormonstoffwechsels* bis zu Einflüssen auf das Immunsystem und den Glukose- und Fettstoffwechsel. Da mit körperlicher Bewegung auch ein erhöhter Energieverbrauch einhergeht, kann auch das Risiko auf Übergewicht (Adipositas) gesenkt werden. Ein hoher Energieverbrauch erhöht den Energiebedarf, so dass mehr Nahrung und damit mehr protektive Substanzen aufgenommen werden können. Ferner verbleibt der Nahrungsbrei durch körperliche Aktivität kürzer im Magen-Darmtrakt. Es wird also die Transitzeit des Darminhaltes und dadurch die Expositionszeit der kolorektalen Mucosa (Belastungsdauer in der den Mastdarm betreffenden Schleimhaut) gegenüber potentiellen krebserzeugenden Substanzen verkürzt. Ebenso wird die Reabsorption* verschiedener mit der Galle ausgeschiedener Stoffwechselprodukte reduziert (a.a.O. 1999, S. 12)[65]. Über- und Untergewicht sollten auch vermieden werden. Ein *Body Mass Index (BMI)** von 25–30 stellt schon ein Risikofaktor für verschiedene Krebserkrankungen dar. Adipositas liegt vor bei einem BMI > 30. Diäten sollte auch vermieden werden, damit das Körpergewicht nicht hin und her springt und ein gesundheitlich bedenklicher „Jo-Jo-Effekt“ vermieden wird. Ein Mensch, der sich überwiegend sitzend betätigt, sollte sich täglich mindestens eine Stunde lang bewegen und mindestens zwei- bis dreimal pro Woche einen Ausdauersport betreiben (30 Min.–60 Min. Radfahren, Schwimmen, Tennis spielen, Walking etc.).

4. **Psyche:** Hierbei geht es um eine gezielte psychotherapeutische Mitbehandlung im Sinne der Integrativen Kognitiven Psychotherapie (IKV) inklusive verhaltensmedizinischen Erklärungsmodellen und Interventionen (vgl. Kap.I).

5. **Wille, Glaube, Motivation:** Sie resultieren aus einer qualitativ gesicherten erfolgreichen Psychotherapie (IKV). Durch rationale Kognitionen, die der Patient zu seinem Charakter, seiner Persönlichkeit, zu seinen „Sinnhaftigkeiten" lernt, ergeben sich grundsätzlich eine hohe primäre und intrinsische Motivation (Sachmotivation) und damit einhergehend ein starker Wille, das Gelernte auch in hohem Maße eigenverantwortlich praktizieren zu wollen. Der Glaube, ob diese biopsychosoziale Vorgehensweise hilft, ist Nebensache; Hauptsache ist das Wissen, das Erfahren, was wann, wie und weshalb tatsächlich hilft! Erfolgserlebnisse „machen" wiederum psychische Energie, Wille und Motivation im Sinne eines „backreinforcement" (Verstärkerprinzip). Die täglich erfahrene Zufriedenheit und die überwiegend angenehmen echten Gefühle sind auch solche neuen Verstärker.

Praktische Beispiele zur Kräftigung des Immunsystems und Handlungsaspekt in der Bioethik sowie Verhaltensmedizin

Sport: Gymnastik und Ausdauertraining

Nachdem ich das Pathogenese-Modell und Salutogenese-Modell kurz anhand der Vorgehensweise bei einer Krebsbehandlung vorgestellt habe, möchte ich noch ausführlicher und konkret auf die gleichwichtigen Ergänzungsmethoden bei der Krebsbehandlung eingehen; zumal dieser Diskurs sich auf beliebige Krankheitsbilder jeweils biopsychosozial modifiziert übertragen (transferieren) lässt.

Beim Pathogenese-Modell der Krebsbehandlung wird der Krebs „überwunden" durch die Unterdrückung der Krankheit (Tumor = Ansammlung von Krebszellen in Primärtumor oder Metastasen), was heute mit Operation, Bestrahlung, Chemotherapie oder Biotherapie in ca. 50% aller Fälle möglich ist.

Beim Salutogenese-Modell wird Krebs „überwunden" durch die Abwehrkräfte des Körpers selbst. Wahrscheinlich funktioniert diese Abwehr zur Verhütung von Krebs im Entstehungsstadium zum Beispiel „durch die Reparatur aktiv gewordener Krebsgene; bei ausgeprägtem Krebs reichen diese Kräfte alleine nicht aus. Sie spielen aber wieder eine große Rolle in der Phase der Rehabilitation, d.h. nach Operation, Bestrahlung, Chemo- und Biotherapie" (Nagel, a.a.O. 1998, S. 5)[62].

Bei den millionenfachen Zellteilungen, die im Organismus ständig stattfinden, kommen auch Genmutationen (Fehler, Irrtümer) vor, die zu bösartigem Wachstum führen können. Entartete Zellen auf natürlichem Wege zu beseitigen, ist Aufgabe des Immunsystems mit seinen Killer (NK-)Zellen oder lymphokin-aktivierten Killer-(LAK-)Zellen. Ist ein Tumor erst einmal groß, bedeutet dies, dass er der Immunabwehr entkommen war – aus verschiedenen Gründen, z. B. bereits geschwächtes Immunsystem durch ungesunde Lebensführung. Da alle Immunzellen Substanzen absondern (sog. Interleukine, IL), die sie zu ihrer Abwehrleistung benötigen, ist die zu geringe IL-Produktion ein Parameter (Messgröße) für ein gestörtes Immunsystem. Bei Krebspatienten lassen sich oft verminderte IL-Mengen finden und durch IL-Gaben beim Krebspatienten waren die Ergebnisse bisher nicht erfolgreich, was so zu erklären ist: Die IL-Gaben erfolgten verspätet, erst bei manifestem Tumor. Sie können nicht wie Chemotherapeutika eingesetzt werden, sondern benötigen andere Dosierungsregeln: Wann sind sie wie vorbeugend, hemmend, wann kombiniert kontraindiziert und wann sind sie wie nachgehend zu verabreichen? Erst wenn es gelingt, diese Fragen beantworten zu können, dann kann auch Immuntherapie gezielt und gesteuert auf der physiologisch-zytokinetischen Basis eingesetzt werden (Zytokinese = Lehre vom Wachstumsverhalten der Zellen).

Weitere positive Beeinflussungsfaktoren sind aber mittlerweile in der biopsychosozialen Medizin bekannt, die ein Immunsystem präventiv stabil belassen (nicht schwächen), und wenn es durch die Lebensumstände geschwächt wurde, kann es wieder reaktiviert werden – ebenso besteht die Möglichkeit einer Kräftigung des Immunsystems während der Behandlung sowie synchron nach dem pathogenetischen Ansatz. Ferner kann eine Kräftigung bzw. Reaktivierung des Immunsystems durch unterschiedlichste psychotherapeutische Methoden erreicht werden:

- sinnvolle sportliche Betätigung;
- Ernährung (iss das Richtige: i. d. R.);
- Stressbewältigung;
- Methoden der Kognitiven Umstrukturierung;
- Entspannung und Visualisationen;
- ausreichend Schlaf;
- kein Suchtverhalten und
- vorbeugend in den geopsychischen Tiefphasen im Jahr (Herbst/Frühjahr) durch Phytotherapeutika*
(v.a. pflanzliche Kombipräparate).

Unter sinnvoller sportlicher Betätigung wird heute sportmedizinisch und sporttherapeutisch verstanden, dass ein Mensch mindestens einmal pro Tag einen Puls von 130 Schläge/Min. durch 10 Min. Gymnastik erreichen sollte, im Sinne eines Herzkreislauf-Trainings, und dass er sich außerdem eine Stunde täglich körperlich zu betätigen, intensiv zu bewegen hätte. Zusätzlich ist ein Ausdauertraining (mindestens 2- bis 3-mal pro Woche) erforderlich. Ein Ausdauertraining sollte nicht weniger als 40 Minuten betragen.

Als leicht zu bestimmender Richtwert für die altersspezifische Trainingsintensität bietet sich die Herzfrequenz an. Die Messung erfolgt mit einem Pulsmesser (Brustband besser als Ohrclips, z.B. beim Ergometertraining) oder auch durch Messen mit dem Finger am Hals oder der Unterseite der Unterarme. Die individuelle Trainingsfrequenz lässt sich bei herzgesunden Menschen in grober Annäherung durch diese Rechnung ermitteln: 220 minus Lebensalter = maximale Herzfrequenz (MHF); davon wird noch der Ruhepuls (Messung morgens) abgezogen, z.B. ein 30 Jahre alter Breitensportler: 220 – 30 = 190 (MHF); gemessener Ruhepuls = 60 d.b. 190 – 60 = 130 Schläge/Minute.

Die empfohlene Herzfrequenz bei der Dauerleistung würde dann betragen: 130 davon 2/3 = 87; 87 + 60 = 147 (MHF).

Als günstige Sportarten für Ausdauertraining bieten sich – je nach Krankheitsbild unterschiedlich – diese Sportarten an; wobei zunächst auf die aerobe Zone (eingeatmeter Sauerstoff deckt den Bedarf des Körpers) bis 85% der MHF zu achten ist, dann erst allmählich zur anaeroben Zone > 85% der MHF übergehen:

- Ergometertraining,
- Jogging oder nur Walking,
- Schwimmen,
- Radfahren,
- Wandern,
- Ballspiele (Tischtennis, Tennis, Fußball etc.).

Im Anhang (24, 35) befinden sich als Individual- und/oder Gruppentraining Arbeitsblätter für „Herz-Kreislauftraining“ und für Ausdauersport „Fitnesstraining“, „Mit Gymnastik bringen sie ihren Kreislauf in Schwung" und „Stretching" sowie eine Tabelle für „Dauerleistung, Fetterkrankung und Gesamtheit in Bezug zum Alter" (Dieter Laub, 2000)[68].

Gesunde Ernährung – Krebs und Ernährung

Bei der Ernährung (iss das Richtige – i.d.R.) ist darauf zu achten, dass vier bis fünf kleine Mahlzeiten regelmäßig (auch im Abstand zu einander) eingenommen gesünder sind, als die gleiche Menge in zwei oder drei Mahlzeiten zu sich zu nehmen. Es werden bei der Ernährung zwischen Energieträger und Wirkstoffen unterschieden. Zu den Energieträgern gehören Fette, Proteine und Kohlenhydrate; zu den Wirkstoffen gehören Vitamine, Mineralstoffe, Spurenelemente und Aminosäuren. Die beiden letztgenannten Stoffe nehmen eine Zwischenstellung ein. Es ist wichtig, die Glykogen*-Depots (Stärke) des Muskels beim Sportler (Breiten- und Leistungssportler) so gut wie möglich aufzufüllen und zu einer Kohlenhydrat-betonten und eher eiweißarmen Kost zu raten. **Empfehlenswerte Verteilungsmuster bei der Nahrungszufuhr** bezogen auf Fette, Eiweiße und Kohlenhydrate sind (a.a.O. S. 6)[68]:

- Eine zu hohe Zufuhr von komplexen Kohlenhydraten (Getreide, Pflanzenfasern, Obst, Zucker) gefährdet die Kupfer/Eisen- und Kupfer/Zink-Balance des Körpers.
- Ohne eine genügende Eisenzufuhr aber leidet die Energiespeicherung und die Energiebereitstellung in Form von ATP (= Adenosintriphosphat; also energiereiche Phosphate).
- Ohne genügend Kupfer leidet die Bindegewebe-Synthese und die Erholung des Immunsystems.
- Ohne genügend Zink leidet die Protein-Biosynthese ebenso wie das zelluläre und humorale Immunsystem.

Beim (Leistungs-)Sport und Stress (Dys- oder Overstress) kann es auch immer wieder zur sogenannten „Akutphase-Reaktion" kommen. Es kommt dann zur Veränderung der Akutphase-Proteine des Immunsystems (z.B. erhöhter Aminosäure-Bedarf und

-abbau, erhöhte Verluste an Kalium, Magnesium, Kupfer sowie Zink). Solche Veränderungen unkompensiert zu lassen, führen nicht nur zu einem vorzeitigem Verschleiß, sondern auch zum Nachlassen der Immunkapazität in Form gehäufter viraler und bakterieller Infekte. Eine **ausgewogene Ernährung** für den Menschen sollte in der Tageszufuhr bestehen aus:

- 20–30 % Fetten,
- 15–20 % Eiweiß und
- 45–55 % Kohlenhydraten.

Zur vernünftigen Ernährung gehört auch das richtige Trinken. Heute ist bekannt, dass zwei bis drei Liter Flüssigkeit am Tag richtig sind, die in kleinen Portionen getrunken werden, z. B. leicht gesüßter Früchtetee mit Zitrone (16–20° C) ist ebenso erfrischend wie kohlensäurearmes oder -freies Mineralwasser. Nach dem Sport ist ein Apfelsaftschorle ein geeignetes Getränk, um Mineral- und Flüssigkeitsverlust auszugleichen und sich zu erfrischen. Wenn Wassermangel vorliegt, kommt es zu Symptomen je nach Stärke des Mangels (in % des Körpergewichts)[68]:

1–5%	6–10%	11–12%
Durst, Einschränkung der Bewegungen, Müdigkeit, Schwäche, Übelkeit	Schwindelgefühl, Kopfschmerzen, Atemnot vermindertes Blutvolumen, Gehunfähigkeit	Krämpfe, Delirium

Die Mischung Saft-Mineralwasser im Verhältnis 1:3 ist vor allem vor dem Sport geeignet; während des Sports möglichst nur natürliches Mineralwasser trinken (oder 1:5) und nach dem Sport kann das Mischungsverhältnis 1:1 sein.

Anhand einer Ernährungspyramide[73] (siehe folgende Seite) kann sich der Patient rasch orientieren, welche Nahrung für ihn gesund ist, was krebs-präventiv, aber auch tumor-rezidiv vorbeugend ist (vgl. Anhang 33, 34).

Auch zum Welternährungstag (16.10.2000) wurde von der Deutschen Apothekervereinigung eine kurze Übersicht zur Basis einer richtigen Ernährung veröffentlicht[74], die ich hier abschließend zur Ernährung vorstellen möchte:

Basis unserer Gesundheit

Richtige Ernährung ist in jedem Alter Voraussetzung für Leistungsfähigkeit und Lebensfreude. Schon geringfügige Ernährungsfehler summieren sich im Laufe der Jahre. Irgendwann spielen sie eine entscheidende Rolle bei der Entstehung von Übergewicht, Arteriosklerose, Osteoporose, Diabetes mellitus, Gicht oder Darmträgheit. Umgekehrt zahlt sich gesunde Ernährung im Alter aus. Aber auch wenn bereits Beschwerden vorliegen, ist es nicht zu spät, den Speiseplan zu verändern. Hier einige Beispiele:

Übergewicht: Die körperliche Aktivität erhöhen, um den Stoffwechsel anzukurbeln. Ernährungsumstellung auf weniger, dafür hochwertiges pflanzliches Fett, weniger Weißmehl- und Zuckerprodukte, dafür mehr frische Kost, viel (zuckerfreies) Trinken.

Arteriosklerose (Gefäßverengung): Übergewicht vermeiden/reduzieren, pflanzliche Fette bevorzugen; auf ausreichende Zufuhr von Ballaststoffen und Vitamin A, C und E achten.

Osteoporose (Knochenbrüchigkeit): Mit der Nahrung frühzeitig ausreichende Mengen an Calcium und Vitamin D aufnehmen.

Darmträgheit: Auf Zufuhr von Ballaststoffen und Flüssigkeit achten (mindestens 1–2 Liter/Tag).

Diabetes mellitus (Zuckerkrankheit), *Typ 2:* Mitverursacht durch Fehlernährung, Übergewicht und Bewegungsmangel. Umstellung auf ballaststoffreiche, fettarme Kost: Obst, Gemüse, Kartoffeln, Reis, Nudeln und Vollkornprodukte. Zucker durch Süßstoffe und Zuckeraustauschstoffe ersetzen.

Allgemein gilt: Keine radikale Ernährungsumstellung oder plötzliche Aufnahme eines Fitnessprogramms ohne eingehende Untersuchung und Beratung durch einen Arzt!

Psychotherapeutische Interventionen: Entspannungs- und Imaginationsübungen, Stressbewältigung, Schlafverhalten, Methoden Kognitiver Umstrukturierung, Antisuchtverhalten, Phytotherapeutika*

Zur Stärkung des Immunsystem sowie zur Mitbehandlung von biopsychosozialen Krankheitsbildern gehören auch Entspannungs- und Imaginationsübungen (*Huber*, 1994[5] und *Flor et al.* 2001)[27]. Zuerst ist es wichtig, eine Atemübung zu lernen (z.B. im Rahmen von Hatha-Yoga oder einfach nach der Tausch-Methode[68]) und vgl. Anhang 23. Die Patienten lernen zuerst eine tiefe Zwerchfellatmung mit Handauflegen (Pacing), nachdem sie über die Physiologie der Atmung und bestimmte Atemfehler (z.B. Dyspnoe, Apnoe, Hypoventilation, Hyperventilation)* aufgeklärt wurden. Sie kommen dann zum Biofeedback-Atemtrainer (Respiratorisches Feedbackgerät* von *Professor Leuner* entwickelt) aus diagnostischen und möglichen therapeutischen Gründen. Nachdem ein Patient gleichmäßig und tief atmen kann, beginnt er Entspannungsübungen (Relaxationen) und Vorstellungsübungen (Visualisationen oder Imaginationsübungen) zu lernen. Es werden das Autogene Training (AT n. Schultz)[69], die progressive Muskelentspannung (PME n. Jacobson)[70] angeboten; wobei das AT zusätzlich patienten- und symptomzentrierte Schlüsselsätze (sog. Affirmationen) aufweist, so dass jeder Übende sein individuelles Programm zum klassischen AT lernt. Solche **persönlichkeitszentrierte Affirmationen** können sein: Ich liebe und akzeptiere mich; ich gefalle mir. Mein wahres Wesen ist liebe-, würdevoll, gleichwertig, friedlich, ausgleichend, selbstsicher, fair, risiko- und entscheidungsfreudig, aktiv und stark. Ich lasse los. Nichts von dem, was ich gerne hätte, „muss" sein. Nichts von dem, was andere gerne hätten, „muss" sein. Ich verzeihe mir und anderen. Verzeihen können ist der Schlüssel für innere Harmonie. Ich lerne gerne aus Fehlern.

Symptom- oder fokuszentrierte Affirmationen können sein: Schlafen kommt von selbst; ich lausche auf meine Atemzüge. Mein Kopf ist frei und klar. Angst macht mir nicht Angst. Ich laufe der Angst nicht nach; ich laufe nicht vor ihr weg, sondern ich setze mich realitäts- und gegenwartsbewusst, konfrontativ mit der Angst (Angstsituation) auseinander. Meine Haut ist gut durchblutet. So rieseln die Worte aus meinem Munde wie Sand durch meine Finger. In der Ruhe liegt auch sehr viel Kraft. Ruhig, überlegt, entspannt, gelassen und heiter, komme ich in meinem Leben (oder heute oder hier und jetzt) weiter.

Die Übungen werden in Einzeltherapie durchgeführt und auf eine Audiocassette vom Psychotherapeuten für das häusliche Training besprochen. Die Patienten erhalten ein Protokollblatt, um ihre Pulswerte und Kommentare einzutragen. Nach der Trainingsphase (sechs Wochen bei täglichem Training), hat der Patient dem Psychotherapeuten die Übung „autogen" (aus sich heraus) in Flüstersprache vorzusprechen, und er wird dabei Biofeedbackmäßig überwacht (supervidiert), z.B. Hautwiderstand-, Thermo-, Hirnstrom- (EEG)* oder Muskel- (EMG)* Feedbackmessung (a.a.O., S. 237–279)[5]. Es werden diese **drei Säulen des Entspannungstrainings** durchgeführt (a.a.O., S. 46 ff)[5] nach dem Atemtraining:

I. Neurogenes Training (z.B. AT)	⟺	II. Vasomotorisches Training (z.B. PME)	⟺	III. Subliminaltraining (z.B. Visualisationen mit und ohne „subliminals“ (= unterschwellige Botschaften).

Bei den Visualisations- oder Imaginationsübungen ist eine Entspannungsmusik mit lauten rationalen Affirmationen zu hören, es wird manchmal eine Reise gemacht, an Innenbildern[71] stark gearbeitet und zusätzlich werden unterschwellige Botschaften (subliminals) der Musik niedrigfrequent „eingespielt“. Diese Visualisations- oder Imaginationsübungen sind symptom- oder fokuszentriert; z.B. Imaginationsübungen gegen Krebs (Simenton-Methode)[72], gegen chronische Schmerzen, Angst, Depressionen, Migräne, Konzentrationsstörung, Herz-Kreislaufprobleme, bei Rheuma und Arthritis, Magen-Darm-Beschwerden etc. Sie werden dem Patienten symptomorientiert auf eine CD „gebrannt“.

Damit ein Mensch gut schlafen kann, benötigt er tagsüber einen gesunden „Biorhythmus“ zwischen Aktiv- und Entspannungsphasen. Hat er tagsüber nicht gearbeitet, wenig geleistet, hing er herum, so wird er schlecht einschlafen, kaum durchschlafen und insgesamt ein Kurzschläfer sein (ca. 4–6h). Hat ein Mensch tagsüber gearbeitet, sich körperlich mindestens eine Stunde intensiv bewegt, dann kann er, wenn er sich noch zusätzlich zufrieden und ausgeglichen machen kann, auch rasch einschlafen, durchschlafen und benötigt 7–8 Stunden Schlaf. Zur Schlafhygiene gehört, dass der Raum nicht zu warm (nicht > 20 °C) und nicht zu kalt (nicht < als 14 °C) ist, dass er gut belüftet, ruhig und abgedunkelt (keine Lichtreflexe vom Straßenverkehr oder Leuchtreklame) ist. Außerdem benötigt der Schläfer ein richtiges Bett (Größe, guter Rost und mittelharte bis harte Matratze) mit richtigem Bettzeug entsprechend nach den Jahreszeiten. Sind diese äußeren günstigen Rahmenbedingungen gegeben und es kommt dennoch zu Schlafstörungen, dann ist eine Ursachenbehandlung erforderlich, eine Psychotherapie evtl. mit einer vorausgegangenen Untersuchung in einem Schlaflabor (vgl. Anhang 13). Atemstörungen, Schnarchen, Bruxismus (Zähne knirschen), Kopfschmerzen sowie chronische Schmerzen können für Schlafstörungen ebenso Ursache sein wie ungelöste Probleme, wichtige Vorhaben (z.B. Prüfungen), Geldsorgen, Ängste, Depressionen, Zwänge (Zähl- und Kontrollzwangsgedanken), Kribbelparästhesien, Schlafdrucklähmungen oder „restless legs" (unruhige Beine). Die Schlafqualität lässt sich mit den Biofeedbackmessungen EEG (Elektroenzephalogramm)*, EMG (Elektromyogramm)*, EOG (Elektrookulogramm)* sowie weiteren Techniken überprüfen. Man unterscheidet orthodoxen (Non-REM-Schlaf) und paradoxen Schlaf (REM-Schlaf). Der Wachzustand leitet über in eine SEM-Phase (vgl. REM = rapid eye movements; SEM = slow eye movements; also schnelle oder langsame Augenbewegungen beim Schlafen resp. Einschlafen). In der REM-Phase sind nicht nur rasche Augenbewegungen auszumachen, sondern auch erhöhte Herz- und Atemfrequenz. In den REM-Phasen sind auch die Traumphasen des Menschen, die drei- bis sechsmal pro Nacht auftreten und nahezu 25% des Gesamtschlafes ausmachen. Träume sind nach Sigmund Freud der „Königsweg zum Unterbewusstsein". Träume lassen sich zumindest in drei Ebenen analysieren: Istzustands-, Projektions- sowie Problemlösungsebene – wobei letztere keine aktive, fertige Lösung meint, sondern verschlüsselte (Lösungsangebote). Patienten bringen ihre Träume (Traumbuch führend) zur Therapiesitzung mit. Diese ergeben auch neue bewusstwerdende Kognitionen, die verhaltensanalytisch in der REVT (Rational-Emotiven Verhaltenstherapie) zu bearbeiten und im Kontext mit den aktuellen Problemen oftmals zu behandeln sind. Zur gesundheitsbewussten Lebensführung gehören ferner noch vernünftige Alltags-, Stressbewältigung, kein Suchtverhalten; weder Ich- oder Beziehungssüchte (z.B. Profilierungssucht, Eifersucht, koneurotische Beziehungen) noch Verhaltenssüchte (z.B. Kauf-, Spiel-, Sex-, Medien-, Esssucht) noch Stoffsüchte (z.B. Nikotin, Alkohol, Medikamente).

Menschen, die in der persönlichkeitszentrierten Psychotherapie die Methoden der Kognitiven Umstrukturierungen (siehe I. Kap.), der Stressbewältigung und Konfliktbewältigung im Heute lernen, brauchen kein Suchtverhalten. Ralf Schneider (1988)[75] hat in seiner Suchtfibel über 120 Arten von Suchtverhalten aufgeführt;

heute sind es sicherlich mehr, z.B. sind die Medien-, Internet- oder Surfsucht sowie die Designerdrogensucht darin noch nicht aufgeführt.

Der Mensch braucht Stress (Eustress; den guten Stress) – nicht aber den Dysstress (schlechten Stress) oder Overstress (zuviel in den Tag reinpacken). Dys- und Overstress machen Menschen krank. Auch hier bedarf es signifikant geänderten Kognitionen durch eine IKV* oder REVT*. Ein Mensch kann täglich solange überwiegend Eustress leben, solange er sich objektiv nicht in unfreien Situationen (Katastrophen wie Folter, Geiselnahme, Verschüttet-Sein etc.) befindet, was in der Regel bei den meisten Menschen erfreulicherweise lebenslang nicht der Fall ist. Die durch irrationale Sichtweisen gemachten Katastrophen (Belastungen werden durch Denkfehler wie Übertreibungen, negative selbsterfüllende Prophezeihung zu Katastrophen) schlagen sich negativ auf den gesamten Organismus des Menschen nieder und provozieren resp. verursachen, je länger und intensiver diese dysfunktionalen Kognitionen ablaufen, auch vegetativ-funktionelle und somatogene Symptomatik.

Auch pflanzliche Medikamente klinisch erprobt, gibt es mittlerweile schon zur Mitbehandlung einiger Krankheitsbilder bei leicht und mittelgradiger Ausprägung, die der Facharzt für Naturheilmedizin verschreiben und der Psychotherapeut verordnen kann (bei psychologischen Psychotherapeuten ist das Verschreibungs-, Einweisungs- und Krankmeldungsrecht noch in der Diskussionsphase). Solche geprüften und klinisch erprobten, notwendigen, pflanzlichen Arzneimittel werden Phytotherapeutika (Phytopharmaka) genannt. In der Liste 2000[63]; die bedauerlicherweise wieder zurückgenommen werden musste (Klagen der Pharmaindustrie), sind solche spezifischen Phytotherapeutika, mit jeweils ermitteltem Drogen-Extrakt-Verhältnis (DEV), aufgeführt: Analgelika/Antirheumatika (Schmerzmittel/Rheumamittel) wie Teufelskralle-Präparate, Antidementiva/Nootropika (Mittel bei Hirnleistungsstörungen), Ginkgo-Biloba-Präparate, Antidepressiva (Mittel bei Depressionen), Johanniskraut-Präparate; Anxiolytika (angstlösende Mittel), Cholagoga (Gallenwegstherapeutika), Artischockenblätter-Präparate; Dermatika (Mittel zur äußeren Anwendung bei Hauterkrankungen) wie Hamamelis-, Kamillen-, Melissen-, Nachtkerzensamen, Salbei- und Purpursonnenhut-Presssaft-Präparate; Gynäkologika (Mittel in der Frauenheilkunde bei Regelstörungen, Wechseljahre) wie Cimicifugawurzelstock- und Keuschlammfrüchte-Präparate oder Hypnotika/Sedativa (Schlaf- und Beruhigungsmittel) wie Baldrian-, Hopfen-, Melissenblätter-Präparate (Mono- und oft auch Kombipräparate); Immuntherapeutika/Immunstimulanzen (Mittel zur Störung der Körperabwehrkräfte) wie Lebensbaumspitzen-, Sonnenhutwurzel-, Färberhülsenwurzel- und Mistelpräparate; Kardika (Herzmittel) wie Weißdorn-Präparate etc. *Kraus und Carstens* (1995)[76] haben ein übersichtliches *Handbuch zur Heilpflanzenkunde* mit anschaulicher Bilddokumentation zusammengestellt, und sie gingen auch auf die Therapie bei bestimmten Beschwerden ein, z. B. Beschwerden der Verdauungsorgane, der Atmungsorgane, Frauenbeschwerden oder bei Herz-Kreislauf-Nervenleiden, krankhafte Hautveränderungen und Verletzungen, Erkrankungen der Niere, Blase, Harnwege, Prostata; Phytotherapeutika, die einer Krebserkrankung vorbeugen und/oder hilfreich sind. Für eine intensivere Behandlung mit Phytotherapeutika empfehle ich die aktuellen Forschungsergebnisse zu „Krebs und Ernährung“ (1997[64], 1999[65] und 2001[73]).

Zusammenfassung und Kommentar zur Bioethik oder Medizinethik und Verhaltensmedizin

Repräsentative Umfragen, beispielsweise der *Akademie für Technikfolgenabschätzung* (TA-Akademie) in Baden-Württemberg oder des *EMNID-Instituts* (Erforschung der öffentlichen Meinung – Markt- und Meinungsforschung – Nachrichten, Informationen, Dienstleistungen) in Bielefeld, brachten diese aktuellen Informationen hervor:

➢ Die inneren Werte wie Zuverlässigkeit, Ehrlichkeit, Treue, Zärtlichkeit (Liebe), Persönlichkeit haben signifikanten Vorrang vor Werten der äußeren Erscheinung wie im letzten Jahrzehnt (Piercing, Brandung, Tatooing, Insider-Klamotten, Waschbrettbauch); also weg vom Autofetischismus (Selbstverliebtheit in die Körperhülle), hin zum Realismus der Menschenwürde und Persönlichkeit bei gepflegter, sportlichen Erscheinung (EMNID 21.04.01).

➢ Patienten wünschen sich mehr Informationen vom Arzt (93% von 1.000 befragten Patienten). Sie wollen auch mehr über die Entstehung der Krankheit, den Verlauf der Behandlung, die Prognose und Vorbeugung (z.B. einem Rückfall oder Rezidiv) wissen; das ergab die Studie „Patientensouveränität" – Der autonome Patient im Mittelpunkt? „Gut" informierte Patienten (also biopsychosozial informierte Patienten) zeigen eine wesentlich bessere Mitarbeit (Complianceverhalten) bei der Therapie und tragen zu einer sparsameren Nutzung der knappen Mittel bei (TA-Akademie, 15.08.2000).

➢ Patienten wollen einen Arzt, der nicht nur für Pillen verschreiben und/oder für Labor- und aparative Untersuchungen kurz da ist, sondern der eine qualifizierte Ausbildung in Psychologie (klinischer Psychologie), Präventivmedizin, Alternativmedizin (v.a. Homöopathie und/oder Naturheilmedizin) und hauptsächlich in Psychotherapie (Gesprächsführung, Persönlichkeits- und Differentialdiagnostik) neben einer somatisch-medizinischen Ausbildung hat – wir würden sagen, einen Arzt, der bio-psycho-sozial medizinisch ausgebildet ist.

➢ Am 12. März 2001 hat der Deutsche Bioethik-Rat (DBR) 18 Thesen zur Gentechnik verabschiedet, von denen ich hier die wichtigsten acht Thesen vorstellen möchte – diese Thesen spiegeln auch den aktuellen Diskussionsstand in Europa, z.B. wurde am 10.08.2001 ein deutsch-französischer Vorstoß für ein weltweites Verbot des Klonens von Menschen unternommen, und das Auswärtige Amt hat eine Initiative bei den Vereinten Nationen diesbezüglich eingereicht. Der französische Gesundheitsminister Bernard Kouchner verlangte ebenfalls am 10.08.2001, dass die internationale Gemeinschaft gegen Staaten vorgehen müsse, die ein Klonverbot missachten.

Acht Thesen des Deutschen Bioethik-Rats zur Gentechnik – exemplarisch

These 3:
An Menschen, die nicht in der Lage sind, ihre Zustimmung zu geben, dürfen keine Eingriffe oder Versuche vorgenommen werden, die nicht unmittelbar ihrem eigenen Wohl dienen. Der DBR spricht sich auch gegen eine Öffnung des Artikels 17 der „Bioethik-Konvention" des Europarats aus (Art. 17, EMRK: Verbot des Missbrauchs der Rechte).

These 4:
Das Wissen um das menschliche Genom (die Gesamtheit der Gene eines Menschen) ist Allgemeingut. Es darf kein Gesetz geben, das Entdeckungen in diesem Bereich patentiert, weil nur Erfindungen durch Patente geschützt werden können. (...)

These 6:
Alle Arten des Klonens, sowohl das zu Zwecken der Reproduktion als auch das zu therapeutischen Zwecken, müssen verboten sein. Das Argument, nur über Forschungsarbeiten im Rahmen des Klonens seien Erkrankungen entschlüssel- und heilbar, ist nicht zutreffend. Es gibt andere Forschungsmöglichkeiten, z.B. adulte Stammzellenforschung (...).

These 10:
Prädiktive (vorhersagende) Gentests dürfen nicht zugelassen werden, weil die Folgen auch begrenzter Zulassung unübersehbar sind. Die jetzt vom Bundesgesundheitsministerium zugelassene Modellversuchsreihe der Kaufmännischen Krankenkasse (KKH) muss sofort beendet werden. (...)

These 13:
Präimplantationsdiagnostik* (PID) ist als ethischer Deichbruch abzulehnen und zu verbieten. Die hierzu erforderlichen Regelungen müssten unbedingt getroffen werden.

These 14:
Unter Berücksichtigung der Tatsache, dass Embryonen menschliches Leben sind, wird die Möglichkeit der künstlichen Befruchtung in Form der In-vitro-Fertilisation (IVF)* und Intrazytoplasmatischen Spermieninjektion (ICSI)* kritisch betrachtet.

These 15:
Die genetische Aufklärung und Beratung müsste gesetzlich besser geregelt werden. Bei Schaffung des Gesetzes sind die Verbände von Menschen mit Behinderungen zu beteiligen.(...)

These 16:
(...) Selektive Diagnoseverfahren zur Verhinderung der Geburt eines Kindes mit einer Behinderung/Beeinträchtigung/Krankheit dürfen nicht Bestandteil eines ärztlichen Behandlungsvertrages sein (z.B. Amniozentese).

Wir wissen, wo ein Geschäft ist, ist auch ein Weg; dennoch sollte die Weltgemeinschaft eine klare Grenze gegen diese Art von Geschäftemacherei ziehen oder noch deutlicher formuliert, gegen „Halunkenwissenschaften“ (*Ernst Benda*, von 1971 bis 1983 Präsident des Bundesverfassungsgerichts (BVG) in Karlsruhe). Benda spricht sich klar für den Vorrang der Menschenwürde aus. „Die Menschenwürde gilt vom Zeitpunkt der Befruchtung an“ (BNN *), 25.05.2001). Analog wie Benda urteilen im gleichen Artikel die Vertreter der „christlichen“ Amtskirche Bischof *Gebhard Fürst* (katholisch) und Bischof *Wolfgang Huber* (evangelisch). Pragmatisch gibt sich dagegen die Bundesforschungsministerin Frau *Bulmahn*: Sie fordert die Chancen der Biomedizin zu nutzen, ohne Verletzung der Menschenwürde (BNN vom 25.03.2001). Wichtig bei der ganzen Diskussion ist es, auch die Funktion der Gene nicht zu überschätzen. Es gilt als wissenschaftlich gesichert, dass nur 1/5 (20 von 100 Probanden) der Frauen mit dem Gen für Brustkarzinom auch Brustkrebs bekommen. Was ist mit den übrigen 4/5 der Frauen (80 von 100 Probanden) gleicher genetischer Disposition und sie erkranken nicht an einem Mammakarzinom? Was ist mit den Frauen, bei denen das „Brustkrebs-Gen“ nicht nachgewiesen wurde und sie dennoch an Brustkrebs erkranken? Es ist wichtiger, die biomedizinischen, bioethischen Vorgänge biopsychosozial-medizinisch und weltethisch zu betrachten und zu analysieren, dann wissen wir, dass die Genforschung und die mögliche Heilungschancen nicht nur am Anfang stehen, sondern auch eine wesentliche begrenzte Heilungschance bieten werden, die wir aber weltethisch vertretbar nutzen sollten!

Enno Christophers, ein Hautexperte an der Christian-Albrechts-Universität in Kiel, äußerte zu diesen komplexen und kontrovers geführten Themen in der Gentechnik, dass bei Psoriasis (Schuppenflechte) zweifelsfrei eine genetische Disposition vorliegt, die aber allein nicht ausreicht, damit sich dieses Krankheitsbild entwickelt. Er verweist auf Untersuchungen in der Zwillingsforschung um eineiige Zwillinge. Es haben noch andere innere (endogene)

---

*) Badische Neueste Nachrichten

und äußere (exogene) Faktoren hinzuzukommen, damit eine Psoriasis sich ergibt. Es kann auch zur Schuppenflechte ohne genetische Veranlagung kommen, z.B. durch Infektionskrankheiten (Viren, Bakterien) und/oder durch eine Stoffwechselerkrankung (Neue Apotheke Illustrierte, 01.09.2000). Die Entschlüsselung des menschlichen Genoms ist eine Fleißleistung (die sog. Buchstabenfolge der Gene), aber die Hauptarbeit liegt noch vor den Genforschern, nämlich die Entschlüsselung des Pronoms (Multifunktion der Proteine) – auch danach haben wir noch kein ausreichendes Wissen, weil zu einseitig auf somatische Medizin gesetzt wird.

Das **moderne biopsychosoziale Verhaltensmedizinmodell** möchte ich abschließend in einem dynamischen Diagramm verdeutlichen, wobei kognitive Prozesse (die leider meist unterschätzte Rolle in der Medizin) eine wichtige Position einnehmen und emotional, physiologische, energetische Prozesse auslösen und aufrechterhalten können bei ebenfalls auftretenden Rückkoppelungsschleifen. Auch energetische Prozesse (z.B. Bioenergetik, Bioresonanz, vgl. die Resonanztheorie von Helmholtz) wurden in der Medizin bisher auch „stiefmütterlich" behandelt:

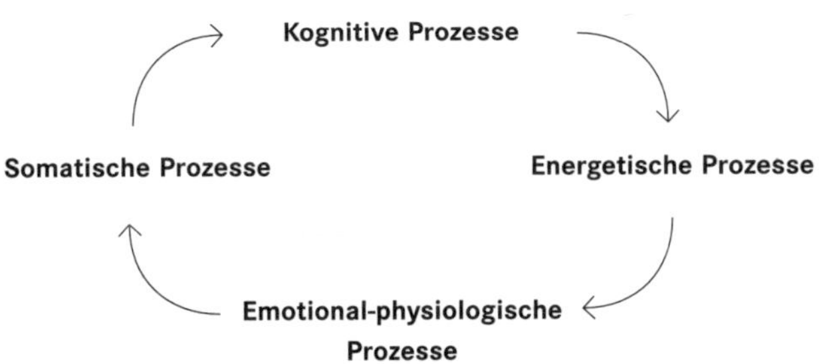

Biopsychosoziales, energetisches Modell in Psychotherapie und Verhaltensmedizin

Ausgehend von kognitiven Prozessen läuft dieser Regelkreis ab, was bedeutet, dass sich Änderungen in den energetischen oder emotional-physiologischen Prozessen erst auch durch Einstellungsänderung ergeben können. Kognitive Änderungen (cognitiv changes) führen zu emotional-physiologischen Änderungen (emotional-physiological changes) und schließlich zu Verhaltensänderungen (behavioral changes).

Die gelernten, automatischen Kognitionen eines Menschen werden nicht nur durch äußere Anlässe, Ereignisse abgerufen, reaktiviert, sondern können auch multisensorisch reaktiviert werden (durch jeden primären Sinn: Geruchs-, Hör-, Seh-, Geschmacks- oder Tastsinn sowie auch durch die sekundären Sinne, z. B. Gleichgewichts- oder kinästhetischen Sinn).

Da ein Mensch nicht die Wahl hat, ob er einen inneren Dialog (kognitive Prozesse) im Wachzustand führt oder nicht, ist es wichtig für einen Menschen zu lernen, welchen Gehalt seine inneren bewertenden Gedanken (belief-system) haben; sind sie rational oder irrational: Durch rationale Selbstverbalisierungen oder Selbstinstruktionen kann ein Mensch tagsüber beliebig oft seinen automatisch ablaufenden inneren Dialog wesentlich beeinflussen und dadurch über 50% seine Befindlichkeit in Alltagssituationen und Alltagsbelastungen selbst machen. Wichtig ist ferner zu wissen, dass die gelernten Bewertungsprogramme eines Menschen mit einer Redundanz* (Grundinformation stützende Prozesse) oder mit narrativen* Stütz-Programmen einhergehen (subjektiv gelernte, erzählende Erlebnisqualitäten zu einer Überzeugung), die es einem Menschen erschweren, überzeugend rational denken, „echt" fühlen und fair mit sich und infolge anderen Menschen handeln zu können. Deshalb ist ein tägliches „kognitiv-emotional-behaviorales" Training zur Seelengesundung (Psychohygiene), zur Ausgeglichenheit, Zufriedenheit und nicht zuletzt für die Gesundheit eines Menschen insgesamt wichtig. Es ist ferner wichtig, die Erkenntnisse und Methoden der Integrativen Kognitionen Verhaltenstherapie (IKV) zu lernen und zu üben sowie die Methoden der kardinalen Teildisziplin der IKV, der Rational-Emotiven Verhaltenstherapie (REVT). Die gesicherten Methoden der Integrativen Kognitiven Verhaltenstherapie (IKV) und der Tiefenpsychologie (TP) in Verbindung mit fortschreitenden Forschungsergebnissen der jungen bio-psycho-sozialen Grundwissenschaften der Medizin und der IKV, also der Verhaltensmedizin, sind integrativ und individualisiert anzuwenden, um Effizienz und Qualitätssicherungen zu erzielen. In der künftigen Ärzte- und Psychotherapeutenausbildung sollten deshalb diese Forschungs- und Therapiedisziplinen ebenso wie Allgemeine- und Fachethik zum obligaten Ausbildungskanon der Ärzte und Psychotherapeuten gehören.

Diese psychotherapeutisch- und verhaltensmedizinischen Forschungsergebnisse sowie Therapiemethoden in Verbindung mit Basis- oder Primärethik und Persönlichkeitsbildung hätten auch zur Grundausbildung eines Menschen altersspezifisch vermittelt zu werden. In Kindergarten, Schule, Lehre, Studium, Fort- und Weiterbildung unabhängig von einem Berufsbild, der Funktionen, Stellung oder des „Standes" haben Primärethik (philosophische, psychotherapeutische, biomedizinische Ethik sowie Rechtsethik) und Persönlichkeitsbildung (Kunst der Selbsterziehung) vermittelt und geübt zu werden (mit Stufen-Diplomen).

Ethik in
Pädagogik und Erziehung

Nicht den Tod sollte man fürchten,
sondern dass man nie
beginnen wird zu leben.
Oft tut auch der Unrecht,
der nichts tut.
Wer das Unrecht nicht verbietet,
wenn er kann, der befiehlt es.

Mark Aurel
121–180 n. Chr.

Ethikdefinition und Kurzbeschreibung

Unter **Pädagogik** wird einerseits Erziehungskunst im Sinne von Leiten und Anleiten des Knaben (paidos, gr.) oder Kindes verstanden und andererseits die Theorie, Lehre und Wissenschaft von Bildung, Erziehung und Unterricht sowie auch die jeweils entsprechende Praxis (Brockhaus, S. 419f)[47]. Im heutigen Sprachgebrauch wird Erziehung von Pädagogik so unterschieden:

Erziehung „manifestiert sich in der sozialen Interaktion zwischen Menschen als Prozess, in den Absichten der Erziehenden als Ziel, in der Wahl einzusetzenden Maßnahmen als Methode, in der Verwirklichung der Ziele als Zustand und in der Bewertung des Erreichten als Ergebnis" (a.a.O. S. 568)[47]. Dagegen wird Pädagogik umgangssprachlich für die (abstrakte) Theorie, Lehre und Wissenschaft von Bildung, Erziehung und Unterricht verwendet. Es ist in Deutschland auch üblich, sowohl von Erziehung als auch von Bildung zu sprechen, obwohl geschichtlich-semantisch, ethisch und biopsychosozial deutliche Unterschiede bestehen, weshalb ich die Begriffe inhaltlich klar unterscheiden möchte.

Ethisch-anthropologisch wird vorausgesetzt, dass ein Mensch ohne Betreuung, Erziehung und Bildung sich nicht zu einem vernunftsmäßigen Lebewesen entwickeln kann, sich nicht zu einem Kulturwesen „Homo sapiens" entwickeln wird.

Es ist klar, dass der Mensch sozialpsychologisch betrachtet im Gegensatz zu Säugetieren ein „Nesthocker" (*A. Gehlen*) ist, während die Säugetiere „Nestflüchter" sind. Damit ein Mensch die ersten Jahre überlebt, braucht er die Liebe, Fürsorge und Zusprache einer (festen) Bezugsperson. Ohne die Befriedigung der biologischen Grundbedürfnisse wie Trinken, Essen, Schlafen, Wohnen, Kleiden stirbt ein Mensch. Ohne Befriedigung der psychosozialen Grundbedürfnisse wie individuelle verbal-emotionale Zuwendung, Geborgenheit, Nestwärme, Liebe und ohne (feste) Bezugsperson wird ein Mensch schwer geistig behindert (imbezill) und wird um die Entwicklung seiner latend vorhandenen Ressourcen betrogen. Bei defizitärer psychobiologischer Befriedigung der Grundbedürfnisse kommt es bei einem Kinde zum psychosozialen Hospitalismussyndrom* (Deprivationssyndrom durch soziokulturelle und sozioökonomische Verwahrlosung). Es gehört zu den grundlegend ethisch-anthropologischen Aufgaben,

- einem von „Gott“ geschenkten Lebewesen/Kind (ob eigenes, adoptiertes oder in Pflege anvertraut) sowohl in vernünftigem Maße die biologischen Bedürfnisse zu befriedigen (Betreuung, Fürsorge) als auch das Kind sozialpsychologisch so zu erziehen (also: Erziehung im Sinne von *Education** und nicht bloßes Betreuen, vgl. *upbringing*, engl.), dass es sich zu einem Kulturwesen entwickeln kann;
- nach der Nesthockerphase, ab dem 18.–20. Lebensjahr (juristische Mündigsprechung, sog. Volljährigkeit), sich selbst sinnvoll zu erziehen. Das setzt zunächst im Wesentlichen voraus, dass ich die Erziehungskompetenz erlangt habe, was aber in unserer karriere-, leistungs- und spaßorientierten Gesellschaft nicht gelingen kann.

Unter **Betreuung** wird psychotherapeutisch das verstanden, was die meisten Menschen mit Erziehung verwechseln. Betreuung ist ein Sich-Sorgen, Sich-Kümmern, Sich-Informieren um den Zustand, um das Gedeihen des Kindes. Es liegt ein „Aufwachsen, ein Größerwerden“ vor (also: *upbringing*). Sollte zu diesem *upbringing* noch viel Liebe (v.a. Mutterliebe, Elternliebe) hinzukommen, dann gelingt das *upbringing* meist sehr gut, oft kombiniert mit vielen „Leistungs- und Dressurakten“, vgl. sehr gute Schulleistungen im Hinblick auf weiterführende Schule (rd. 80% aller Grundschulkinder in Deutschland; während 20% der Kinder entweder in die Restschule mit falscher Bezeichnung „Hauptschule“ oder in eine der vielen Sonderschulen verteilt werden). Andere primär leistungsorientierte „Dressurakte“ sind: möglichst früh und gut Flöte- oder Klavierspielen, Radfahren etc. zu können. Weitere gängige Ziele sind Internet- und Konsumtauglichkeit (Internet surfen, chatten; in Designerkleidung und Schmuck sich auskennen und sie (ihn) tragen; Reiseziele, die gerade „in“ sind, z.B. Neuseeland, Kanaren, Australien oder Karibische Inseln anzufliegen – nur um Spaß zu haben (*just for fun*).

Psychotherapeutisch und ethisch-anthropologisch ist Erziehung „Liebe und Vorbild“, so wie es *Friedrich W. A. Fröbel* (1782–1852)[77] in seiner umfassenden Erziehungslehre in Bezug auf Kleinkindererziehung (3–6 Jahre) beschrieben hat. *Erziehung als Liebe und Vorbild* im psychotherapeutischen und ethisch-anthropologischen Sinne bedeutet: Ein Mensch benötigt grundsätzlich, durchgängig neben „Betreuung“

a) Liebe, Nestwärme, inneren Halt, Zuneigung, Aussprache, Verzeihung, Zärtlichkeit, Akzeptanz, Geborgenheit und gleichzeitig regelmäßig;
b) Vorbildwirkung (Beispiel) durch seine (festen) Bezugspersonen eines Menschen, also bezogen auf seine fünf primären Sinne, drei Grundtriebe und fünf komplexen Triebe (vgl. 1. Kapitel).

Erziehung verläuft dynamisch, prozessual zwischen den beiden Polen (gemäß der Bipolaritätslehre* des Menschen; vgl. Abb 20 im Anhang): Führen gegen (versus) Wachsen lassen (vgl. *Theodor Litt*, 1880–1962)[78]. Unter Führen versteht Litt ein „Einführen in die geistige Welt ohne Prägungsanspruch“. Unter Wachsen lassen wird verstanden, die Selbständigkeit eines Kindes zu entwickeln. Diese Selbständigkeit bezeichnete *Fröbel* als „heilige Urkraft“ eines Menschen, der eine „nachgehende Erziehung“ Raum geben sollte zur Entfaltung einer individuellen Persönlichkeit (ebenda)[77].

Die Sinnmitte Fröbelscher Erziehungslehre lässt sich so zusammenfassen: Gemeinsame Veränderung von Mensch und Natur im „göttlichen“ Ganzen und die ethische Forderung, dass der Mensch „bewusst“ aus dieser Einheit lebe. Fröbel war in seiner Erziehungslehre und Erziehungsarbeit von *Johann Heinrich Pestalozzi* (1746–1827)[79] beeinflusst. Pestalozzi entwickelte das **Charakterbildungs-Modell**, welches hier weiterentwickelt wurde:

(= rationales Denken, einschließlich dem Erkennen und Bearbeiten der narrativen*, unbewussten Stützprogramme und Kognitionen überhaupt)

(= situationsgemäßes, echtes Fühlen und symbolisch für physiologische Reaktionen, z.B. zu Herzen gehen, stechen, rasen, schlagen, pochen, jagen sowie andere physiologische Reaktionen)

(= faires sich herausforderndes, flexibles Verhalten und faire soziale Interaktionen, vgl. Abbildung im Anhang 15 und Abb. 1994, S. 34f)[5].

Erziehung ist eine Kunst, sie hat zu tun mit **Kognitionen** (mit Wissen, Bewusstmachen, Reflektierenkönnen); mit **Emotionen** und physiologischen Reaktionen (zulassenden, zeigenden, verbalisierenden echten Gefühlen – i.S. einer Stärke eines Menschen) und mit Verhalten (anwenden, üben, wiederholen, festigen, transferieren, herausfordern).

Die Kunst der Erziehung geschieht zwischen **Führen** (rationale Anleitungen, Kriterien, Programme, Vorbild leben – nicht bloße Wegweiserfunktion) und **Wachsen** (entwickeln, ausprobieren, erfahren lassen. Ein echtes Vorbild (auch dann echte Autorität) weist nicht nur den Weg, sondern geht auch auf seinem Weg voraus, gibt Beispiele, zeigt und lebt Alternativen vor. Wegweiser unter den Menschen gibt es viele (in Schulen, Lehre, Wissenschaft, Amtskirche, Politik). Vorbilder gibt es dagegen bedauerlicherweise in der Gesellschaft sehr selten. Menschen brauchen aber dringend Vorbilder, fast so dringend wie Atemluft; es führt kein Weg vorbei: Die Kunst der Erziehung ist gelebte Liebe und gelebtes Vorbild.

Liebe allein genügt deshalb nicht! Diese irrationale Aussage: „Kind, ich habe doch 'alles' nur aus Liebe getan“, ist doppelt unsinnig. Einmal ist es eine perfektionistische Aussage (Denkfehler: Perfektionismus) und zum anderen „Liebe allein“ wäre fehlerhaft, nicht ausreichend und als Dauererziehung ist sie praktisch konkret nicht zu leben; somit eine Lebenslüge.

Es ist ebenfalls eine Kunst der Erziehung, sich eine austarierte Balance heute zu ermöglichen zwischen den Polen „vernünftigem Führen“ und „vernünftigem Wachsenlassen“ (gelassen, zu zulassen, Freiraum geben, Verantwortung lernen lassen, aus Versuch und Irrtum, aus Fehlern lernen lassen).

Erziehung ist generell ein sehr komplexer, dynamischer Veränderungs- und Lernprozess, so dass zwei Menschen (auch nicht Zwillinge) nicht gleich erzogen werden können. Trotz gleichem Genom (eineiige Zwillinge) entwickeln sich zwei deutlich verschiedene Persönlichkeiten und Charaktere. Das wird verständlich, wenn wir uns die allgemeine Erziehungsdefinition bewusst machen: Erziehung wird zunächst als einmalige Gesamtheit der Millionen Erziehungseinflüsse eines Menschen in seiner Mitwelt resp. Umwelt verstanden.

Innovationen in Erziehung und Pädagogik

Neues Bildungssystem: weg von Laienadministration und Berufsbeamtentum, hin zur Persönlichkeits- und Sachkompetenz

Erziehung ist neben Bildung und Unterricht ein elementarer Bereich der Pädagogik. Die **Kunst der Selbsterziehung** ist aber von Menschen nicht gelernt, geübt und bewusst verfügbar; weder bei Professoren, die Lehrer ausbilden, noch bei Lehrern, die Schüler unterrichten, noch bei Eltern, die ebenfalls einen Erziehungsauftrag haben, noch bei Bildungspolitikern in den Ministerien. Da Selbsterziehung Voraussetzung für **Fremderziehung** bedeutet, können fremderzieherische Maßnahmen solange kaum rational sein, solange Menschen keine rationale Selbsterziehung in ihrer Entwicklung erfahren. Ein Mensch ist nicht „erwachsen" (kein Ist-Zustand), sondern ein „Sich heute erwachsen machen" hat eine täglich bewusste Arbeit zu sein, da „Leben fließen heißt" (vgl. *Heraklit* um 550–480 v. Chr.: „Alles fließt"). Wenn nun Menschen auf der Erde überwiegend irrationale Erziehung erfahren, bezogen auf die göttlichen Ressourcen „Sinn- und Triebausstattung", Bewusstseinsfähigkeit (Reflexionsvermögen), ist es weltethisch-anthropologisch wichtig, dass Menschen erstmalig lernen: Wie geht eine Kunst der Selbsterziehung, um dann auch später über eine Kunst der (Fremd-)Erziehung verfügen resp. sie anwenden zu können? Wie gehe ich fair, vernünftig, liebe- und würdevoll, tatsachenorientiert mit Kindern, Schülern, Lehrlingen, Studenten und letztendlich mit PartnerInnen, Freunden, Bekannten, Verwandten, also mit Mitmenschen um? Welches rationale ethische Rüstzeug benötige ich, um innerhalb weltethischer und verhaltensmedizinischer Leitlinien, Erkenntnisse als Individium und als Gemeinschaftswesen leben zu können?

Einführung in die Rationale Erziehung (RE) und Rationale Umerziehung (RU)

Kinder haben eine Selbsterziehungs-Qualifikation zu erwerben mit Grund- und Aufbauprogrammen schon in Kindergarten und Grundschule; Erwachsene haben synchron solche Qualifikationen zu erwerben, nicht nur, wenn sie Erziehungs- und Bildungsaufgaben wahrmachen resp. wahrnehmen wollen (Umstellungsphase von sicherlich ein bis zwei Dekaden), sondern gerade wegen der ersten Sinnhaftigkeit im Leben eines Menschen, der Selbsterziehung. Jeder sollte Qualifizierungszertifikate in der Erziehung, abgestuft nach Schwierigkeitsgraden, bei obligaten Anwendungsphasen erwerben (vgl. Erziehungstraining; pädopsychologische Härtetrainings für Profis und Experten sowie Selbstanalysen unter Supervision durchführen). Wir schreiben wegen jeder Kleinigkeit „Scheine“ (Prüfungsscheine) vor, z.B. Schwimm-, Tauch-, Segel-, Führer-, Gabelstapler-, Angelschein; verlangen Zeugnisse für etwas schwierigere Aufgaben wie Abschlusszeugnis (je nach Schulart); Handwerker-, Gehilfen- und Meisterbriefe; für noch komplexere Aufgaben Diplome-, Promotions- und Habilitationszeugnisse (Urkunden). Für die wichtigsten, komplexesten Aufgaben, für die erste Sinnhaftigkeit im Leben, die Kunst der Selbsterziehung, haben wir keine speziellen Fächer wie Persönlichkeitsentwicklung, Charakterbildung, (Welt-)ethik resp. Kunst der Selbsterziehung, oder die Fächer „Kunst der (Fremd-) Erziehung“ und Partner- und Beziehungsfähigkeit“ oder auch „Sexualität unter biologischen, hygienischen, psychohygienischen, ästhetischen, kulturellen, sozialen, psychologischen Aspekt-Theorien, Praxis-Training“ etc.

Wir brauchen das Fach Charakterbildung und Kunst der Erziehung ebenso dringend wie verpflichtende, gültige Scheine, Briefe, Zeugnisse und Urkunden, graduell abgestuft nach Alter, Intelligenz und „Vermögen“, in unseren Bildungseinrichtungen.

Es drängt sich die Erkenntnis auf, wenn ich soweit mit den Ausführungen überwiegend übereinstimme, dass wir übergeordnete politische, erziehungswissenschaftliche, verhaltensmedizinische und weltethische Systeme benötigen, die sich gegenseitig fördern und nicht hemmen. Das weltethische-anthropologische System (auch mit seinen systemimmanten Schwächen, da von Menschen gemacht) hat dabei das übergeordnete, sich fließend entwickelnde System zu sein, und die anderen Systeme entsprechen interdependenten Subsystemen. Rational denkende und handelnde Menschen wissen, dass

- jedes von Menschen gemachte System systemgemäße Schwächen, Fehler hat.
- Sie versuchen deshalb die Auswirkung der systemgemäßen Schwächen zu reduzieren (zu beseitigen geht ja nicht).
- Sie forschen immer wieder nach rationalen Alternativen, die möglicherweise weniger gravierende systemimmante Schwächen beinhalten.

Eine rationale Erziehung beinhaltet
fünf synchrone Prozessverläufe:

1. **Bewusstmachungs- und Informationsprozess:** Er beinhaltet die Bewusstmachung und Informationen über komplexe Wirkzusammenhänge beim Menschen zwischen Kognitionen, Emotionen, Physiologie, Somatisierungen und Verhalten. In diesem kontinuierlichen Prozess lernt der Mensch praktisch mit Hilfe von didaktischem Material, durch Spiel und v.a. durch Gespräche diese Wirkzusammenhänge zu begreifen (nicht nur zu hören), indem er das Gehörte, Gelernte mehrfach selbst zu erzählen und selbst zu präsentieren hat, z.B. Coping (= rationaler Umgang) mit Dysstress, Angst oder Aggressivität etc. Der rationale Informationsprozess ist altersgemäß und personenzentriert fortschreitend-differenziert zu vermitteln, vgl. entwicklungspsychologische Erkenntnisse (*Jean Piaget*)[120] sowie genetisch-inverse Methoden multisensorisch vermittelt (*Pestalozzi*: Was nicht in den Sinnen ist, ist nicht im Verstand.)[79]. Diese Vorgehensweise hat sich nicht nur in Heil- und Sonderpädagogik bewährt (*Huber*)[87], sondern konnte auch in der Integrativen Kognitiven Psychotherapie (IKV n. Huber)[5+6] empirisch gesichert und verifiziert* werden.

2. Identifikations- und Zuwendungsprozess: In diesem Prozess lernt ein Mensch sich mit sich selbst positiv-realistisch orientiert (rational) zu identifizieren: sich zu lieben, zu akzeptieren, sich herauszufordern, zu motivieren, gerne Verantwortung für sich zu übernehmen, sich anzupassen, zu integrieren, konsens- und konflikt- resp. frustrationsfähig zu machen etc. Der Identifikationsprozess beinhaltet die zunehmende Ausdifferenzierung eines personalen Selbst, einer Persönlichkeit, die ausbalanciert einerseits zwischen eigenständig, autonom handeln, entscheiden und verantworten können (Individum mit Würde, mit sich entwickelndem Charakter, mit Persönlichkeitsbildung) und andererseits auch sozialverträglich, sozialkompetent, fair liebe- und würdevoll mit Mitmenschen umgehen kann. Der Mensch hat in diesem Prozess schwerpunktmäßig zu lernen, eine Balance zwischen den bipolaren Anlagen (Prä-)Dispositionen und Lernergebnissen im Heute eigenverantwortlich, faktenorientiert, emotional echt zu leisten; also sich in der ethisch-anthropologischen Mitte ausgeglichen zu machen. So biopsychosozial orientiert, praktiziert er die Kunst der Selbsterziehung. Ein Mensch wird im Heute dafür belohnt, wenn er gelernt hat, sich in diesem breiten ethisch-anthropologischen Mittelfeld (kein goldener Mittelweg) ausgeglichen zu machen durch

- eine ausgeglichene Befindlichkeit; Zufriedenheit mit Freude und vereinzelt spontan belastenden Gefühle wie Ärger, Enttäuschung und/oder psychosomatischen Beschwerden; also eine emotionale Stabilität (51–99%);
- Gesundheit als Lebensweg; er wird überwiegend gesunde Lebensphasen sich vermitteln und selten krank werden; solange er nicht Opfer eines (unvorhersehbaren) Unfalls oder einer Katastrophe wird;
- Erfolgserlebnisse, die er sich überwiegend erarbeitet bei wenig Fehlern und regelmäßigem Selbst- wie auch sporadisch erhaltenem Fremdlob.

Solche in sich ausgeglichenen und sich gesund machenden resp. gesund erhaltenden Menschen können länger bewusstseinsklar, autonom leben und sind fair im Umgang mit Menschen, weil sie sich auch kompetent beziehungsfähig machen können – vorausgesetzt, dass ein Mensch nicht Opfer eines persönlichkeitsgestörten, unreifen Mitmenschen oder von Katastrophen wird (z.B. Kriminelle, Süchtige, Fanatiker, Amokläufer etc.) bzw. er nicht durch Unfall oder andere „natürliche" Gewalteinflüsse stirbt oder schwer verletzt wird und genetisch bedingt irreversible (derzeit noch unheilbare) Schäden erfährt.

Diese Ausführungen haben etwas mit Hoffnung, Chancen, Sinnhaftigkeit für einen Menschen (die Menschheit) zu tun und entspringen nicht einem „arroganten Denken". Arrogantes Denken resultiert in der Psychotherapie (IKV und REVT) aus zwei Denkfehlern: Perfektionismus plus Mussturbationen (vgl. Denkfehler a.a.O. S. 41–44 und 114–117)[5]. Es ist nicht nur eine Frage der „Kraft der Vitamine", dass Menschen gesunderhaltend älter werden können, wie *Ana Aslam* meint (vgl. Aslam Arzneimittel), oder der Intelligenz, wie eine neue britische Studie (09.05.2001) meint nachgewiesen zu haben (im Jahr 1932 wurden 3.000 elfjährige Kinder im schottischen Aberdeen wissenschaftlich intelligenzmäßig erfasst und mit den heutigen (2001) noch lebenden 102 Testpersonen verglichen; es kam heraus, dass die Probanden mit einem Intelligenzquotienten (IQ) von durchschnittlich 97,2 bereits bis 1997 verstorben waren und die noch lebenden Probanden, heute fast 70-jährig, einen durchschnittlichen IQ von 102 aufweisen).

Es ist auch nicht nur der Fortschritt in der somatischen-apparativen Medizin, dass Menschen heute älter werden (zumal der Anteil der Gesunden unter den 80–100-jährigen sehr gering ist). Es sind bessere Fähigkeiten zu planen, zu ordnen (Lebensplanung), und vor allem eine gesundheitsbewusstere Lebensweise, bereits deutlich messbar ab dem 40. Lebensjahr in Europa, sowie die Fortschritte in Medizin, Psychotherapie und Ethik (philosophisch-anthropologische Ethik, Bioethik, Psychotherapieethik, Verhaltensmedizinethik, Rechtsethik), die ursächlich für ein Älterwerden mit Autonomie und relativer Gesundheit bei Bewusstseinsklarheit sind.

3. Anwendungs- und Übungsprozess: In diesem Prozess übt der Mensch unter Anleitung und Kontrolle (mit Ko-Partner und/oder Supervisor) das Erarbeitete, Gelernte, jeweils abgestuft auf sein Alter und seine bisher erreichten Fertigkeiten, Fähigkeiten. Es ist klar, dass wir Fachleute hierfür benötigen, die wir derzeit leider fast ausschließlich unter Verhaltensmedizinern sowie qualifizierten, integrativ ausgebildeten Psychotherapeuten vorfinden. Sie sind prädestiniert und in die Pflicht zu nehmen, ihre seit Jahrzehnten erarbeiteten Kenntnisse und Fähigkeiten als Multiplikatoren einzusetzen, um sytematisch in Universitäten, Schulen, Ausbildungsstätten Seminare, Workshops, Trainings abzuhalten in Personalunion als Coach, Therapeut, Lehrer, Erzieher, Wissenschaftler mit Vorbildwirkung. Zusätzlich können noch Softwareprogramme im Internet angeboten werden, die aber echtes Begegnungslernen nicht ersetzen können. Diese Vorgehensweise (Prozesse 1–3) führt zu einer wesentlichen Änderung im Erziehungs- und Bildungssystem: weg von dem ineffizienten, subalternen, hierarchischen, erzkonservativen Administrations- und Beamtensystem (mit dem Unsinn von Wissenschafts-, Ministeral- oder Schulbeamte auf Lebenszeit), hin zu einem effizienten, flexiblen, humanen Erziehungs- und Bildungssystem mit auf Zeit begrenzten Funktionen, Eigenverantwortung obligater, zertifizierter Weiterbildung. Der Funktionsinhaber könnte nach bestimmten Zeitrahmen wieder in seinem gelernten Beruf arbeiten bei Rückkehrgarantie und Rückkehrpflicht; wobei fünf oder maximal zehn Jahre Funktionsinhaber angemessen sind. Die passager höhere Bezahlung gibt es für die innehabende Funktion und danach nicht mehr, so wie dies auch objektiv vernünftig und ethisch vertretbar ist. Es gibt Funktionszulage zum Leistungsgehalt, mehr nicht – also auch eine Gebührenordnung für Pfarrer, Hochschullehrer, Professoren, Politiker, analog wie es solche Gebührenordnungen für Ärzte, Psychotherapeuten, Zahnärzte, Rechtsanwälte etc. gibt. Wird eine Leistung erbracht, z.B. für Vorlesung oder Taufe, Hochzeit, Rede im Parlament, gibt es ein Honorar, sonst nicht. Die Funktion darf nicht zum Beruf werden. Nach der Funktionstätigkeit gibt es keine Übergangsgelder!

Da der „Fisch vom Kopf her anfängt zu stinken“, sind diese fundamentalen Innovationen im Bildungs- und Erziehungssystem der Menschen international anzugehen (z.B. ausgehend von den USA und/oder Europa), damit es tatsächlich zu Einstellungs- und Verhaltensänderungen kommen kann. Nationale Reformen sind mehr oder weniger Kosmetik, beispielsweise auch aufgrund des

Förderalismus, der vor allem Alibifunktion für eigene Privilegien aufweist. Die Privilegien-Inhaber wie hochbezahlte Ministerialbeamte, politische Beamte oder „Würdenträger“ der Amtskirchen, Vorstände und Topmanager von Banken, Konzernen sind noch nicht freiwillig und aus humaner und/oder weltethischer Einsicht bereit, tatsächlich Innovationen dieser Tragweite ernsthaft anzugehen, da sie ihre Privilegien verlieren würden. Die Natur fragt nicht nach diesen privilegierten Menschen; sie haben zu begreifen, dass sie selbst als Menschen nur überleben können, wenn sie sich überwiegend ändern, indem sie lernen, sich zu erwachsenen Menschen im Heute machen zu können, gemäß den ethisch-anthropologischen und psychotherapeutisch-verhaltensmedizinischen Ausführungen und Forderungen, die im Kern auch zu einer neuen Weltethik beitragen. Bisher bedurfte es blutiger Revolutionen, um etwas wirklich zu ändern; vielleicht gelingen auch Systemänderungen durch Vernunft im Konsens!

4. **Selbstmanagement- und Lernprozess:** Er setzt den Schwerpunkt darauf, dass bei lebenslangem gerne Lernen-wollen, Menschen die bisher gelernten rationalen Programme und Methoden der kognitiven Umstrukturierung selbst ohne „Stütze“ regelmäßig anwenden wollen, um Selbstsicherheit, Selbstbewusstsein, Selbstvertrauen zu vergrößern und Autonomie durch Selbstverantwortung, Selbstreflexion und Selbststeuerung bei regelmäßiger Faktenorientierung zu erlangen. Beim Selbstmanagement- und Lernprozess sind diese **sechs wichtigen Lernprinzipien** zu berücksichtigen:

- Lernen durch Vorbild und Modell;
- Lernen durch Selbsttun („learning by doing“, *John Dewy*);
- Lernen durch bzw. aus selbsterfahrenem Mangel;
- Lernen durch Wiederholung;
- Lernen durch Lob und Akzeptanz;
- Lernen durch Aushalten, Durchhalten bei zunehmender Selbstmotivation.

5. **Sicherungs- und Transferprozess:** Er dient zur Festigung und Sicherung – auch durch immer wieder sporadisch verpflichtende Supervisionen und durch das Grundrecht (Grundpflicht) auf Wei-

terbildung. Das menschliche Leben, wenn es bereichernd, interessant, kurzweilig sein sollte und Gesundheit als Weg bedeutet, setzt voraus,

- dass ich gerne heute eigenverantwortlich, tatsachenbewusst, risikofreudig das höchste göttliche Gut „Leben resp. Lebenszeit" annehme und
- Leben als „Geschenk Gottes" sowie als Lern-, Problemlösungs-, Entwicklungs-, Veränderungs- und Konsensprozess begreife.

In meinem Lebensstrom mache ich mich selbst zum Regisseur, zum Kapitän unter Einhaltung der rationalen Erkenntnisse der Weltforschung, der Weltethik und nicht mehr zum hilflosen, manipulierbaren Treibholz in meinem Lebensstrom. Außerdem möchte ich mich gesellig, wirklich wertvoll auch für die Gemeinschaft „machen", nach dem Sowohl-als-auch-Prinzip des rationalen Denkens und Handelns – aber auch integrativ wegen der Bipolarität (vgl. Abb. 20 im Anhang) des Menschseins, der Natur und des Kosmos überhaupt.

Es ist klar, dass diese fünf synchron ablaufenden Prozesse einer Entwicklung zum Kulturwesen Menschen zeitlebens Anstrengungen und Herausforderungen unterliegen. Der Charakter eines Menschen ist ebenso dynamisch (veränderbar, fließend) wie Kondition, Intelligenz (mit ihren intelligiblen Funktionen) oder Bildung, Persönlichkeit, Gesundheit, Erziehung. Wir wissen, dass ein Mensch nach einer überlebten Katastrophe (z.B. Folter oder Vergewaltigung) zeitlebens charakterlich geändert ist und bleibt aufgrund massiver negativer Engrammierungen* in kürzester Zeit bei völligem Ausgeliefert-sein und ohne jeglichen Schutz der Menschenwürde. Diese Persönlichkeitsänderung, die zu einer „posttraumatischen Belastungsstörung" (posttraumatic stress disorder, PTSD) führt, wie in der ICD-10 (a.a.O. S. 157f)[107] beschrieben, ist ein Beispiel für eine radikale inhumane Wesensänderung eines Menschen. Eine ethisch-anthropologisch und verhaltensmedizinisch-psychotherapeutisch erwünschte Einstellungs- und Verhaltensänderung ist bei (hirngesunden) Menschen deshalb ebenfalls grundsätzlich möglich, aber nicht in Kürze und mit signifikant anderen Methoden; mit Methoden, die die Menschenwürde, seine

Einmaligkeit, Gleichwertigkeit und seine Selbstentfaltung achten bzw. beachten und somit auch die Menschenrechte mit weltethischen Standards.

Geänderte Ausbildung für Mediatoren: Ärzte, Psychotherapeuten, Lehrer, Erzieher, Seelsorger, Politiker und Eltern

Pädagogik beinhaltet außer der entsprechenden Praxis vor allem die Theorie, Lehre und Wissenschaft von Bildung und Erziehung. Ein Teilgebiet der Psychologie ist die pädagogische Psychologie mit dem Schwerpunkt, sich mit den Problemen des Lehrens und Lernens, mit Erziehungs- und Unterrichtssituationen, und den damit zusammenhängenden psycho-sozialen Fragen, zu beschäftigen. Pädagogische Psychologie wird im angloamerikanischen Sprachraum mit „educational psychology“ (Erziehungspsychologie) bezeichnet; womit der Arbeitsschwerpunkt deutlich wird: **Die Kunst der Erziehung** (the art of education)! Damit wir zur **Kunst der Selbsterziehung** (the art of self-education not ego-education) kommen, brauchen wir ein anderes Erziehungs- und Bildungssystem mit signifikant geänderten Erziehungs- und Lernprogrammen sowie geänderten Bildungsinhalten: Curricula (Stoffpläne) für diese Hauptfächer sind noch zu schreiben zur

- Theorie und Praxis der Selbsterziehung;
- Theorie und Praxis der Verhaltensmedizin;
- Theorie und Praxis der Integrativen Kognitiven Psychotherapie und Integrativen Kognitiven Selbstbehandlung: Kunst der Erziehung und Kognitive Umstrukturierungen im Sinne einer Umerziehung (*reeducation*);
- Theorie und Praxis der weltethischen Standards;
- Theorie und Praxis der Fremderziehung sowie der Beziehungs- und Gruppenfähigkeit.
  Der übrige Fächerkanon ist an diesen fünf durchgängigen Hauptfächern auszurichten.

(Bildungs-)Politiker, Wissenschaftler, Ärzte, Seelsorger der verschiedenen Kirchen (nicht nur der christlichen oder islamischen),

Psychotherapeuten, aber auch Lehrer, Erzieher und Eltern sind mit diesen fünf Hauptfächern unterschiedlich intensiv auszubilden, zum Nutzen und Segen des Individiuums, der Menschheit, der Natur und der Welt überhaupt. Die nachgeordneten Fächer wie Kulturtechniken (Lesen, Schreiben, Rechnen), Fremdsprachen, natur- und geisteswissenschaftliche Fächer sind leicht zu lernen, zu begreifen und anzuwenden, wenn ein Mensch sich primär selbst erziehen vermag. Der Weg ist das Ziel (*Konfuzius* 551–479 v. Chr.), und er ist täglich neu zu begehen mit dem ersten Schritt. Dabei hat der Mensch mindestens dreierlei Wege, klug zu handeln:

- durch Nachdenken, das ist der edelste;
- durch Nachahmen, das ist der leichteste;
- durch Erfahrung, das ist der bitterste (*Konfuzius*).

Konkret bedeutet der erste Schritt, dass ein Problembewusstsein für die vorrangige Notwendigkeit einer Weltethik bei den „Verantwortlichen“ (Regierenden und Kapitalbesitzenden) einsetzt und sie bereit sind, bevor es auch für sie zu spät ist, den derzeit vorhandenen wenigen Experten (Verhaltensmedizinern, Psychotherapeuten, Ethikern, biopsychosozial denkenden und handelnden Wissenschaftlern) auf der Erde zu ermöglichen, sich und die jeweilige Bevölkerung an diesen weltweiten Innovationen teilnehmen zu lassen. Die Verantwortung hat für dieses Weltprojekt von den Regierenden auf einen gewählten internationalen Ethik-Rat überzugehen, der bei der UNO angesiedelt sein sollte und der auch für die Umsetzung, Auswertung der weltethischen Standards dann verantwortlich ist sowie für die Kontrolle und notwendigen Sanktionen (bioethische Standards, gekoppelt mit internationalen rechtethischen Standards). Ein internationales Weltgericht (die USA und China lehnen derzeit noch so ein Gericht ab) hätte dann die Sanktionen auszusprechen und kontrollieren zu lassen!

Außerdem hat eine Transparenz in der Forschung zu bestehen, die über das Internet sich herstellen ließe, und natürlich auch eine Kontrolle der in der Umsetzung beteiligten Personen mit ihren unterschiedlichen Funktionen, z. B. Bundes- und Landespolitikern, Wissenschaftlern, Seelsorgern, (Hochschul)-Lehrern, Dozenten, Erziehern, Ärzten, Juristen, etc. Die Kontrollergebnisse sind ebenfalls mittels Internet weltweit zu verbreiten (z. B. Prüfberichte, vernünftiges Management; Fehlerbeseitigung bzw. Erkennen und Minimierung der Systemfehler). Die Arbeit in einem Weltethik-Rat sollte auf fünf Jahre begrenzt sein; eine einmalige Wiederwahl ist möglich. Analog wäre mit den Richtern zu verfahren, die in das Internationale Weltgericht zu wählen sind. Die Juristen haben auch die 30 verfassten weltethischen Leitlinien (Kap. V) in internationale Gesetze zu formulieren.

Zusammenfassung und Kommentar zu den Innovationen in Erziehung (Selbst- und Fremderziehung) und Pädagogik

Umweltbedingte Erkrankungen nehmen ebenso zu (vgl. EDS: Environmental Disbalance Syndrom) wie Allergien, Fibromyalgiesyndrom oder Burn out- und Chronisches Müdigkeitssyndrom (CFS), chronische Schmerzen, aber auch Krebs, Depressionen, Angststörungen wie auch kriminelles Verhalten (Delinquenz), Suchtverhalten (Ich-, Verhaltens- und Stoffsüchte) oder Persönlichkeits- und Beziehungsstörungen. Derzeit ist kein Ende der „Todsünden der zivilisierten Menschheit" (*Konrad Lorenz*, Nobelpreisträger für Medizin und Physiologie, 1973)[80] abzusehen. Lorenz bezifferte diese **Todsünden auf acht Dauerfehler** und meint damit acht Vorgänge, Struktureigenschaften und Funktionsstörungen lebender Systeme:

1. Überbevölkerung;
2. Verwüstung des Lebensraumes;
3. der Weltlauf mit sich selbst;
4. Wärmetod des Gefühls;
5. genetischer Verfall;
6. Abreißen der Tradition;
7. Indoktrinierbarkeit;
8. die Kernwaffen.

Diese acht von einander unterscheidbaren, wenn auch in engem ursächlichen Zusammenhang miteinander stehenden Vorgänge bedrohen nicht nur unsere heutige Kultur, sondern die Menschheit als Spezies mit dem Untergang. Diese acht Vorgänge beinhalten konkret:

➢ **Die Überbevölkerung der Erde** mit einerseits unmenschlichem Sich-Abschirmen-Müssen und andererseits immer mehr mit Zusammenpferchungen wirkt aggressionsauslösend und bedingt Völkerwanderungen (Arme zu Reichen).

➢ **Die Verwüstung des natürlichen Lebensraumes** unter Missachtung der Ehrfurcht vor der Schönheit und Größe des Lebens, der Natur, einer über uns stehenden „Schöpfung" wegen Geld- und Machtgier.

➢ **Der Wettlauf des Menschen mit sich selbst**, mit der „heiligen Kuh" der Entwicklung der Technik und Elektronik, die unser Verderben rascher vorantreibt und blind macht für wahre Werte wie Menschenwürde, Freiheit, Gerechtigkeit, Gleichheit, Einigkeit, Solidarität, Demut gegenüber Gott (Geistenergie, prima causa), Leben und Natur.

➢ **Der Schwund der starken, echten (rational vermittelten) Gefühle** und „Affekte" durch Verweichlichung, Fortschreiten von Technologie, Pharmakologie fördert eine zunehmende Intoleranz gegen alles im geringsten Unlust Erregende. Psychotherapeutisch formuliert, fördern diese Vorgänge eine zunehmende Egomanie, einen Ich-Wahn (Gegenteil von rationaler Entwicklung eines SELBST als Voraussetzung für einen rationalen Umgang mit gleichwertigen, gleichberechtigten Menschen, vgl. auch rationales Kollektiv). Es kommt zu einer Selbstgefälligkeit, Arroganz und einer Persönlichkeitsdummheit, die sich hauptsächlich in nahezu fehlender Konflikt- und Frustrationstoleranz und in einer narzisstisch-histrionischen Persönlichkeitsstörung (bei fehlender Einsichts- und Kritikfähigkeit) ausweist. Hierzu ließen sich zahlreiche aktuelle Beispiele aus Wirtschaft, Kirche und Politik nennen. „Der naturgewollte Wogengang der Kontraste von Leid und Freud", Hoffnung und Verzweiflung, Aktivität und Passivität, Angst und Mut (Bipolaritätslehre; vgl. Abb. 20 im Anhang)* verebbt in unmerklichen Oszillationen (Schwingungen) namenloser Langeweile (a.a.O., S. 107)[80]. Das überwiegend Sich-ausgeglichen-Machen im breiten ethisch-anthropologischen, verhaltensmedizinisch-orientierten Lebensraum beinhaltet auch diese zitierte Aussage von Lorenz, weil in dieser ethischen Mitte

a) keine zwei Menschen eine gleichartige Stabilität mit ihrer Schwingungsbreite, Schwingungsfrequenz und -qualität leben können und
b) jeder Mensch auch täglich mehrfach, kurzfristig aus dieser ethisch-normativen Mitte herauskommen kann, obwohl er rational denkt und handelt, z. B. Freude, Lust, Glücksgefühle, aber auch Angst, Enttäuschungen, Ärger auf der anderen Seite (es gibt objektiv keinen Perfektionismus).

➢ **Der genetische Verfall:** Es gibt außer den Rechtsnormen derzeit nur Empfehlungen, Verhaltensregeln, Gebote etc., also keine Faktoren, die einen Selektionsdruck auf die Entwicklung und Aufrechterhaltung sozialer Verhaltensnormen ausüben, wiewohl diese mit dem Anwachsen der Sozietät immer nötiger werden und deshalb weltethische Standards kombiniert mit internationalen rechtsethischen Standards zwingend erforderlich sind.

➢ **Das Abreißen der Tradition:** Der jüngeren Generation gelingt es immer weniger, sich mit den älteren kulturellen Werten und Normen zu verständigen oder gar zu identifizieren. Sie behandeln sie daher wie „fremden ethnischen Gruppen" zugehörend und begegnen ihnen mit „nationalem Hass", Radikalismus und/oder Gleichgültigkeit.

➢ **Die Zunahme der Indoktrinierbarkeit**, also massive sozialpsychologische Mittel nutzende Beeinflussung im Hinblick auf die Bildung einer bestimmten Meinung oder Einstellung, ist damit gemeint. „Schon heute wird ein Individium, das sich der Wirkung der Massenmedien, z. B. des Fernsehens, bewusst entzieht, als pathologisch (krank) betrachtet".

➢ **Die Aufrüstung der Menschheit mit Kernwaffen** beschwört die Gefahren für die Menschheit, die leichter zu vermeiden sind als die davor besprochenen „Vorgänge der Dehumanisierung". Sie leistet der „pseudodemokratischen Doktrin Vorschub", dass soziales und moralisches Verhalten des Menschen nicht auch durch die „stammesgeschichtlich evalierte Organisation seines Nervensystems und seiner Sinnesorgane bestimmt, sondern ausschließlich durch Konditionierungen beeinflusst wird ..."(a.a.O. S. 108f)[80].

Diese acht Vorgänge habe ich ergänzt und modifiziert, damit auch der psychotherapeutische Aspekt deutlich wird. Betrachten wir diese „acht Todsünden der Menschheit" (1973), so können wir 30 Jahre später, im Jahr 2003, feststellen, dass sich kaum etwas positiv verändert hat, trotz vieler Umwelt-, Öko-, Währungs- und Wirtschafts-Weltgipfel. Gruppenegoismus, Persönlichkeitsdummheit, Profit- und Machtgier, Rechthaberei, Arroganz, Fanatismus sind die wesentlich behindernden Faktoren für eine Umsetzung resp. für ein einsichtiges Lernen aus diesen „8 Todsünden".

Eine Weltethik mit Verpflichtungscharakter und internationalen Sanktionen ist ebenso überfällig wie neue Systeme der Erziehung, Bildung, Psycho- und Soziotherapie und Medizin (biopsychosoziale Ganzheits-Medizin oder Verhaltensmedizin).

Ein neues System einer rationalen Erziehung und Bildung (exemplarisch).

Es gibt eine Fülle von gesicherten verhaltensmedizinischen Fakten, Erkenntnissen (bei ständigem Forschungseifer), die wir uns nutzbar machen sollten. Wir wissen heute, dass Erlebnisse, Erfahrungen eines Menschen die Nervensysteme mit den Nervenverschaltungen beeinflussen. Moderne bildgebende Verfahren zeigen, dass strukturelle und/oder funktionelle Veränderungen im Gehirn in vielen Fällen durch soziale Erfahrungen zustande kommen und nicht durch Gene*. Im Röntgen-CT (Computertomographie seit 1972) lassen sich die Aktivitäten bestimmter Hirnregionen oder die Verteilung spezieller Rezeptoren* darstellen; noch eindeutiger und deutlicher seit es die **PET** und **SPECT-Verfahren** gibt (Positronen-Emissions-Tomographie und Single-Photon-Emissions-Computer-Tomographie)*.

Bei Menschen, die unter Depressionen, Zwangsstörungen, Angsterkrankungen, Schizophrenie oder Stoffsüchten (Erkrankungen) leiden, zeigten diese Verfahren charakteristische Veränderungen im Gehirn. Früher führten die Genforscher diese neurobiologischen Veränderungen auf Gendefekte zurück. Inzwischen hat sich herausgestellt, dass beobachtete Änderungen im Gehirn sowohl Produkte erblicher „Fehlprogrammierung“ als auch Ergebnisse von Erfahrungen sein können, konstatierte *Gerald Huether* (Klinik für Psychiatrie der Universität Göttingen) in einer Tageszeitung „Wissenschaft“ in der BNN vom 24.07.2000. Der Neurophysiologe und Nobelpreisträger der Medizin hat die Rolle der Gene auf die Rolle der Umwelteinflüsse (enviromental factors) im gleichen Artikel so auf den Punkt gebracht: „Die Gene, die die Entwicklung des Embryos steuern, formen die Struktur des kindlichen Gehirns. Die Erfahrung des Kindes in der Welt ‘feinsteuert’ dann das Muster der Nervenzellverschaltungen, die den Gehirnfunktionen zu Grunde liegen. Eine solche Feinsteuerung ‘muss’ sich sicher durch das Erwachsenenalter fortsetzen“.

Wir haben es auch mit diesen neuen verhaltensmedizinischen Erkenntnissen mit einem rationalen „Sowohl-als-auch-Ansatz“ der Psychotherapie (IKV) zu tun und mit dem Postulat der Ethik, dass Leben Fließen heißt; also zeitlebens lernen (umlernen, neu lernen) zu können. Solche Messungen mit PET* und SPECT* haben Beweisstudien geliefert: Psycho-soziale belastende Erfahrungen wirken sich negativ auf die Feinstrukturen im Gehirn aus, während nach Integrativ-Kognitiven Verhaltenstherapien die veränderten Aktionsmuster im Gehirn beim Patienten wieder normalisiert waren (s. Huether, 24.07.2000). Die Wirkung psychosozialer Erfahrungen auf neuronale Verschaltmuster lassen sich heute messen, belegen, beweisen, vgl. auch Analogie-Studien zu Stress-Reaktions-Prozessen, aber auch „Konzepte“ zur Lösung von Problemen lassen sich durch Messungen beweisen.

Huether meint ferner (ebda, 24.07.2000), dass noch in der Medizin und Humanforschung überhaupt grundsätzlich unterschätzt wird, wie gelernte, erworbene, bestimmte Ideen, Einstellungen, Glaubensvorstellungen (also: Kognitionen; Anm. d. Autors) sich neuronal positiv oder negativ auswirken können. Die Entschlüsselung des Genoms* ist eine Sache, die Postgenom-Ära hat erst ab 2000 begonnen. Es wird hier weltweit geforscht (in Deutschland z. B. an der Universität Magdeburg im Auftrag des Bundesforschungsministeriums Berlin), wie Proteine funktionieren, um Dysfunktionen zu erkennen, um irreversible (unheilbare) Erkrankungen irgendwann einmnal heilen zu können. Es gilt, die Proteine zu identifizieren und die Aufgabe eines Proteins zu kennen – eine Arbeit, die ungleich komplexer und schwieriger ist als die Fleißarbeit der Entschlüsselung des Genoms eines Menschen (ca. 30.000 Gene). Wir wissen, dass die Hirnforschung noch ganz am Anfang steht. Ich möchte ein paar Zahlen, um die Komplexität und Schwierigkeit bewusst zu machen, hier nennen:

- 10^{3000} (geschätzte Potenzzahl) unterschiedlicher Aktivitätsmuster kann das menschliche Gehirn durch An- und Abschalten der zahlreichen Kontakte zwischen den Nervenzellen (Neuronen) bilden;
- Die Zahl möglicher Synapsenschaltungen in unserem Kopf ist quasi unendlich oder hyperastronomisch. Das gesamte Universum enthält lediglich 10^{80} Protonen;
- Beim menschlichen Gehirn sind bei einem Vorgang, z. B. einer Erinnerung, 10^{8} (100 Millionen) Neuronen beteiligt. Unser Denkorgan ist so anpassungsfähig an die Umwelt, dass der Vergleich mit einem Computer falsch ist. Ein Computer kann nicht lernen, hat keine Intelligenz; seine Verdrahtung im Gerät bleibt konstant, seine Software ist vorgegeben-standardisiert (vgl. GEO, H. 2001, S. 180).

Da wir eine Weltethik zum Überleben brauchen, möchte ich hier zusammenfassend zum Thema „Ethik in Pädagogik und Erziehung“ formulieren:

- Die Kunst der Selbsterziehung ist das erste Primat für eine Einstellungs- und Verhaltensänderung im Hinblick auf ein wirkliches Wegkommen von den „acht Todsünden“ (Lorenz)[80].

- Die Kunst der Selbsterziehung entwickelt gesunde, differenzierte Persönlichkeiten, die die Kunst der Fremderziehung erst zu leisten vermögen und überhaupt eine faire Sozialkompetenz und

Kommunikationsfähigkeit erwerben können, bezogen auf Partnerschaft, Familie und größere Gemeinschaften (Sozietäten).

➢ Der Weg ist das Ziel. Wir haben mit dem ersten Schritt, bezogen auf den fünfstufigen Prozessplan „Selbsterziehung und Charakterbildung eines Menschen", zu beginnen, um den zweiten Schritt parallel zu initiieren: Ein Weltforum für die dynamische Verfassung einer Weltethik, für das Umsetzen dieses Weltstandards sowie deren Kontrolle und Sanktionen bei Verstößen.

➢ Ebenfalls synchron zum letztgenannten Schritt hat eine internationale Rechtssprechung anerkannt zu werden und Rechtsbrecher sind zu verhaften, ihre Taten streng zu ahnden, damit das Internationale Gericht auch Glaubwürdigkeit und Kompetenz erlangt – jedenfalls mehr, als der Internationale Gerichtshof in Den Haag derzeit hat (USA, China, Russland lehnen noch den Internationalen Gerichtshof ab).

➢ Kleinkarrierter Förderalismus (z. B. wie in Deutschland bis heute noch kein Zentralabitur; noch keine international anerkannten akademischen Grade einheitlich anerkennen; Berufsbeamtentum noch nicht abgeschafft etc.), solche Dummheiten haben rasch der Vergangenheit anzugehören.

➢ Regionalethiken, Kirchenethiken, Berufsethiken sind einer Weltethik nicht nur nachzuordnen, sie sind auch inhaltlich nach diesen Weltstandards umzugestalten, wenn sie eine „Gemeinnützigkeit", eine Allgemeingültigkeit erhalten wollen.

➢ Es gibt eine Reihe von aktuellen audiovisuellen Medien, Bücher, Artikel – aber auch alte Standardwerke, die zur rationalen Innovationsarbeit einer Kunst der Selbsterziehung, Kunst der Erziehung im Sinne von Persönlichkeits- und Charakterbildung sowie zur Bildung eines Gemeinschaftswesens (zoon politikon, *Aristoteles*) sich heranziehen lassen:

a) Das *Albert-Ellis-Institut*[81] bringt jährlich eine Broschüre heraus mit Büchern, Audio- und Videocassetten, Postern und es veranstaltet Seminare, Studiengänge für Berater, Psychotherapeuten, Erzieher, Ärzte und Psychologen. Es veröffentlicht auch Selbsthilfe-Programme für Kinder, Eltern, Lehrer.

b) Der PAL-Verlag[82] bietet Experten, Patienten und interessierten Bürgern eine große Auswahl von praktisch anwendbarer Lebenshilfe (PAL) aus der Hand erfahrener Psychotherapeuten an, beispielsweise: „Wieder gut schlafen können" (*Karsten Feld*)[83]; „Ängste verstehen und überwinden" (*Doris Wolf*)[84]; „Laß dir nichts gefallen" (*Rolf Merkle*)[85] u.a.m.

c) Wichtige informations- und wissenschaftlich-orientierte Bücher für Experten und Nicht-Experten wie die von *Rüdiger Dahlke*[86], *Fred Huber*[5 und 87], *Hans-Christoph Steinhausen* und *Michael von Aster* (Herausgeber der „Verhaltenstherapie und Verhaltensmedizin bei Kindern und Jugendlichen", 2. überarbeitete Auflage, 1999)[88], *Thomas Gordon*, Familienkonferenz[89], *Rudolf Dreikurs* und *Vicki Soltz* Ratgeber „Kinder fordern uns heraus"[90], *Horst-Eberhard Richters* verhaltens- und psychoanalytisches Buch „Eltern, Kind und Neurose"[91] sowie „Patient Familie[92] und nicht zuletzt *Jan Rogges* aktuelle Ratgeber[93] oder *Erich Fromms* neuübersetzte Ausgabe „Die Kunst zu lieben. Weltperspektiven"[94] oder „Das große Familien Handbuch" von *G. u. G. Mühlan*, 1996[121].

Fromm (1996) hat in diesem Buch keine Anleitung zur Kunst des Liebens im üblichen Sinne geschrieben, sondern beschreibt „Komplexe Zusammenhänge zwischen dem Grad der eigenen Reife und der Fähigkeit zu lieben" (a.a.O. S. 9)[94]. Der Mensch habe aktiv seine Persönlichkeit zu entwickeln, so dass es ihm gelingt, produktiv zu werden und dass es keine Liebe zum Nächsten ohne wahre Demut, ohne Mut, Glaube und Disziplin geben kann. „In einer Kultur, in der diese Eigenschaften rar geworden sind, wird die Fähigkeit zu lieben nur selten voll entwickelt sein" (ebda, S. 9)[94]. „Eine Fähigkeit 'voll' zu entwickeln" ist objektiv nicht möglich; aber weitgehend zu entwickeln. Fromm unterscheidet in der „Kunst des Liebens" zwischen Objekten der Liebe, Nächstenliebe, mütterlicher Liebe, erotischer Liebe, Selbstliebe und Liebe zu „Gott". Auch bei Fromm lassen sich wesentliche Bezüge zur „Kunst der Selbsterziehung" herstellen. Liebe und Vorbild können weit- und tiefgehend analysiert, beschrieben und geschlussfolgert werden. Während Fromm von der Nächstenliebe ausgeht, postulieren rationale psychotherapeutische wie auch ethisch-anthropologische Ansätze als Ausgangspunkt die Entwicklung des Selbst. Würdevolle Selbstliebe ist Voraussetzung für würdevolle Nächstenliebe analog wie Selbstverantwortung Voraussetzung für Fremd- und/oder Mitverantwortung ist. In ihrem Nachwort schreibt *Ruth-Nanda Anshen* (ebda, S. 147)[94]: „Die Absicht ist, grundlegende neue Richtungen in der modernen neuen Zivilisation aufzuzeigen, die schöpferischen Kräfte zu deuten, die im Osten wie im Westen am Werke sind, und das neue Bewusstsein deutlich zu machen, das zu einem tieferen Verständnis der Wechselbeziehungen zwischen Mensch und Universum, Individuum und Gesellschaft sowie der allen Völkern gemeinsamen Werte beitragen kann. Die 'Weltperspektiven' repräsentieren die Weltgemeinschaft der Ideen in einem universalen Gespräch; wobei sie das Prinzip der Einheit der Menschheit betonen, der Beständigkeit in der Wandlung".

Ich möchte meine Ausführungen und Reflexionen zur Ethik der Erziehung und Pädagogik mit **sechs ironisch gemeinten Thesen** abschließen (vgl. *John K., Rosemond*)[95]:

These eins:	Die Kinder kommen zuerst.
These zwei:	Eine Familie ist eine Demokratie.
These drei:	Für den Haushalt sind die Eltern zuständig.
These vier:	Kinder dürfen nicht enttäuscht werden.
These fünf:	Je mehr Spielsachen die Kinder haben, desto besser.
These sechs:	Meine Kinder sitzen nicht zuviel vor dem Fernseher und/oder Computer.

Diese sechs Thesen gab ich schon Eltern in der Therapiesitzung an die Hand – ohne Kommentar – und es wurde mir spontan mitgeteilt: „Ja, genauso erziehen wir unsere Kinder!"

Es ist eine rationale Umstrukturierungsaufgabe zu begründen, weshalb diese sechs Thesen irrational sind und wie die umformulierten sechs Thesen einer rationalen Erziehung lauten.

In einer rationalen Erziehung bedarf es ruhiger, aktiver Zuwendung, Entwicklung einer Streitkultur, sich auseinandersetzen zu können, gegenseitiges Zuhören als Voraussetzung für gegenseitiges Verstehen, gemeinsam geduldige Suche nach Ursachen bei fast täglich sich ergebenden Problemen, Anstrengungsbereitschaft, und zwar von allen Beteiligten (Vater, Mutter, Kind), sowie Lob und Ermutigung (als positive Verstärker). Diese drei „Z" – Zeit für Zärtlichkeit und Zuwendung (Spiele, Gespräche, Unternehmungen) – sind auch wichtige Orientierungspunkte für eine rationale Erziehung mit Liebe und Vorbild innerhalb der Bipolarität (vgl. Abb. 20 im Anhnag) Führen (Anleiten zum Kulturwesen Mensch) und Wachsen-lassen (Kind entfalten lassen, Freiräume für Selbständigkeit und Selbstverantwortung). Der *Stern* hat (2001)[96] zwei Artikel veröffentlicht mit einem Fragebogen, entwickelt im Hamburger Universitätsklinikum, „Wie geht es meinem Kind?"[96], durch den die Eltern rasch und sicher erfahren können, ob ihr Kind Hilfe braucht. Im zweiten Artikel „Hilfe, mein Kind braucht mich" erhalten Eltern Informationen zur einer rationalen Erziehung. Besonders interessant sind die Informationen zur Erlangung eines „Elterndiploms zur Erziehung" nach einem vierteiligen Erziehungstraining („Triple P"): Positive Parenting Program, University Queensland, Australia, 1996; deutsch, 1999); was *Kurt Hahlweg* auch in Deutschland am Institut für Psychologie der TU Braunschweig veröffentlicht (a.a.O. S. 112)[97]. Der Jugendforscher und Erziehungswissenschaftler *Klaus Hurrelmann* meint: „Mindestens 50% der Eltern brauchen Elterntraining, auch Akademiker und Mittelschichtler hätten das supernötig."[97]

Als erfahrener Heil- und Sonderpädagoge, promovierter Psychologe und approbierter Psychotherapeut bin ich der Ansicht, dass es zu einem neuen *Grundrecht für Menschen* kommen sollte, nämlich zu dem Recht zu lernen, wie rationale Erziehung geht; *zu einem Recht auf Erziehungsausbildung*, aber auch zur *Pflicht auf Erziehungsausbildung* sowie *Charakterbildung*.

Ethische Reflexionen zur Seelsorge in den christlichen Kirchen und zu den großen Weltreligionen

Von Arbeit stirbt kein Mensch,
aber vom Leidig- und Müßiggang
kommen die Leute um Leib und Leben,
denn der Mensch ist zum Arbeiten
geboren wie der Vogel zum Fliegen.

Martin Luther
1483–1546

Ethische Reflexionen zum Katholiszismus und Protestantismus

Die christliche Kirche gründet sich auf der Jüngerschaft Jesu, die nicht als isolierter Heilweg einzelner, sondern als gemeinschaftsstiftend angelegt ist: Glaube und Taufe sind Beginn der Nachfolge Jesu und zugleich Beginn der „Mitgliedschaft" in der Kirche (Brockhaus, S. 6)[47]. Die Christen organisierten sich von Anfang an in Gemeinden, die zugleich zur ökumenischen (allgemeine und weltweite) Zusammengehörigkeit als Kirche verpflichtet waren. Die Verbindungen miteinander bestanden in der gemeinsamen Nutzung des Alten Testamentes (A.T.), den neutestamentlichen Schriften (N.T.) sowie im personellen Austausch und sozialer Unterstützung der Gemeinden untereinander. So kann eine Kirche als eine Gemeinschaft psychosozial und gruppendynamisch gut funktionieren: mit Ritualen und einer Geschichte, die die Rituale legitimiert. In Wirklichkeit kam es aber dann nach dieser Jüngerschaft Jesu zu Fehlentwicklungen, zu Irrwegen in der Kirche, weil die Menschen begannen, die Kirche zu institutionalisieren (Amtskirche) und mit Funktionären, die mit Privilegien sich ausstatteten resp. gerne ausstatten ließen, zu versehen vgl. Bischoftümer mit Bischöfen, Patriarchate, indoktrinäre, autoritäre Konzile und Simonie (Käuflichkeit kirchlicher Ämter bis ins frühe Mittelalter etc.). Dadurch verloren die Christen die Chance, sich einheitlich und gleichwertig nach den christlichen Geboten (Dekalog) und anderen Gelöbnissen zu entwickeln, so dass wir heute eine Fülle von sog. christlichen Splitterreligionen haben, die sich noch stark ideell und zum Teil auch noch faktisch bekriegen, vgl. die Christen der englischen Kirche gegen die römisch-katholischen Christen in Irland (im Jahre 2003 n. Chr.). Das ökumenische Bemühen, Sinnen und Trachten der christlichen Jüngerschaft Jesu und seiner Nachfolgeapostel, Kirche als Gesamtheit aller Christen zu erhalten, mit dem (reflektierenden) Glauben an „Gott“ – monotheistische* und ökumenische Exegese* fortschreitend erforderlich machend – ist so analysiert bis heute gescheitert. Durch Jesus Christus, den Reformer, „Straßenarbeiter“ (Streetworker), im Sinne eines Sozialarbeiters vor Ort, Propheten (Weissagenden), Heilenden (Psychotherapeuten) und Mittler zwischen „Gott“ (Geistenergie, Natur) und Menschen in Personalunion, haben wir ein christliches Vorbild vorgelebt bekommen; auch mit Fehlerhaftigkeit, z. B. Androhung der Verdammnis, wenn wir sündig sind und bleiben. Im Zentrum der Predigt Jesu steht die „Gottesherrschaft“ (Gottesallmacht), was exegetisch* soviel bedeutet wie „eine geistige Gemeinschaft von Menschen“, die gemeinsam dem „Willen Gottes“ gehorchen, der ihren eigenen Willen regierte (*Rudolf Bultmann*, 1958, S. 7)[98]. Konkret mit Gottesherrschaft ist gemeint, dass sie nicht in der Welt innewohnend ist, und nicht wächst als Teil der Weltgeschichte, sondern dass sie eschatologisch* (die Königsherrschaft Gottes geht über die geschichtliche Ordnung hinaus) ist. *Albert Schweitzer* behauptet deshalb auch, dass nicht nur die Predigt und das Selbstbewusstsein Jesu, sondern auch sein tägliches Leben von einer eschatologischen Erwartung bestimmt sei (a. a. O. S 9f.)[98]. Jesus lebte und wirkte aber als erster unter Gleichen (primus inter pares) und war dennoch mehr, eine mythologische Gestalt in den Augen der ersten Christen: „Sie erwarteten, dass er als Menschensohn (auf den Wolken des Himmels) wieder komme und als Weltenrichter fungiere“ (a. a. O. S. 14)[98]. Heute haben wir das mythologische Weltbild und die Vorstellung vom Ende, vom Erlöser aufgegeben und wenden uns einer Ethik der Predigt Jesu zu, unter Aufgabe auch der eschatologischen Interpretation. Wegen der faktischen göttlichen Bipolarität (endlich-unendlich, chaotisch-geordnet, leben-sterben, aber auch sterben-leben etc.; vgl. Abb. 20 im Anhang) sind wir physiologisch vernünftig versus metaphysisch von „Gott“ angelegt. Daher betrachten wir Mythologie* als faktischen Ausdruck eines bestimmten Verständnisses menschlicher Existenz. Nach Bultmann können wir heute sagen:

"Mythen geben der transzendenten* Wirklichkeit eine immanente* weltliche Objektivität. Der Mythos objektiviert das Jenseitige zum Diesseitigen" (a.a.O. S. 17)[98].

Jesus wandte sich gegen Hierarchie, gegen elitäres Denken und Handeln, gegen Machtmissbrauch der Mächtigen (Adligen, Stadthalter, Zöllner, Pharisäer etc.). Deshalb würde er auch heute a posteriori Hierarchie, Domäne der Kirchenmänner, vgl. Frauen (Weiber) haben zu schweigen in der Kirche = (mulia tacitus in ecclesia), Patriarchat, Zölibat, Unfehlbarkeit bei „Jüngern" wahrscheinlich als unchristlich ablehnen und verfolgen. Liebe deine Feinde, Verzeihe dem Fehlermachenden („Schuldiger, Sündiger"), liebe deinen Nächsten, sind bekannte immer wiederkehrende Aussagen seiner Predigt.

Durch die Fehlentwicklungen der Kirche mit ihren profit- und privilegien-orientierten Ansprüchen kam es zu Schismen* (Schisma = Abspaltung), Religionskriegen und zur Reformationszeit:

- Trennung der orthodoxen Katholiken von den abendländischen Katholiken (1054).
- Nach dem morgenländischen Schisma im Gefolge der Reformation (1525) zur Trennung in evangelische und römisch-katholische Christen; eingeleitet durch Martin Luther, (1483–1546), Reformator und Theologe, der weltweit durch die Bibelübersetzung ins Deutsche und seine 95 Thesen, die er an der Schlosskirche zu Wittenberg an die Kirchentür heftete, bekannt wurde. Luther hat nicht nur die Reformation theoretisch und geschichtlich vollzogen, sondern auch persönlich, indem er (1525) eine Nonne heiratete und eine Familie mit sechs Kindern gründete.
- Loslösung der Kirche von England von der römisch-katholischen Kirche (1535).
- (1869–1870) nach dem 1. Vatikanischen Konzil in Rom trennten sich die altkatholischen Christen von den römisch-katholischen Christen.
- Auch heute noch im 21. Jahrhundert nach Christus gibt es, trotz Ökumenismus* der römisch-katholischen Kirche (seit dem 2. Vatikanischen Konzil, 11.12.1962), immer noch mehr Gegeneinander als christlich-humanes Miteinander unter den Christen und ihren Amtskirchen resp. auch ihren Religionen.

Es ist christlich, ethisch und rational, die Verhaltensregeln der Christen (Dekalog und andere ökumenisch-exegetisch gesicherten christlichen Botschaften) nicht nur zu predigen und/oder zu missionieren, sondern zu leben, vorzuleben. Wer Liebe predigt, lernt v.a. predigen, aber nicht lieben und kann auch nicht ein christliches Vorbild im Sinne von Jesus Christus abgeben. Die römischen Katholiken setzen weiterhin auf solche unethischen, irrationalen, nichtchristlichen Dimensionen wie „Geistleitung", „Unfehlbarkeit des Oberhirten, Papst", „in kirchlichen Dingen" und (fast) auch am liebsten in weltlichen Dingen (Unfehlbarkeit), „Heilsnotwendigkeitsanspruch", in dem elitär verstandenen Sinne, Diskriminierung der Frau und Christin (z.B. auch durch den Irrsinn einer „unbefleckten Empfängnis von Maria") und der Tatsache, dass Frauen nicht gleichwertige Kirchenfunktionen wie Männer haben dürfen. Das wird mit den schwachsinnigen Argumenten begründet: Jesus habe auch nur Männer als Jünger gehabt und/oder mit der Unreinheit (Periode) der Frau.

Heute ist unter ökumenischen Bibelforschern und christlich-theologischen Wissenschaftlern unumstritten, dass Jesus keine Kirche gründen wollte (Institution mit hierarchisierten, privilegierten „Würdenträgern"), weil er sich als Reformer des „ganzen" Israels sah und deshalb auch zwölf Apostel (Gesandte) hatte in Analogie zu den zwölf Stämmen Israels (a.a.O. S. 6)[47]. Kirche ist also erst nach dem Tode Jesu entstanden ebenso wie die kirchlichen Ämter. Diese Öffnung der Christengemeinde zur Kirche – auch für sogenannte Heiden – wird in der Apostelgeschichte (10) mit einer Geistoffenbahrung an Petrus legitimiert.

Gemäß dem Christenbekenntnis war nur Jesus der Vermittler („Priester") zwischen „Gott" und den Menschen. Auch der Kreis der Apostel kann nicht als früheste Amtsstruktur angesehen werden. Während der Zeit Jesu und danach in der Gründungsphase der Christen entwickelten sich bald bestimmte für das Gemeindeleben notwendige Ehrenämter (1. Kor. 12, 28–20), vgl. Apostel als Missionare, Lehrer, „Propheten" sowie Männer und Frauen, die ebenfalls freiwillig Hilfs- und Verwaltungsdienste machten. Das war noch gelebtes Christentum, von dem wir uns meilenweit entfernt haben und trotz Bemühen (Ökumenischer Rat) noch weiterhin entfernen:

- Nach wie vor gelten die römisch-katholischen Prinzipien wie „Opfer des Verstandes“ (sacrificium intellectus): der von katholisch Gläubigen verlangte Verzicht auf eigene Meinungsbildung in Glaubensdingen; was einer Entmündigung des Menschen gleichkommt (Laien) und Tür und Tor öffnet für egoistische, egomanische Manipulationen der regierenden Klasse (Kleriker) oder Sakrilege aufrechterhalten wie ungebührliche Behandlung von Gegenständen und Personen, die einen hohen Wert (besitzen) oder Verehrung genießen.
- Dem permanenten Unterfangen und Bestreben Macht, Einfluss auf den Staat und die Gesellschaft auszudehnen (vgl. Klerikalismus)*, anstelle innerhalb der Kirche überfällige christliche, humane, ethische Ordnung herzustellen und Innovationen einzuführen sowie aus den vielen Fehlern ihrer rund 2.000-jährigen Geschichte zu lernen. Gott hat die Menschen gleich und gleichberechtigt geschaffen; Jesus hat als Beispiel von Liebe und Vorbild christlich gewirkt; die sog. christlichen Amtskirchen haben sich selbstgefällig von dieser Ausgangslage weit entfernt. Kirchenkritiker, die konstruktiv kritisch die Wahrheit über Fehler der römisch-katholischen Kirche aufweisen, werden vom Oberhirten (Papst) aus der Kirche verstoßen, in der Reformationszeit noch geächtet (für vogelfrei erklärt; also frei zum Töten).

Ich möchte einige dieser Kirchenkritiker hier erwähnen und exemplarisch auch die Mängel und Fehler nennen, auf die sie hinweisen. Mit dem Satz des Papstes 2000: Mea culpa (ich nehme die Schuld der römisch-katholischen Kirche auf mich) ist weder eine Fehleranalyse durchgeführt noch sind die Lernziele formuliert, die der „Klerus“ prozessual angehen möchte. Es fehlen nach wie vor Innovationsansätze und -vorhaben.

Solche brillianten Kirchenkritiker der römisch-katholischen Kirche (die alle auch aus dieser Kirche ausgestoßen wurden und sich dennoch weiterhin als praktizierende Christen begreifen) sind beispielweise:

1. Der Jurist, Philosoph und Theologe *Karlheinz Deschner*: In Kirche und Faschismus (1993)[99] beschreibt er die Rolle des Vatikans im Spanischen Bürgerkrieg. Darin geht es um die Verfilzung des

hohen Klerus mit Adel und Großindustrie (a.a.O. S. 25)[99] bei großer Gleichgültigkeit gegenüber dem Elend des Volkes, was sich auch in dem geflügelten Wort äußert: „El dinero es muy catolico" (Das Geld ist sehr katholisch). Deschner beschreibt in diesem Buch ferner die Rolle des Vatikans im italienischen Faschismus, im Nationalsozialismus und an der Kroatengrenze (Versuch einer Katholisierung des Balkans). Diese traurigen Rollen kommen nach seinen Recherchen kriminellen Handlungen im Namen der römisch-katholischen Kirche gleich.

2. Deschner hat in einem weiteren kristischen Buch „Opus Diaboli"(1994)[100] (Werk des Teufels) fünfzehn unversöhnliche Essays* (Abhandlungen, die wissenschaftliche Fragen in knapper und anspruchsvoller Form behandeln) über die Arbeit im Weinberg des Herrn geschrieben:

- Im Essay „Man nennt es Heilsgeschichte" beschreibt Deschner ausführlich die mittelalterlichen Kriege der Kirche, ihre Vernichtung des Heidentums, die Jagd nach „Ketzer, Hexen, Juden" und vergleicht den Pomp der Päpste durch das Schröpfen der eigenen Gläubigen und die Kirchensteuer (in Deutschland) mit der Zeit der „christlichen" Sklaven und Bauern bishin zum Industrieproletariat des 19. Jahrhunderts.
- Im Essay „Weide meine Lämmer" zeigt er die Ausreden der Moraltheologen, das Kriegsgeschrei des Klerus im Ersten Weltkrieg (1914–1918) und Zweiten Weltkrieg (1939–1945) sowie in der Zeit nach 1945 auf.
- Im Essay „Sexualität und Christentum" bietet er einen Exkurs von Jesus und Paulus bis zur Gegenwart: Über die Exzesse der Mönche und Nonnen in der Christus- und Marienminne, das Zölibat und seine Folgen, die Diffamierung der Frau durch fast zwei Jahrtausende, die Verunglimpfung der Ehe, den kirchlichen Kampf gegen die Abtreibung, die „Sexualsünde" und ihre klerikale Gängelung, die Doppelbödigkeit der modernen Moraltheologen, den Sexualpessimismus der jüngsten Päpste. Noch im 20. Jahrhundert feiern römisch-katholische Theologen „Keuschheit" (was es objektiv nicht gibt; da Menschen von „Gott" bipolar geschaffen sind und weder nur keusch noch nur

unkeusch sein können) als „Heroismus“ oder „Heiligkeit“. Das Sexuelle ist sündhaft, das (pathologisch) Keusche ist heilig, kritisiert Deschner (ebda, S. 87)[100].

- Im Essay: „Ecrassez l'infume“ (Zermalmt die Schändlichen) schreibt er über die Notwendigkeit aus rationalen Gründen als Mensch und Christ aus der Kirche (Amtskirche) auszutreten.

3. Ein weiterer namhafter Kirchenkritiker ist der katholische Theologieprofessor *Horst Herrmann*, dem ebenfalls die kirchliche Lehrerlaubnis entzogen wurde (der erste Fall in der Bundesrepublik). Horst Herrmann hat bisher 31 Bücher veröffentlicht, die in mehrere Sprachen übersetzt wurden. In seinem Buch „Sex und Folter in der Kirche. 2000 Jahre Folter im Namen Gottes“ (1994)[101] beschreibt er die Foltermethoden der katholischen Kirche (Katholizismus) und stellt sie und ihre „Würdenträger“ als Kriminelle an den Pranger. Es seien keine Fehlleistungen einzelner Sadisten in der Kirche, sondern Konsequenzen einer Theorie, einer von „Jüngern“ sorgfältig zurecht geschnittenen irrationalen Gottestheorie.

Nach dem Zweiten Weltkrieg und dem Bekanntwerden der Schuld der „christlichen“ Kirchen glaubten viele, das Ende dieser Religionen sei gekommen. Es entwickelten sich Rationalismus, Sozialismus, aber auch der spirituelle Markt, der Zulauf zu den Sekten. Die Kirchen als Großorganisationen sind geschockt. Sie haben an Glaubwürdigkeit schweren Schaden genommen, ihre inhumane Geschichte ist entlarvt. „Es wirkt nur noch komisch, wenn Kirchenvertreter, denen in letzter Zeit die Menschen in Scharen davonlaufen, vom neuen Aufbruch des Glaubens in den Seelen sprechen“. „Der christliche Glaube verlangt nicht weniger, sondern mehr irrationalen Glauben als manche „Sekte“ einzufordern wagt“ (a.a.O. S. 13)[101]. Herrmann hat eine Bitte an die Christen und Nichtchristen – er wartet auf die Widerlegungen dieser Tatsachen:

- Es waren (fast) ausschließlich getaufte und noch bekennende Christen, die in Europa jahrhundertelang folterten.
- Es waren Bischöfe und Päpste, die die passende Ideologie ausarbeiteten, die Menschenfolter legitimierten und ihre Gläubigen zum Gebrauch widerwärtiger Werkzeuge aufboten!
- Es sind noch heute unzählige Christen zu finden, welche die ihnen als böse Gegner bezeichnenden Mitmenschen foltern!

- Es sind fast ausnahmslos die Oberhirten der katholischen Kirchen, die zur menschenverachtenden Vergangenheit ihrer Religion schweigen!
- Es gibt offizielle Repräsentanten der Christen, die noch immer nicht ihr Versagen gegenüber der aktuellen Folterpraxen in ihren Ländern zu erklären bereit sind (a.a.O. S. 296f)[101].

4. Der katholische Theologe und Ethikprofessor *Peter de Rosa*, der sein Priesteramt 1970 aufgab, heiratete und mit seiner Frau und seinen zwei Söhnen heute in Irland lebt, schrieb drei Standardwerke, die sich konstruktiv kritisch mit dem Vatikan und der katholischen Kirche auseinander setzen: „Gottes erste Diener. Die dunklen Seite des Papstums"; „Der Jesus-Mythos. Über die Kirche des christlichen Glaubens" und „Der Vatikan – von Gott verlassen? Kirche, Sex und Tod" (eine Übersetzung aus dem Englischen, 1993)[102]. Im letztgenannten Buch widmete er einen großen Teil dem priesterlichen Zölibat, das er als unchristlich ablehnt. Er schrieb darin auch Abhandlungen über „Ethik und Abtreibung" (a.a.O. S. 235–252) und eine Ethik zur Sterbehilfe (S. 285–301)[102]. Er bekennt sich zum Recht auf Freitod bei bestimmten unhaltbaren Umständen (S. 295f) und zu einem Recht auf Abtreibung, wenn die Frau vergewaltigt schwanger wurde und/oder wenn das Leben der schwangeren Frau auf dem Spiele steht. Bis zu Pius IX (1869) galt die Tötung der Leibesfrucht nicht als „Sünde": Es sei moralisch richtig, einen Fötus, der das Leben einer Frau gefährdet, zu entfernen. Das Leben der Mutter hat größeren ethischen Wert als der des Fötus. Noch (1713) verbot die Inquisition (Untersuchung und Verfolgung der röm.-kath. Kirche während der Gegenreformation) die Taufe von Föten, solange sie keine menschliche Gestalt hatten und beseelt waren (ebda S. 237)[102]. Papst Pius IX schaffte 1869 die Unterscheidung zwischen geformten und ungeformten Föten ab, so dass jede Abtreibung als Mord galt und kirchlich mit der Exkommunikation (Kirchenbann) bestraft wurde. Bis heute hat sich an dieser Einstellung der katholischen Kirche nichts geändert. Der Vatikan zeigt sich aber inkonsequent: Wenn vom Augenblick der Empfängnis an ein Mensch beseelt existiert, dann hätte die Kirche auch den abgegangenen Embryo zu taufen und kirchlich zu beerdigen, was aber nicht der Fall ist. Diese irrationale Ansicht

vertritt auch die katholische Kirche bei einer Vergewaltigung mit Schwangerschaft als Folge: Der Akt war schändlich, aber die Frucht ist heilig. Diese Einstellung hat nichts mehr mit der Achtung vor dem Leben zu tun, sondern eher mit Missachtung des Lebens dieser Frauen. Da die katholische Kirche auch Verhütungsmittel verbietet und als „Sünde" betrachtet, kommen Millionen von Katholiken in ein Dilemma: Sie verhüten täglich millionenfach und wollen dennoch katholische „Christen" bleiben! Nach Auskunft des lateinamerikanischen Verbandes für Geburtenhilfe und Frauenheilkunde sind verpfuschte Abtreibungen (weil sie von der katholischen Kirche verboten sind – auch bei 12–14 Jahre alten Mädchen, die zu 50% durch Inzest oder Vergewaltigung schwanger werden) die Ursache für 43% der Krankenhausaufenthalte und die Hauptursache der Müttersterblichkeit – auch der Mütter im Kindesalter (ebda, S. 240)[102]. Die meisten katholischen Frauen und ihre Familien sind ebenso wie die internationale Rechtsprechung eingestellt, dass eine Frau, in deren Körper der Embryo ist, nicht weniger Rechte habe, besonders wenn das Leben der schwangeren Frau bedroht ist. „In schwierigen Situationen müssen wir die Ansprüche von Mutter und Fötus gegeneinander abwägen. Zwei Extreme sollte man vermeiden: Erstens ist Indifferenz gegenüber Abtreibung unchristlich und pervertiert langfristig die besten menschlichen Instinkte, zweitens macht die Aussage, der Fötus habe genau dieselben Rechte wie die Mutter, sie zur Sklavin des Fötus, der als übermenschlich behandelt wird" (a.a.O. S. 250)[102].

5. In dem Buch von *Giordano Bruno Guerri* „Ego te absolvo (Beichtstuhlprotokolle)", 1995[103], berichtet der Autor, was ein Sünder zu hören bekommt, wenn er Mord, Totschlag, Umweltvergehen, politische Korruption oder sexuelle Verfehlungen beichtet. Guerri hat in vielen Kirchen in Italien fiktive Beichten abgelegt und ablegen lassen und die Antworten der Priester zu Fragen der Ethik, Politik und Sexualität mit einem versteckten Tonband aufgezeichnet. Diese Mitschnitte im Beichtstuhl zeigen authentisch wie unreif, weltfremd, sexualitätsfeindlich und unethisch, die Aussagen dieser katholischen Priester sind. Interessanterweise wurde der Autor nicht angezeigt, weil die katholische Kirche sich selbst nicht blamieren will und sie ihre Unkenntnis in weltlichen, wissen-

schaftlichen und ethischen Erkenntnissen sonst weltweit belegt bekäme. Ein Prozess würde noch mehr Aufsehens machen, als dies das Buch schon bewirkt hat.

6. Der Theologieprofessor *Hans Küng* hat mit seinen vielen Schriften ebenfalls zahlreiche Fehler und Mängel in der katholischen Kirche belegt. In seinem Buch „Projekt Weltethos" (1992)[1] hat er aber erstmalig den Versuch unternommen, mit der Forderung nach einem alle Menschen umfassenden Ethos ein solches Projekt zu beschreiten. Dabei geht es ihm nicht mehr um die regional- oder gruppenethischen Normen und Werte wie z.B. in der katholischen oder protestantischen oder islamischen Religion oder der Ethik bestimmter Berufsgruppen wie Ärzte, Rechtsanwälte, Psychologen. Er hat versucht, internationale Leitlinien zu formulieren, die für jeden Menschen verbindlichen Charakter haben, unabhängig von der Religion, Ideologie, Rasse oder Nation; wobei er den Weltreligionen eine besondere Verantwortung zuspricht, der sie derzeit noch nicht gerecht werden.

Mit den bisherigen Ausführungen – vor allem zu der katholischen Religion – möchte ich hier abschließen und noch zum Protestantismus nach der Reformbewegung (Protestation von Speyer 19.04.1529) übergehen. Protestantismus steht für die Gesamtheit der aus der Reformation (1525) hervorgegangenen organisierten christlichen Kirchen und Gemeinden sowie für das ihnen zugrundeliegende theologische Selbstverständnis. Die Protestanten trennten sich von der römisch-katholischen Kirche wegen deren Hierarchie, lehnten den Papst als „antichristlich" (Martin Luther) ab. Neben Luther waren es noch Zwingli und Calvin, die sich mit einer neuen kirchlichen Identitätsfindung inhaltlich auseinandersetzten (vgl. Auseinandersetzung mit dem Humanismus, Abgrenzung gegenüber Schwärmertum und Täuferbewegung, Streit um das Abendmahl, das Zölibat etc.). Es entstanden Luthertum (Lutheraner) und Kalvinismus (Calvinisten) als selbständige Formen evangelischer Kirchen. Der Westfälische Friede (1648) stellte im „Heiligen Römischen Reich" die reformierten Kirchen der lutherischen Kirche gleich. Wesentlich neu in den reformierten Kirchen sind:

- Mann und Frau sind gleichberechtigt; Frauen können auch ein Priesteramt erhalten;
- Zölibat wurde abgeschafft; der Pfarrer/die Pfarrerin darf heiraten und eine Familie gründen;
- Die Berufung allein auf die Schrift – mit wissenschaftlicher Bibelkritik und historisch kritischer Exegese*;
- Betonung der Gewissensfreiheit der evangelischen Christen;
- Nichtakzeptanz der Unfehlbarkeit des Papstes und einer entsprechenden Hierarchie mit zunehmender Entscheidungsbefugnis – Priester machen wie jeder Mensch auch Fehler (verzeihen können – aus Fehlern lernen); Mitverantwortung der evangelischen Christen im Ältestenrat, Kirchenwahlen etc.;
- Innovationsansatz der reformierten Kirchen (die Kirche „muss" ständig reformiert werden);
- Konfirmation (Festigung im Charakter) erst, wenn der junge Christ Entscheidungsrecht hat (nach dem 14. Lebensjahr, vgl. heute Religionsmündigkeit im GG ab 14. Lebensjahr).

Die reformierten, evangelischen Kirchen haben vieles von ihrer Gründerzeit umgesetzt, sind aber dennoch nach dem Nationalsozialismus (1945) verharrt, und erst jetzt in den letzten zehn Jahren gibt es eine zunehmend ökumenische Aufbruchstimmung mit dem Bemühen, um Neugestaltung von Kirche und Gottesdienst. Die evangelische Kirche nimmt auch verstärkt, seit der 2. Hälfte des 20. Jahrhunderts, neue Forschungsergebnisse auf, hauptsächlich aus den Forschungsbereichen: Wissenschaftstheorie, Linguistik, empirische Humanwissenschaften wie Psychologie, Pädagogik und Soziologie.

So verfasste beispielsweise die Evangelische Landeskirche Baden neue Leitsätze (11/2000)[104] zu den pragmatischen Fragen: Was wir glauben? Wer wir sind? Was wir wollen? Die evangelische Kirche versucht auch diese jungen Menschen zu erreichen, die die alten konservativen Botschaften, die Rituale der Kirche ablehnen, und bemüht sich um Erneuerung.

Aber auch die neue evangelische Kirche glaubt im Prinzip noch das Alte, wenn auch deutlicher, klarer formuliert wird – sie sicherlich auch zugänglicher, moderner erscheint:

- Sie glaubt an diese „Tatsachen", dass Gott die Menschen liebt, ob sie glauben oder nicht;
- Gottes Wort uns in der Bibel begegnet und ihr nichts Menschliches fremd ist;
- Gott hat die Welt geschaffen (das Universum) und gesagt, was „gut" ist;
- Unser Leben ist wertvoll – nicht durch unsere Leistung, sondern weil Jesus Christus für uns gestorben ist.

Gerade auch im letzten Satz wird deutlich, dass sie sich hier von dem alten Mythischen und dem Alttestamentlichen noch nicht befreit hat und sie die modernen Forschungsinnovationen nicht erkenntnistheoretisch aufnimmt. Tatsächlich ist der Mensch nicht einseitig determiniert geschaffen, z. B. nur passiv zu sein oder nur zu leisten. Sinnvoll ist mit den „göttlichen Ressourcen" rational umzugehen; das bedeutet etwas Sinnvolles zu leisten, trägt zum Wert seiner Person und anderer Personen bei. Er ist auch wegen dieser Leistung wertvoll, und nicht nur weil Jesus Christus für uns gestorben ist (was Passivität für den Einzelnen bedeuten könnte). Das käme einem Fatalismus (Macht des Schicksals) gleich; der Mensch kann nichts dazu tun oder wirklich etwas leisten und ändern. Weltethisch betrachtet sind allgemein gültige Leitsätze so zu formulieren, dass sie nach dem rationalen Sowohl-als-auch-Prinzip verfasst sind und nicht einseitig absolutistisch. Ähnliche konstruktive Kritik ließe sich in weiteren Leitsätzen der Evangelischen Landeskirche Baden auffinden, z. B. die absolute Aussage, (nur) der „Heilige Geist" hilft uns zur Umkehr und eröffnet neue Wege. Viele Tausend Patienten haben beispielsweise ohne Heiligen Geist, sondern durch Vernunft und gesicherte biopsychosoziale Forschungsergebnisse neue Wege beschritten und sind von den selbstzerstörerischen Lebensbewältigungs-Strategien wie Mobbing, Delinquenz, Suchtverhalten, Sektentum (irrationale Heilslehren) und naivem Christenglauben abgekommen. Es trifft zu, dass zu allen Zeiten es Geheimnisse gab (und weiterhin gibt), die die menschliche Vernunft übersteigen – das gilt in besonderem Maße für die katholische und evangelische Kirchen, die sehr viel Unsinn, Kriminalität, Menschenverachtung in den letzten 2000 Jahren n. Ch. gelebt haben und teilweise noch leben (Religionskriege z. B.

Protestanten gegen Katholiken noch im Jahr 2003 in Irland oder die immer noch bestehende eingeschlichene, verbeamtete Hierarchie auch in den reformierten Kirchen). Die Kirchen werden von den „Kindern Gottes“ nicht nur daran gemessen, was sie predigen (obwohl hier auch noch viel Unsinn im Gottesdienst beider Konfessionen zu hören ist, der sich wissenschaftlich Hier und Jetzt widerlegen ließe), sondern vor allem was sie tun, wie sie handeln. Mit der Aussage der evangelischen Kirche „Wir suchen Wahrheit und erfülltes Leben. Das finden wir durch den Heiligen Geist in Jesus Christus“ und sonst nicht bewegt sich auch die evangelische Kirche auf dem Holzwege wegen ihres Absolutheitsanspruches und dem Übersehen wissenschaftlich gesicherter Wahrheiten, von dem die Christen und Priester gerne bei ihren biopsychosozialen (psychotherapeutischen und verhaltensmedizinischen) Behandlungen profitieren wollen, unabhängig ob „Laie“ oder „Kleriker“. Diese Einstellung der evangelischen Kirche ist ebenfalls unchristlich und nicht ethisch vertretbar – sie ist arrogant und selbstgefällig, also persönlichkeitsdumm: Jeder Kleriker ist Laie und jeder Laie ist Kleriker (!) – rational betrachtet – so wie jeder Inländer auch Ausländer ist sowohl in weltlichen als auch in ethisch-philosophischen (metaphysischen) Dingen.

Zusammenfassung und Kommentar zu ethischen Reflexionen zur Seelsorge in den christlichen Kirchen und zu den großen Weltreligionen

Geschichtlich hat sich bei den christlichen Religionen gezeigt, dass sie sich von der Jüngerschaft Jesu bis heute in viele Splitterreligionen aufgeteilt haben. Weder die Katholiken unter sich (griechisch-orthodoxe Katholiken, russisch- oder serbisch-orthodoxe Christen, Altkatholiken) noch die reformierten evangelischen Christen unter sich (Lutheraner, Calvinisten, Evangelisten) sind sich einig. Wie sollte es da jemals zu einem kleinsten gemeinsamen Nenner unter den großen Weltreligionen Islam, Hinduismus, Buddhismus mit dem Christentum und deren unterschiedlichen Erscheinungsweisen kommen. Eine Einheitsreligion liegt noch in weiter Ferne. Es ist auch die Frage, ob eine Einheitsreligion einen so wichtigen Faktor für eine Weltethik darstellt wie Küng (ebda, S. 67ff)[1] meint. Eine Einheitsreligion aus muslimischen, hinduistischen, christlichen und buddhistischen Elementen, die auch noch die Sonderform der jüdischen Religion integriert, die eine globalisierte menschliche Einheitsgesellschaft verwirklichen hilft, wie *A.J. Tonbee* (1993)[105] das anmahnte, wird es so nicht geben. Das ist eine wirklichkeitsferne, idealistische Wunschprojektion. Sinnvoller ist es meines Erachtens, eine weltethische Standardisierung zu erarbeiten, die es auch ermöglicht (nach dem Sowohl-als-auch-Prinzip), sowohl vorrangig weltethische Normen und Werte zu akzeptieren als auch nachgeordnet ohne Absolutheitsanspruch und ohne Fanatismus eine unterschiedliche metaphysische Interpretation der Welt auf der Glaubensebene zuzulassen. Nicht im Sinne von „Glauben heißt nicht wissen“, sondern im Sinne von sowohl

Wissen (überprüft, kontrolliert, faktisch, rational) als auch soziokulturell integrativ tolerierend glauben können (nicht messen, prüfen, beweisen können) – aufgrund der von „Gott" geschaffenen Bipolarität: wissen versus glauben (akzeptieren der Pole) – und eine standardisierte Weltethik verfassungsmäßig annehmen und verwirklichen.

Der christliche Missionar im Tschad (Afrika) *Marius Baar* (1979)[106], der unter Mohammedanern 25 Jahre gearbeitet hat, stellt sich diese alternativen Fragen:

„Ismael oder Israel – Koran oder Bibel – Mohammed oder Jesus? Baar sieht keine Konsensmöglichkeit, solange Religionen und ihre Religionsführer behaupten, sie sind das „auserwählte Volk" und alle anderen Völker, wenn sie überleben wollen, haben sich diesem auserwählten Volk anzupassen.

Der *Ayatolah Khomeini,* der im französischem Exil lebte und die Hilfe der Christen annahm, predigte: Der Endsieg wird kommen, wenn unser ganzes Land (Erde) den Islam angenommen hat. Doch darüber hinaus muss noch ein anderer Sieg errungen werden: Der internationale Sieg des Islam und die Errichtung seines Reiches über die ganze Welt" (ebda, S. 8)[106]. Baar reduziert die ganze Weltgeschichte des Glaubens auf die Auseinandersetzung zwischen dem Gott Israels, Jahwe, und seinem Gegenspieler Allah, der im Islam seine Gewalt ausübt (ebda, S. 10)[106]. Da beide sich nicht dialogbereit erweisen, sondern jeder sieht seine „höchste und letzte Offenbarung durch Allah resp. Jahwe", wird es extrem schwer sein, diese Völker von ihrem Perfektionismus und Absolutismus einsichtig zu überzeugen, doch noch einem Dialog zuzustimmen und eine Konsensmöglichkeit mitverantwortlich zu erzielen.

In der Menschheitsgeschichte hat sich bis heute gezeigt, dass der Stärkere, Mächtigere (Waffen, Kapital, Ressourcen, z. B. Öl) stets dem Schwächeren seinen Willen aufgezwungen hat. Nicht Bildung, Charakter, Wissen war und ist Macht, sondern bei den subjektiv und/oder massenpsychologisch irrational beeinflussten Menschen sind Kapital, Waffenstärke (Atommächte) und indirekt auch vorhandene Ressourcen wie Gold, Öl und zunehmend erforderliches Süßwasser sind Machtpotentiale. Solange der Islam als „einzige Lösung des Religionenkonflikts (der Weltkonflikte überhaupt) in der Unterstellung der Juden und Christen unter dem

Islam sieht" (Sure 2, 129–142) und der Koran[122] einem Dialog ablehnend gegenübersteht (ebda, S.111)[106] – analog verhält es sich mit dem Judentum – gibt es (noch) keine Möglichkeit auf Einigung oder Frieden, wie die permanenten Kämpfe zwischen Arabern (Palästinensern) und Israelis dies auch heute noch beweisen. Was sich in den christlichen Religionen in den letzten 2000 Jahren an Negativem, aber auch an Positivem abspielte – ebenso in den großen Weltreligionen des Islam, Buddhismus und Hinduismus –, ist primär ein geistiger (kognitiver) Kampf, der sich dann auf geistlicher Art (Religionen mit Gebot resp. Verbote, Ideologien, Indoktrinationen, Manipulationen, Gewalt, Macht, Kriminalität, Folter etc.) abspielt. Synchron wirkt sich darum dieser Kampf auch noch auf wirtschaftlichem, politischem und militärischem Gebiet folgerichtig aus. In allen Religionen gibt es Fundamentalisten, die die Gebote und Regeln der Volksreligion bewusst verlassen, um auf soziale, ökonomische Ungerechtigkeiten zu verweisen, die aber auch hausgemacht sind, was von Extremisten aber nicht akzeptiert wird. Im Islam ist die Selbsttötung verboten (Sure 4, 29) „... und begehe nicht Selbstmord; siehe Allah ist barmherzig gegen euch" (1999, S. 95)[122]; dennoch wird sie von den radikalen Islamisten gefordert und angewendet (vgl. Selbstmordattentate sogenannter „heiliger Krieger" noch 2002 n. Chr. oder 700 n. Moh.). Diese Selbstmordattentate werden auch zumindest von den Führern des Islams geduldet; auch wenn sie öffentlich sie ablehnen.

Liebe, Nächstenliebe, Toleranz, Würde, Lebensqualität, Verzeihung, Versöhnung sind ethische Grundwerte, die in allen Weltreligionen und ihren heiligen Schriften zu finden sind, und diese ethischen Grundwerte können die Basis auch für einen gemeinsamen Konsens der Weltreligionen darstellen.

30 universal-ethische Leitlinien einer Weltethik

Wenn das Bewusstsein schwindet,
dass jeder Mensch uns als Mensch etwas angeht,
kommen Kultur und Ethik ins Wanken.

Albert Schweitzer
1875–1965

Formulierung der 30 Leitlinien

Die indirekte Forderung nach einer Weltethik ist nicht neu. *Ruth Nanda Anshen* in *Erich Fromm* verweist (1956)[94] in den „Weltperspektiven" auf die (neuen) Entdeckungen in vielen Bereichen des Wissens, die ein tieferes Verständnis der menschlichen Situation, ihrer Existenz und eine richtige Würdigung menschlicher Werte und Bestrebungen ermöglicht. Es wird der Versuch unternommen, mit dieser Veröffentlichungsreihe (Weltperspektiven) „ein Grundübel der Menschheit zu überwinden, nämlich die Folgen der Atomisierung der Wissenschaft" (ebda, S. 147)[94].

Fromm sieht in seiner „Theorie der Liebe" die Liebe als Antwort auf das Problem der menschlichen Existenz. Er meint damit die Nächstenliebe, mütterliche (väterliche; Anm. des Autors) Liebe, erotische Liebe, Selbstliebe und Liebe zu „Gott". Für die Praxis der Kunst der Liebe fordert er Disziplin, Konzentration und Geduld (ebda, S. 120f)[94]. Die Beseitigung der acht Todsünden sieht *Konrad Lorenz* als Grundvoraussetzungen für

- ein Überleben der Menschheit und
- für die Grundprämissen einer Weltethik (ebda, 1973)[80].

Dietrich Ritschl[107] formuliert vier Thesen zur konsensfähigen Grundlegung der Ethik in Psychiatrie und Psychotherapie; wobei er Gerechtigkeit als übergeordnetes Kriterium sieht. Seine vier Thesen belegen, wie von einem „Unternehmen" medizinischer Ethik eine junge Wissenschaft wurde (1991, S. 81–83)[107]. Seine vierte These besagt, dass es zu einer „wirklich internationalen, also transkulturellen Universalisierung ethischer Grundmaximen zu kommen hat“(ebda, S. 83)[107]. Eine Skepsis gegenüber einer Universalisierung ethischer Grundmaximen hat unter Hinweis auf die allgemeine Gültigkeit der Menschenrechte abgebaut zu werden. „Zumindest Grundmaximen, d. h. übergeordnete ethische Grundwerte und -positionen „müssen“ als konsensfähig über kulturelle Grenzen hinweg entdeckt und erarbeitet werden ...“ (ebda, S. 84)[107]. Auch *Annemarie Pieper*[108] fordert eine universale Ethik, die über die traditionelle Vorstellung, der Mensch bestehe aus Leib und Seele oder gar der Mensch sei ein „Übermensch“(Nietsche), hinausgehe. Sie spricht sich für Individualwerte, Kollektivwerte innerhalb der Grundwerte (Menschenrechte) aus, unangesehen der Herkunft, Rasse, Hautfarbe, des Geschlechts, Ansehens usw. eines Menschen: „Jedem Mitglied der Gattung Mensch wird prinzipiell das Recht auf freie Selbstverfügung und damit Selbstwert zugesprochen, der sich in den regional verschiedenen Kollektivwerten, und den von Mensch zu Mensch variierenden Individualwerten, geschichtlich konkretisiert“. Sie bezeichnet den Selbstwert als Wert aller Werte (ebda, 1991, S. 14f)[108]. Pieper postuliert ferner, dass wir heute eine offene Gesellschaftsform vorziehen und einen Wertepluralismus favorisieren (ebda, S. 18)[108]. Dennoch ist es fundamental wichtig, dass wir uns nicht verzetteln oder gar nur in der Aufwertung des Individuums verharren und dadurch an der Oberfläche bleiben würden. Selbstreflexion als eine der vielen kognitiven Fähigkeiten des Menschen ist ebenso grundsätzlich erforderlich wie die Bereitschaft, gerne Selbstverantwortung für sein Wirken, Gestalten zu übernehmen, wie auch Mitverantwortung für die Sozietät Menschheit. Waren die bisherigen Anregungen zur Weltethik eher allgemein imperativ formuliert, so versuchte *Hans Küng* erstmalig im „Projekt Weltethos“ einheitlich sittliche Leitlinien für eine Weltethik zu formulieren. Dabei geht er von den Weltreligionen und einem Weltethos aus, weil er meint, dass sich ohne Einbezug der ethischen Perspektiven der Weltreligionen sich keine ethischen Weltstandards formulieren lassen (ebda, 1990 S. 75–88)[1]. Unter Berücksichtigung vor allem der Ausführungen zu Fromm[94], Lorenz[80], Pieper[108], Ritschl[107] und *Ludger Honnefelder*[109], möchte ich (30) Leitlinien einer Weltethik formulieren, die eine übergeordnete Funktion zur Ethik der Anthropologie, Medizin, Psychotherapie, Biologie, Theologie, Jurisprudenz etc. klar abgegrenzt einzunehmen hat. Nach Honnefelder läuft die Diskussion zwischen Person und Menschenwürde auf die „seit altersher kontroverse Frage nach einer angemessenen Deutung des Zusammenhangs zwischen Metaphysik und Ethik hinaus" (ebda, 1991, S. 23)[109]. Metaphysik ist ein Resultat von Ethik; Ethik folgt nicht aus Metaphysik; sie ist aber auch nicht gegenüber Metaphysik neutral. Was nun die Menschenwürde eines Menschen in Frage stellt, sind nicht die Verletzungen ihrer Achtung (Symptome), sondern die arrogante Bestreitung ihrer Gültigkeit (ebda, S. 37)[109].

Diese 30 universal-ethischen Leitlinien – wobei die ersten vier die kardinalen, wichtigsten sind – lauten:

1. **Universal-ethische Leitlinie:** Die Natur braucht den Menschen nicht; aber der Mensch die Natur. Der Mensch hat aus der Natur zu lernen, sich ihr unterzuordnen und anzupassen.
2. **Universal-ethische Leitlinie:** Eine Menschheit, die das Primat der Natur eindeutig anerkennt, kann nur dann überleben, wenn sie sich verpflichtet, diese ethischen Überlebenswerte anzuerkennen:

a) Sicherung der biologischen Grundbedürfnisse (Ernährung, Kleidung, Wohnung) eines Individuums;
b) Gleichwertigkeit – Menschenwürde – Freiheit – Gerechtigkeit – Einigkeit – Bildung – Erziehung – Liebe/Nächstenliebe als humanethische Grundbedürfnisse.

3. **Universal-ethische Leitlinie:** Damit Menschenwürde und Selbstwert zu ihrem Recht kommen können, hat ein Mensch liebe-, würdevoll, und fair gerecht mit sich und anderen umzugehen; d.b. nicht zu lügen, stehlen, betrügen, mobben, sowie sich nicht süchtig, bestechlich, verführbar, schmarotzerhaft (faul, bequem), hoch- oder minderwertig zu machen bzw. nicht sich machen zu lassen.
4. **Universal-ethische Leitlinie:** Damit es nicht zu Überbevölkerung und den sich daraus ergebenden Folgeproblemen (Verwüstung des Lebensraumes, Krieg, Zivilisationskrankheiten, Völkerwanderungen, Delinquenz) kommt, ist eine vernünftige Geburtenkontrolle wichtig.

5. Universal-ethische Leitlinie: Formulierung von einheitlichen ethischen Menschenrechten, um negativ-manipulierbaren Indoktrinationen vorzubeugen.
6. Universal-ethische Leitlinie: Das Recht auf Leben und somit Verbot der Folter, Sklaverei, Zwangsarbeit, Tötung (auch von Föten, Embryonen).
7. Universal-ethische Leitlinie: Das Recht auf Freiheit, Sicherheit und Willensfreiheit. Solange ein Mensch dieselben nicht verletzt und eine „rechtsmäßige" Freiheitsentwicklung erfährt. Das Recht auf Gedanken-, Gewissens- und Meinungsfreiheit – auch unter Einschluss metaphysischer Ansichten, die aber nicht fundametalistisch gelebt werden dürfen (sonst Verstoß gegen 5. universale Leitlinie).
8. Universal-ethische Leitlinie: Recht auf Achtung des Privat- und Familienlebens.
9. Universal-ethische Leitlinie: Recht auf Gleichheit vor einer internationalen Rechtssprechung durch einen Internationalen Gerichtshof – keine Strafe (Sanktionen) ohne Gesetz (Internationaler Strafgerichtshof mit weltweiter Legitimation: ICC = International Crime Court).
10. Universal-ethische Leitlinie: Abschaffung der Stände, Privilegien, elitären Zirkel und gerechte, leistungsorientierte Bezahlung, solange die Leistung erbracht wird. Eine solidarische Grundversorgung, wenn die Leistung nicht mehr erbracht werden kann (Krankheit, Behinderung, Alter, Beendigung der Funktion, die grundsätzlich nicht auf Lebenszeit zu sein hat).
11. Universal-ethische Leitlinie: Recht auf Erziehung, (Liebe und Vorbild) bis zur Volljährigkeit – Recht und Pflicht auf Kunst der Selbsterziehung – (Persönlichkeitsbildung und Recht und Pflicht auf Bildung lebenslang).
12. Universal-ethische Leitlinie: Recht auf konstruktive Kritik und Beschwerden, Petitionen (einzel und kollektiv); Recht auf Lob und Anerkennung resp. Würdigung der Arbeit resp. Leistung.
13. Universal-ethische Leitlinie: Recht auf Schutz des Eigentums, Besitzes und der Erbschaft.
14. Universal-ethische Leitlinie: Recht auf Notwehr und Verteidigung. Wehre dich, wenn dir oder anderen Unrecht geschieht (legitime Mittel). Respektiere, dass Menschen veschieden sind und füge keinem anderen Menschen Leid zu.

15. **Universal-ethische Leitlinie:** Recht auf biopsychosoziale Behandlung – auf Verhaltensmedizin und Psychotherapie; ohne Ausgrenzung und ohne Klassen- oder Ständemedizin.
16. **Universal-ethische Leitlinie:** Recht auf freie Wahl (Versammlungsfreiheit, Wahlen, Lebensraum).
17. **Universal-ethische Leitlinie:** Brief-, Post- und Fernmeldegeheimnis und Internet-Datenschutz gerade auch für Kinder und Jugendliche.
18. **Universal-ethische Leitlinie:** Recht auf Freiheit der Kunst und der Wissenschaft – solange sie nicht gegen die weltethischen Standards verstößt.
19. **Universal-ethische Leitlinie:** Recht auf besonderen Schutz der Ehe und Familie.
20. **Universal-ethische Leitlinie:** Recht auf freies Schulwesen; sowohl Förderung durch die Sozietät von staatlichem als auch freiem Schulwesen; Beseitigung der Monopolstellung der Schulaufsicht des Staates, da die weltethischen Leitlinien übergeordnet gültig sind und förderalistische Regelungen nachgeordnet und regional nur noch (enviromental) nuanciert sein können.
21. **Universal-ethische Leitlinie:** Berufs- und Ausbildungsfreiheit – Abschaffung der subalternen Hierarchie; persönlichkeits- und leistungsorientierte Bezahlung für jeweiligen Beruf und befristet für eine Funktion – Abschaffung des Berufsbeamtentums sowie einer Dauerfunktion und der bisher sich daraus ergebenen Privilegien, Verfilzungen sowie Korruptionen.
22. **Universal-ethische Leitlinie:** Recht und Pflicht für die Sozietät Menschheit einzutreten (Sozialabgaben, Ehrenamt, Pflichtjahr für Männer und Frauen), vgl. bestimmte Dienstverpflichtungen einheitlich für alle.
23. **Universal-ethische Leitlinie:** Recht auf Sozialisierung (Siedlung, Produktionen, Grund und Boden).
24. **Universal-ethische Leitlinie:** Recht und Pflicht auf Arbeit, Weiterbildung, lebenslanges Lernen (beruflich und privat).
25. **Universal-ethische Leitlinie:** Selbstverantwortung und Haftung bei Amtspflichtverletzung der Funktionäre, Beschäftigten; außerdem Rechts- und Amtshilfe sowie Katastrophenhilfe.
26. **Universal-ethische Leitlinie:** Das Recht auf faktische Trennung von Staat und Kirche (Religionsgemeinschaften) und Verbot einer

Kirchensteuer; Gemeinnützigkeit der Kirche ist fortlaufend zu überprüfen; Angestellte einer Amtskirche sind nach Leistungskatalog zu bezahlen.
27. **Universal-ethische Leitlinie:** Recht und Pflicht einer gerechten persönlichkeits- und leistungsorientierten Bezahlung, einheitlichen Altersversorgung (dynamisiert nach Leistung), die für alle transparent zu sein hat. Einteilung in Arbeitgeber und Arbeitnehmer vornehmen und Beseitigung von diffamierender Einteilung in Arbeiter, Facharbeiter, Angestellte, Leitende Angestellte, Beamte, niedrig bis hohe Stellung; stattdessen Bezahlung nach supervidierter Leistung (Gebührenordnung).
28. **Universal-ethische Leitlinie:** Das Recht und die Pflicht zur Selbstverantwortung, z.B. Unterhaltszahlung als Kindesvater; bei Fehlern in der Funktion als Arbeitnehmer, Arbeitgeber, Politiker. Bei gesundheitsbewusster Lebensführung ist ein Bonussystem einzuführen; bei irrationaler Lebensführung (z.B. Suchtverhalten) ein Malussystem, die beide noch zu operationalisieren sind.
29. **Universal-ethische Leitlinie:** Das Recht und die Pflicht der zweiten oder dritten Chance (Rehabilitation, Resozialisation); die zweite oder dritte Meinung (Informationen) einholen, z.B. im Krankheitsfall.
30. **Universal-ethische Leitlinie:** Das Recht und die Pflicht auf sozialverträgliche Steuern, Abgaben mit rationalen Alternativen, Transparenz und ein Steuersystem ohne privilegierte Abschreibungsmöglichkeiten.

Interpretation der 30 Leitlinien

Die ersten vier universalen Ethikleitlinien sind die wichtigsten und vorrangigsten Ethikprozesse; es sind die Grundmaximen (sie beinhalten übergeordnete weltethische Grundwerte).

Der Mensch hat zu begreifen, dass es viele Millionen Jahre die Erde, die Natur gab ohne Menschen und dass es bald auch wieder Natur ohne Menschen auf der Erde geben wird, sollte er sein Denken und Verhalten alsbald nicht grundlegend, grundsätzlich einsichtig ändern. *Stephen Hawking*, Physiker und Nobelpreisträger, meint, dass ohne fundamentale Einstellungs- und Verhaltensänderungen die Menschen auf der Erde noch achtzig bis hundert Jahre leben können und dass ein Überleben der Menschheit im Weltall möglich sei (1988 und 2001).[145]

Umwelt- und Ökoweltgipfel – zuletzt 2001 in Bonn – versuchten, weltethische Normen und Grundverständnisse den zuletzt 180 beteiligten Ländern resp. deren Vertretern nicht nur zu vermitteln, sondern einen Grundkonsens auf bestimmte Werte bezogen zu erzielen. Dies gelang noch nicht, weil die USA sich noch nicht bei der Emissionsreduktion* beteiligt und die vereinbarten Reduktionswerte noch verschwindend gering sind. Außer einem erstmalig einheitlich formulierten Bewusstsein und einem Minimalkonsens sind auch erstmalig Sanktionen und Kontrollfunktionen vereinbart worden. Es wird sich beweisen, ob damit wirklich ein Wendepunkt im Bewusstsein der Menschen sich ergeben hat.

Die Menschen haben wieder Ehrfurcht, Bescheidenheit, Demut vor der Schönheit, dem Wunder, der Größe einer über uns stehenden Evolution und Natur zu lernen; so wie die Naturvölker es uns vorgelebt hatten. Die Natur ist und bleibt der beste Wissenschafts- und Techniklieferant der Menschen; die Naturkopien des Menschen sind grundsätzlich signifikant geringer, minderwertiger als das Naturmodell. Wir haben auch noch verstärkt zu lernen, uns erneuerbaren Natur-Energien (Bio-Energien) dankbar zu bedienen (Luft, Sonnen- und Erdwärme, Wasser) und sollten nicht mehr die knappen Ressourcen des Erdballs egoistisch weiterhin gleichgültig plündern. Die 2. universale Ethikleitlinie hängt wesentlich mit der ersten zusammen und setzt noch die Fähigkeit des Menschen voraus, ethische Normen und ethische Werte – wie in der dritten Ethikleitlinie formuliert – weit höher als ökonomische, gewinnbringende Normen anzusetzen und sich solidarisch, human zu erweisen. Wird diese Präferenz (Vorrangstellung) begriffen, dann werden Monokulturen wieder zurückgefahren und den Menschen ausgleichend (kompensatorisch) Natur- und Technikprodukte weltweit billig verteilt, um die Grundbedürfnisse eines jeden Menschen befriedigen zu können. Dass täglich viele Tausend Menschen (v. a. Kinder) verhungern, ist eine Tragödie unserer unreifen Menschheit.

Diese weltethisch höchsten Werte sind unantastbar: Menschenwürde, Gleichwertigkeit, Freiheit, Gerechtigkeit, Einigkeit und Liebe (Selbst- und Nächstenliebe) sowie die Liebe zur Natur, zur Evolution.

Der vierten weltethischen Leitlinie, der Überbevölkerung, hat sofort entsprochen zu werden durch gesetzliche Bestimmungen für verpflichtende Geburtenkontrolle parallel mit Aufklärung über Empfängnisverhütung. Eine Überbevölkerung durch Maßlosigkeit, Unverantwortung, Gleichgültigkeit und Persönlichkeitsdummheit hat dazu geführt, dass Kriminalität, Drogenabhängigkeit, Kriege, Asylantenproblematik, Armut, Analphabetentum, Arbeitslosigkeit, Prostitution sich seit Jahrzehnten ausweiten und auch einen sozialen Sprengstoff darstellen. „Mittelbar trägt die Überbevölkerung zu sämtlichen Übelständen und Verfallserscheinungen bei“, worunter *Konrad Lorenz* die weiteren sieben seiner acht Todsünden meint (ebda, S. 22)[80].

Die nachfolgenden 26 weltethischen Leitlinien setzen sich aus den deutschen Grundrechten[30] und den europäischen Menschenrechten[31] – manchmal kombiniert und psychotherapeutisch-verhaltensmedizinisch modifiziert – zusammen. Damit diese noch nicht konkret operationalisierten weltethischen Leitlinien verfassungsmäßige Gesetze werden, bedarf es sicher noch eines langen Weges. Grundvoraussetzung aber ist, dass ein Weltethik-Rat gegründet wird, der der UNO vorrangig zuzuordnen ist. Weitere Vertreter internationaler Großorganisationen wie Weltgesundheitsorganisationen (WGO oder WHO) oder UNESCO*, UNEP*, FAO*, UNICEF sollten bei der Verfassungsarbeit der Juristen mitbeteiligt werden. Wer bei der UNO Mitglied wird, geht automatisch die Verpflichtung ein, die weltethischen Standards einzuhalten und sieht sich bei Nichteinhaltung mit dem Sanktionenkatalog des Internationalen Gerichtshofes (IGH) oder International Court of Justice (I.C.J.) und / oder dem ICC konfrontiert. Im ständigen Internationalen Gerichtshof in Den Haag arbeiten 15 Richter, die hier für neun Jahre „Funktionsträger“ sind und von der UNO-Generalversammlung und vom Sicherheitsrat gewählt werden. Danach gehen diese Richter wieder in ihrem Land als Juristen ihrer Arbeit nach.

Grundsätzlich viele internationale Vereinigungen hat es bei der UNO in den letzten 100 Jahren gegeben – vor allem viele nach dem Nationalsozialismus, die auch ihr Wissen und ihre Erfahrungen in die Verfassung eines Weltethikrats einbringen können. Ich denke dabei beispielsweise an:

- Internationaler Währungsfond (IWF), 1945 gegründet mit Sitz in Lausanne;
- Internationale Ärzte zur Verhinderung des Atomkriegs, deren Initiatoren 1985 den Friedensnobelpreis erhielten (amerikanischer Herzspezialist Bernard Lown und sowjetischer Kardiloge Jewgenig Tschasow);
- International Bureau of Education; (Internationales Büro für Erziehung);
- Internationaler Bund Freier Gewerkschaften;
- Internationale Gesellschaft für Menschenrechte e.V. (IGFM), gegründet 1972 mit Sitz in Frankfurt a.M.;
- Internationaler Frauenrat (IFR), vgl. International Council of Women (ICW), gegründet 1888 in den USA mit Sitz in Paris;
- Internationale Demokratische Frauenförderung (IDFF), gegründet 1945 mit Sitz in Paris und Berlin.

Vertreter dieser u.a. UN-Organisationen können im Vorfeld der Gründung eines Weltethikrates konsultiert werden – ebenso wie ausgewiesene Fachleute in Theorie und langjähriger Praxis der Psychotherapie, Verhaltensmedizin, Biomedizin, Erziehungs- und Verhaltenswissenschaften (Anthropologie, Psychologie, Ethnologie, Pädagogik, Soziologie), Rechtswissenschaft und Theologie (Professoren der großen Weltreligionen wie Islam, Buddhismus, Hinduismus; aber auch von christlichen Religionen). Die Mitarbeiter im internationalen Ethikrat sind befristet zu wählen und haben nach ihrer Funktion wieder in ihren Beruf zurückzukehren; es erwachsen aus diesen Funktionen keinerlei Privilegien und keinerlei (zusätzliche) Pensionsansprüche und Übergangsgelder wie dies irrationaler Weise bei deutschen Beamten und Europabeamten noch der Fall ist (sog. unsinnige, ungerechte, würdelose Doppel- und Dreifachversorgung von Politikern, vgl. *Hans Herbert von Arnim*, 1998)[110].

Das schon jetzt bestehende „Internationale Recht" (die Gesamtheit der Rechtsregeln, die grenzüberschreitenden Sachverhalte, auch Völkerrecht genannt) sowie das „Internationale Privatrecht" sind im Hinblick auf die Gesetze und Bestimmungen des noch zu verfassenden, übergeordneten internationalen Ethikrechtes anzupassen, zu ergänzen, zu modifizieren und neu zu formulieren.

Es besteht eine zwingende Notwendigkeit für eine einheitlich verfassungsmäßige, gültige Weltethik – auch mit Priorität der Persönlichkeitsentwicklung sowie lebenslanger Charakterbildung eines Menschen im Erwachsenenalter nach den vier Grundmaximen und Grundwerten (vgl. die ersten vier universal-ethischen Leitlinien). Ich möchte hier anhand menschlicher Anhäufung von Irrationalität exemplarisch aufführen, wie wichtig die Einhaltung dieser ethischen Werte Gleichheit, Gerechtigkeit, Menschenwürde, Freiheit (Willensfreiheit); Liebe (mit Verzeihen-Können; mit Zeit für Zärtlichkeit und Zuwendung) für die Menschheit ist:

Beispiele für irrationale Vergütungen und Privilegien bei Landes- und Bundesbeamten in Deutschland

„Politische Beamte haben noch viele Nebenjobs und müssen z.B. als Abgeordnete nichts davon abgeben" (BNN, 25.06.98);

„Versorgung der Minister und anderen politischen Beamten kostet Milliarden und kommt Steuerzahlern zu teuer, ebenso deren lebenslange Rekordpension auch für junge ehemalige Minister" (BNN, 01.10.98). „Beamtenbehörden verpulvern rund 60 Milliarden Mark Steuergelder – Steuerzahlerbund prangert Verschwendung an – mehr Kontrolle und härtere Strafen gefordert" (BNN, 29.09.1999). „Die Ministerversorgung ist immer noch viel zu üppig. Übergangsgeld unnötig" (Kritik vom Bund der Steuerzahler am 25.04.2000); oder „Spitzenbeamte bangen um ihre Chauffeure und Privilegien" (17.04.2001); oder „Zulageunwesen bei Beamten; ungerechtfertigte Privilegien sollen abgeschafft werden" (28.12.1993); oder „Der Rechnungshof hat bei Ausstattung von zwei Büros gegen Vorschriften verstoßen. Präsident: Äußerst peinlich" (dass es herauskam; Anm. des Autors; 20.11.2000); oder „Rechnungshof räumt weitere Fehler ein" (23.11.2000); oder „Lehrerin muß auf Zweitjob verzichten" (Sozialgerichtsurteil Karlsruhe vom 13.09.2000), nicht aber Abgeordnete, die mehrere Nebenjobs haben. „Schwarze Konten bei der Union seit Jahrzehnten" (27.11.1979). Die Angaben beziehen sich auf Tageszeitungen: Badische Neueste Nachrichten oder Frankfurter Allgemeine Zeitung. Diese Liste ließe sich beliebig fortsetzen; es hat wirklich nichts mit Vorurteilen zu tun, sondern mit Fakten (vgl. 1998)[110].

Beispiele bei anderen Berufsgruppen und den Vertretern der Amtskirche

- Zahlreiche Privilegien, Kirchen als Körperschaften (BNN, 20.12.2000);
- Priester suspendiert nach ökumenischem Abendmahl (BNN, 08.06.2000);
- Im Land fließen immer mehr Schmiergelder – die Zahl der Korruptionsdelikte in Baden-Württemberg ist 2000 (innerhalb eines Jahres) um mehr als das Dreifache auf 1126 Fälle gestiegen (die bekannt wurden; Anm. des Autors), vgl. BNN, 14.12.2000).
- Gegen 25 Augenärzte wird wegen Abrechnungsbetruges in Millionenhöhe ermittelt (BNN, 06.07.2000).
- Das Tiefbau-Imperium der Ettlinger Hochstapler, der Flowtex-

Skandal ist der größte Wirtschafts-Betrugsskandal der deutschen Nachkriegsgeschichte (BNN, 12.04.2000); Ermittlungen wegen Kreditbetrug, Emissionsbetrug und Steuerhinterziehung (BNN, 07.02.2000).

- Korruption greift in Kliniken und Ämtern um sich; Bestechungsfälle im Land um fast 30% gestiegen /Ärzte führen die Liste der „Nehmer" an, gefolgt von Behördenchefs, Sachbearbeitern, (Ober-)Bürgermeistern, Rechtspflegern und Richtern (Bericht des Landeskriminalamtes Baden-Württemberg), vgl. (BNN, 09/10.06.2001).
- Der Ruf Deutschlands hat deutlich gelitten – Experten beklagen zunehmende Gefahr der Korruption (BNN, 14.09.2000).
- Wegen Bestechlichkeit: Professoren vor Gericht; Staatsanwaltschaft teilt mit, dass 67 Verfahren gegen 78 Beschuldigte aufgenommen wurden (BNN, 04.01.2000).
- Staatsanwälte in Italien klagen „hohe Würdenträger" wegen Veruntreuung an; Kardinal von Neapel angeklagt; mit ihm soll gegen 30 weitere Personen vor Gericht verhandelt werden (BNN, 20/21.11.1999).
- In der Medizinbranche ist Sponsoring üblich – Herzklappenaffäre wird vor dem Landesgericht Baden-Baden verhandelt (BNN, 07.03.2000).
- Lügen in Live-Interview von bekannten Menschen (ob sie „reife" Persönlichkeiten sind, müsste noch untersucht werden; Anm. des Autors):

a) „Ich hatte keine sexuelle Beziehung mit dieser Frau" (Praktikantin) – Bill Clinton.
b) „Niemand hat die Absicht, eine Mauer zu errichten", Walter Ulbricht am 15.06.1961, und zwei Monate später wurde durch Berlin eine Mauer gebaut.
c) „Ich kenne keinen einzigen Vorgang außerhalb der offiziellen Buchhaltung der CDU", Roland Koch, und vier Wochen später gestand er, den Rechenschaftsbericht seiner Partei manipuliert, also betrogen und gelogen zu haben.
d) Von Millionenspenden an die CDU wusste er nichts. Später gab Ex-Bundeskanzler Helmut Kohl zu, Millionen in bar erhalten und an den Büchern vorbeigeschleust zu haben.

Das Magazin Stern recherchierte (8, 2000)[111] bekannte Personen, die öffentlich gelogen hatten und so gut wie keine juristisch-legitimierte Verurteilung oder sonstige nennenswerte greifenden Sanktionen erfuhren; vgl. auch die Südafrikanerin Winnie Mandela, der amerikanische Expräsident Robert Nixon (Watergate-Skandal, 1974), Uwe Barschel (gelogenes Ehrenwort), Friedrich Zimmermann (1959 des Meineids überführt), Walter Leisler-Kiep, Manfred Kanther, Wolfgang Schäuble (Schwarzgeldaffäre) – beide selbst Juristen –, Lothar Späth (Rücktritt wegen Reiseaffäre, 1986), Franz-Josef Strauss (Rücktritt als Verteidigungsminister wegen „Spiegel-Affäre")[111]. Das Magazin Stern berichtet bereits vor 10 Jahren von Deutschland als dem „Schmiergeld-Staat – Deutsche Beamten halten die Hand auf" (2/1992)[112] und dennoch hat sich bis heute nichts zum Vorteil des deutschen Steuer- und Abgabezahlers und Bruttosozialprodukt-Erbringers, der nicht über diese irrationalen Pivilegien verfügt, positiv verändert. Es liegt somit nahe, dass es überfällig ist, die Möglichkeiten eines Honorar- und Privilegienskandals abzustellen durch Änderung der gesetzlichen Bestimmungen (z. B. durch Verbot eines zweiten Berufes; Verletzung des Amtseides als Betrug werten; Beseitigung eines Immunitäts- und/oder Zeugnisverweigerungsrechts als „Diener des Staates", um nicht mehr „Bediener des Staates" zu ermöglichen). Eigene Sozialabgaben und Rentenbeiträge sind für die Alterssicherung der Arbeitnehmer im öffentlichen Dienst zu zahlen, bei gleichzeitiger Abschaffung eines subalternen, veralteten, leistungsfeindlichen Beamtentums.

Die Einschränkung von Grundrechten, Menschenrechten sind ebenso den weltethischen Verfassungsbestimmungen/Gesetzen nachgeordnet zu formulieren. Nach einem rationalen Sowohl-als-auch-Prinzip haben weltethische Menschenrechte eine gleichwertige Allgemeingültigkeit für jedes Individuum, solange keine weltethischen Werte von einem Individuum oder einer Gruppe verletzt werden. Das würde dann für diese Personen oder die Gruppe einer Einschränkung dieser universalen Menschenrechte zumindest befristet gleichkommen. Konstuktive Lösungsmöglichkeiten für eine persönlichkeits- und leistungsgemäße, faire Bezahlung für Menschen (also gerade auch Politiker, „Beamte", Kirchenleute, Wirtschaftsmanager etc.) hat *Hans Herbert von Arnim* (ebda, S. 15

u. 187/200)[110] gemacht. Die Forderungen nach Abschaffung einer Staatskirche hat Schweden am 01. Januar 2000 umgesetzt. Keine Beamten auf Lebenszeit forderte Bundeskanzler *Gerhard Schröder* am 11.01.2000 für Professoren (weshalb nur für Hochschullehrer und nicht überhaupt?). In der Schweiz ist dies schon verwirklicht, was Bundeskanzler Schröder partiell anstrebt; die Schweiz schaffte die Bundesbeamten (2001) ab und machte aus ihnen Angestellte; während auf Kantonsebene dummerweise noch das Beamtentum Bestand hat. Es ist jedenfalls nicht wirklich Effektives getan, wenn Übergangsgelder nur gekürzt werden sollten. Ich gehe doch davon aus, dass Minister und Staatssekretäre einen ordentlichen Beruf haben, den sie wieder nach ihrer Funktion ausüben könnten. Für die Funktion wurden sie ja bereits ordentlich bezahlt. Sinnvoll ist es deshalb auch, keinerlei Übergangsgelder zu bezahlen (evtl. einmalig eine Umzugspauschale bei Nachweis).

Die beschlossenen Gesetze sind so gut wie die Kontrolle ihrer Einhaltung. Da die Gesetze kaum kontrolliert werden, die Staats(be-)diener kaum aus ihren Amtsstuben gehen, um vor Ort zu prüfen, sind auch hier Bestimmungsänderungen zur Qualitätssicherung per Gesetz von Nöten. Die Menschen im Land fragen sich, warum sie sich noch an Regeln halten sollten, wenn „Großbediener“ sich nicht daran halten und keine Strafsanktionen zu befürchten brauchen, z. B. stoisches Schweigen zu den Anschuldigungen, auf freien Fuß gesetzt werden (mit Kaution) und höchstens ein kleines Bußgeld zu zahlen haben. Gemessen an dem, wie sie sich an den Staatsfinanzen bedienten (irrationale Übergangsgelder, irrational hohe Pensionen, die in keinerlei vernünftigem Verhältnis zur Rente stehen, deren Beiträge die Arbeitnehmer dem Staat zinsfrei Jahrzehnte zur Verfügung stellen, damit persönlichkeitsgestörte Menschen sich unsittlich an den Steuermilliarden der arbeitenden Bevölkerung bedienen können), sind die bisherigen Sanktionen lächerlich und für die arbeitende Bevölkerung eine Verhöhnung. Nehmen wir die Gehaltstabelle für Minister und hohe Beamten, dann wäre dieses Gehalt in Ordnung, wenn sie auch Sozialabgaben und entsprechende Rücklagen für ihre Pension (wie Rentner) davon zahlen würden. Weder Frühpensionen (schon nach zwei oder fünf Jahren) noch Übergangsgelder sollte es geben und darüber hinaus nicht noch ein „Schatteneinkommen“

durch Nebenjobs, (vgl. Stern-Magazin 5/2001)[113]. Es könnten dann viele Stellen geschaffen werden, auch durch Wegfall der Nebenjobs der „Beamten". Durch faktische Reduzierung auf wirklich leistende Angestellte im Öffentlichen Dienst, durch Schließungen der vielen überflüssigen und sich selbstverwaltenden Behörden könnten die so gewonnenen Steuermilliarden für die Ausbildung von qualifizierten Arbeitnehmern (z. B. im Handwerk) und die Schaffung von qualifizierten Arbeitsplätzen (Umweltbereich) verwendet werden. Der Staat, die jeweils gewählte Regierung, hat legitimiert zu werden, die Grundpflichten – so wie hier beschrieben – der Bürger in verfassungsmäßige Bestimmungen und Gesetzen vorzulegen. Der Staat ist auch zu verpflichten, mitverantwortlich Arbeitsplätze zu schaffen sowohl im Öffentlichen Dienst (ohne Beamte) als auch im Freien Markt und hat nicht nur Arbeitslosigkeit und Sozialhilfe zu verwalten (ist Systemfehler; irrationales Verhalten). Ein Staat hat also Grundrechte und Grundpflichten zu übernehmen und durch neutrale Experten kontrolliert zu werden. Es bedarf Ombudsfrauen und Ombudsmänner (freie, unabhängige, unparteiische Fachleute wie in Schweden), die

- einerseits die Rechte der Bürger in einem Land gegenüber den Behörden wahrnehmen und
- andererseits die Korruptionen der Bediensteten im Öffentlichen Dienst, aber auch in der freien Wirtschaft aufdecken und strafrechtlichen Konsequenzen zuführen.

„Whistleblower" (Fachleute, die Persönlichkeiten und Vorbilder sind) sollten von ihrer Regierung geehrt und gewürdigt werden, weil sie Charakter, Zivilcourage und Vorbildfunktion aufweisen, was (bedauerlicherweise) heute noch eine Seltenheit darstellt. In den 16 Bundesländern in Deutschland gibt es heute noch keine Ombudspersonen (z. B. freie Juristen, Psychotherapeuten, Ärzte, Ingenieure etc.), die einen äußerst wertvollen Dienst versehen könnten, um Korruptionen, Amtsmissbrauch, Willkür, Faulheit, Privilegiengier ahnden zu können.

Weltethik: Ausblicke zur Pilotstudie mit wichtigen Innovationen in der Zukunft und Schlussfolgerungen

Die Ehr ist zwar der Tugend Sold,
doch ist die Ehr auch gleichwohl schuld,
dass eines einzeln Menschen Ehre
manchmal ein ganzes Land zerstöre.

Friedrich von Logau
1604–1655

Psychotherapie und Medizin

Ausblicke und Schlussfolgerungen

Nach dem aktuellen Stand (2003) spricht sich die Mehrzahl der internationalen Forscher aus Medizin, Verhaltensmedizin und Psychotherapie für ein therapeutisches Klonen mit Erwachsenen-Stammzellen (adulten Zellen) aus, um mit bestimmten noch irreversiblen (unheilbaren) Krankheitsbildern wie Morbus Bechterew oder Morbus Parkinson mit dieser neuen Behandlungsmethode Erfahrungen sammeln zu können. Beim Klonen mit embryonalen Stammzellen ergaben sich in Tierversuchen nach einigen Jahren vermehrte Probleme wie zu schnelles Altern der Tiere mit Polyarthritis und/oder eine signifikante Schwächung des Immunsystems (vgl. geklontes Schaf „Dolly"). Erfahrungen mit der Erwachsenen-Stammzelltherapie brachten demgegenüber schon erste positive Ergebnisse hervor. Entzündlich-rheumatische Erkrankungen wie der systemische Lupuserythematodes (SLE) (Entzündungsvorgänge der inneren Organe – v. a. der Nieren und der Haut – v. a. Gefäßwände der kleinen Arterien) oder die Sklerodermie (Darrsucht; Neigung zur Fibrosierung des Bindegewebes) sind Autoimmunerkrankungen, bei denen das Immunsystem aus noch ungeklärten Gründen körpereigene Strukturen angreift. Es wird heute mit Hochdosis-Chemotherapie und mit autologer Stammzellen-Transplantation behandelt. Weltweit sind bislang etwa 300 Stammzellentransplantationen bei Autoimmunerkrankungen wie SLE, Sklerodermie oder Pylychontritis (entzündliche Knorpelerkrankung) durchgeführt worden – bei Erwachsenen und auch bei Kindern. „Zwei Drittel der Transplantationen gelangten zumindest vorübergehend in eine Remission (deutliche Verbesserung); einige erlitten zwar ein Rezidiv (Rückschlag), waren aber wieder besser behandelbar" (*Rautenstrauch*, 2001, S. 324)[125].

Die Welt atmete auf als zwei Mediziner erstmals ein Baby im November 2001 klonen wollten. Es wurde weltweit mit scharfer Kritik reagiert. Nicht allein die christlichen Kirchen, die Deutsche Forschungsgemeinschaft (DFG), sondern auch die US-Regierung und Georg W. Bush lehnten das Klonen von Menschen ab. Deutschland sucht einen Standort in der Gentechnik, der Schlüsseltechnologie des 21. Jahrhunderts. Genforscher sollten da ihr Ende finden, wo die Menschenwürde angetastet ist. Darin sind sich die deutschen Genforscher, Bundeskanzler Schröder und *Bundespräsident Rau* einig. Rau erinnert in diesem Zusammenhang an die Heilsversprechen der Nuklearenergie in den 50er und 60er Jahren. Heute werden die Kernkraftwerke als Auslaufmodelle mit Restlaufzeiten bewertet. Der Wunsch nach neuen Arbeitsplätzen darf nicht den Wert des Lebens und die Menschenwürde – als Grundnorm der Weltethik und nachgeordnet der Medizinalethik – aufs Spiel setzen. Auch die EU-Kommission warnt vor Menschenklonen wie *EU-Wissenschaftskommissar Philippe Busquin* am 09. August 2001 verkünden ließ. Ohne Stammzellforschung mit embryonalen Zellen lassen sich auch bahnbrechende Forschungsergebnisse vorfinden. So haben US-Forscher einen Eiweißstoff entwickelt, der dem Aidsvirus den Zugang zur menschlichen Zelle versperrt (vgl. Protein 5-Helix). Bisher stehen klinische Versuche an Menschen noch aus; aber es wird an einem geeigneten Impfstoff gegen Aids gearbeitet (dpa vom 09. Aug., 2001).

Der französische Gesundheitsminister *Bernard Kouchner* verlangt sogar, dass die internationale Gemeinschaft gegen Staaten vorgehen müsse, die das Klonverbot von Menschen missachte. Deutschland und Frankreich haben bereits 2001 eine Initiative bei den Vereinten Nationen gegen das Klonen von Menschen eingereicht.

Auch mit großer Mehrheit hat der 104. Deutsche Ärztetag in Ludwigshafen klar eine Lockerung des Embryonenschutzgesetzes am 24. Mai, 2001 abgelehnt.

Ziel des Embryonenschutzgesetzes von 1991 ist es, einen Missbrauch bei künstlichen Befruchtungen zu verhindern. Danach dürfen Eizellen nur zum Zweck der Schwangerschaft künstlich befruchtet werden. Ausgeschlossen ist der Erwerb und der Verkauf von Embryonen sowie die Forschung des Klonens; außerdem ist ein Verbot der Geschlechterwahl festgeschrieben. Mit Hilfe von „Disease-Management" (Krankheitsmanagement) unter Mitwirkung und Koordination verschiedener Fachleute (Ärzte, Psychotherapeuten, Biologen, Psychologen und medizinisches Assistenzpersonal in Kliniken) sollten nicht nur chronisch Kranke, sondern auch derzeit unheilbar Kranke interdisziplinär behandelt werden – bei verstärkter interdisziplinärer Forschung. Psychotherapie hat einerseits als Naturwissenschaft (biopsychosoziale Medizin; Verhaltensmedizin) und andererseits auch als Geisteswissenschaft (Psychologie, Soziologie, Erziehungs- und Verhaltenswissenschaften, Philosophie) sich mit den aktuellen Gesundheitsproblemen der Menschen zu befassen. Von 100 Befragten leiden in Deutschland (manchmal oder häufig) an folgenden Beschwerden (Quelle: Institut Allensbach, 16.06.2001; Mehrfachbenennungen):

35 Erkältungen,
32 Kopfschmerzen/Migräne,
31 Schafstörungen,
30 Bandscheiben- und/oder Rückenschmerzen,
29 Ermüdungserscheinungen,
24 Magen-Darmbeschwerden,
23 Kreislauf-, Durchblutungsstörungen,
20 Rheumatischen Beschwerden,
17 Bluthochdruck,
15 Herzbeschwerden,
14 Verdauungsbeschwerden,
13 Nervosität.

Bei diesen Beschwerden ist durchweg Psychotherapie erforderlich (biopsychosoziale Behandlung) und eventuell organische (somatische) Mitbehandlung. Je länger belastende psychosoziale Wirkfaktoren ablaufen können, um so mehr nehmen die vegetativfunktionellen und körperlichen Beschwerden zu und es manifestieren sich massive Krankheitsbilder wie Krebs, Morbus Menier, Morbus Crohn, Fibromyalgie etc.

Ursachen für Erwerbs- und Berufsunfähigkeit (Erwerbsminderung) in Deutschland sind heute graduell abgestuft:

Rheuma und Gelenkkrankheiten	30%,
Herz-,Kreislauferkrankungen	20%,
Geistes- und Nervenkrankheiten	20%,
Krebs (bösartige Neubildungen)	10%,
Unfallverletzungen	3%,
Atmungsorganerkrankungen	2%,
übrige Erkrankungen	15%.

Die Hauptursachen für eine teilweise Erwerbsminderung (3–6 h noch arbeitsfähig) oder für eine volle Erwerbsminderung sind demnach Rheuma-, Gelenkserkrankungen, Herz- und Kreislaufleiden, psychische (psychosoziale) Erkrankungen und Krebs. Dieses Frühpensionärdasein kostet den Steuerzahler jährlich Mrd. und leert auch die Rentenkassen wegen eines Frührentnerdaseins (vgl. Zschr. Vorruhestand (VR) aktuell, 5/2001). Hinzu kommen noch die Ausfallkosten für „krankheitsbedingte" Fehltage im Jahr, z.B. 1999 waren es 128,5 Mrd. Erkrankungen am Skelett-, Muskel- und Bindegewebebereich, die mit 34,5 Mrd. DM am stärksten zu Buche schlugen, und psychosoziale Erkrankungen mit 6,9 Mrd. DM (Quelle: Schätzung der Bundesanstalt für Arbeitsschutz und Arbeitsmedizin)[126]. Die Arbeitsunfähigkeit ist in den letzten zehn Jahren häufiger auf psychische Störungen zurückzuführen nach den Ergebnissen im Gesundheitsreport (2001) der Gemünder Ersatzkassen (GEK): Im Jahr 1990 von einem Anteil von 5% auf 8,1% in 2000. Die Verweildauer in der Arbeitsunfähigkeit ist bei psychisch Erkrankten signifikant höher, sowohl im ambulanten als auch stationären Bereich, als bei anderen Patienten, z.B. beträgt die Liegezeit durchschnittlich 10,3 Tage und bei psychsich Kranken 27,4 Tage[126]. Hierbei spielt auch die Zunahme der histrionischen, hypochondrischen, egomanischen und narzisstischen Persönlichkeitsstörungen eine nicht zu unterschätzende Rolle, vgl. „Urlaub auf Krankenschein – die geheimen Tricks der Blaumacher" (2001)[127]. Damit sich eine Trendwende in Psychotherapie und Medizin ergeben kann, sind zwei System- und/oder Strukturänderungen nicht nur in Deutschland, sondern weltweit erforderlich:

1) Persönlichkeitsentwicklung sowie Charakterbildung sollten erste Priorität in der Bildung und Erziehung der Menschen haben. Sie sind grundsätzlich wichtiger als der Erwerb von lexikalem Wissen oder als Fachwissen und einseitiges Expertentum. Gemäß dem rationalen Sowohl-als-auch Denk- und Verhaltensansatz sind

- primär und kontinuierlich sowohl Persönlichkeitsentwicklung, Charakterbildung durch Selbsterziehung und Präventiv-Psychotherapie zu praktizieren als auch synchron
- sekundär Bildungs- und Wissenschwerpunkte beim Menschen zu setzen.

Menschen, die heute ihre Persönlichkeit entwickeln, sich erwachsen machen, zeitlebens sich gerne, tatsachenorientiert erziehen, können im leichteren Feld einer beruflichen Qualifikation nicht versagen oder beruflich schlecht sein. Bei Menschen, die beruflich erfolgreich sind oder akademische Titel gesammelt haben, besteht keinerlei Kausalzusammenhang zu einer rationalen Persönlichkeitsbildung. Die Leistungsgesellschaft möchte solch einen Unsinn zwar vortäuschen, aber das ist ein Irrweg. Es gibt bedauerlicherweise unter Akademikern, Priestern, Ministern, Unternehmern genausoviel persönlichkeitsgestörte und psychotherapeutisch behandlungsbedürftige Menschen wie unter Menschen mit einem niederen oder mittleren schulisch-beruflichen Bildungsabschluss. Es sind nur schwerpunktmäßige Unterschiede in der Art und Weise ihrer behandlungsbedürftigen Störungen und Erkrankungen festzumachen, z.B. Industrielle, Bänker, hohe Beamte, Akademiker neigen mehr zu Profilneurosen (z.B. narzisstisch-histrionische Persönlichkeitsstörungen) und Stehkragen-Kriminalität, während niedere, mittlere Arbeiter, Beamte und Angestellte mehr zu Suchtverhalten und/oder gewöhnlicher Delinquenz neigen.

Es ist so gut wie nicht bekannt, dass Triebstörungen auch zu Persönlichkeitsstörungen und Charakterstörungen führen, die zunehmend mit Sekundärsymptomatik einhergehen sowie einschleichend Krankheitsbilder manifestieren. Die Menschen lernen nicht in ihrer Erziehung, nicht in Schulen oder Ausbildung resp. Studium, sinnvoll mit ihren von „Gott“ geschenkten Trieben umzugehen, deshalb gibt es soviele Triebstörungen auf Erden, vgl. bereits schon bei den drei Grundtrieben Essen, Trinken, Schlafen und signifikant mehr bei den fünf komplexen Trieben (Sexual-, Kontakt-, Aggression-, Spiel- und Neugierdetrieb). Es lassen sich bei den meisten Menschen oft mehrere Triebstörungen auffinden. Analog verhält es sich mit den fünf primären Sinnen. Wer hat gelernt, sinnvoll mit dem Seh- oder Hörsinn umzugehen? Ich habe in 20-jähriger psychotherapeutischer Praxis und in vielen Jahren der erziehungs- und verhaltenswissenschaftlichen Arbeit kaum einen Menschen kennengelernt, der sinnvoll (51–99%) mit seinen Sinnen und Trieben umgehen konnte – außer psychotherapeutisch geschulte Menschen resp. Menschen, die als Patienten eine psychotherapeutische Behandlung intensiv durchlaufen haben und die gelernten Methoden zur rationalen Selbsterziehung und Charakterbildung gelernt haben resp. weiterhin selbstbehandelnd anwenden. Es sind Menschen, die sowohl psychotherapeutische (Integrative Kognitive Psychotherapie) als auch verhaltensmedizinische Ausbildung (biopsychosoziale Medizin) durchlaufen haben in Theorie und permanenter Praxis resp. Anwendung (Selbsterziehung).

2) Die zweite System- und Strukturänderung resultiert aus der ersten: Außerhalb der Psychotherapie (ambulante und stationäre Setting) sollten die Inhalte, geprüften Methoden der wissenschaftlichen Psychotherapie mit ihren Basiswissenschaften (Verhaltensmedizin, Semantik, Allgemeine Psychologie und Allgemeine Medizin) in sämtlichen schulischen und beruflichen Ausbildungsstätten obligat integriert werden und Prüfungsfach sein. Daneben sind diese fünf primären Kulturtechniken innerhalb eines optimalen Lernklimas (durch psychotherapeutische Methoden vermittelbar) zu lernen:

- gute Kenntnisse und Fertigkeiten im Lesen (sinnerfassendes Lesen);
- gehaltvolles und orthografisch korrektes Schreiben;
- praktisches Rechnen – auch Kopfrechnen;
- analytisches, abstraktes Denken;
- fächerübergreifendes, vernetztes Kombinieren können;

- sowie trainieren der elementar wichtigen sozialkompetenten Fertigkeiten und Charaktereigenschaften wie Ausdauer, Durchhaltevermögen, Selbstsicherheit, Selbstmotivation, Konflikt- und Frustrationsfähigkeit, Gegenwärtigkeit, Konzentrationsvermögen, inneren Halt, Ruhe, Selbstidentifikation, Würde, Wehr- und Selbstbehauptungsverhalten u.a.m., vgl. auch die „Big-Five"-Charakterwerte der Charakterbildung:

1. Ehrlichkeit (honesty, fairness);
2. Zuverlässigkeit (reliability, certainty);
3. Zivilcourage (conviction, courage of one's opinions);
4. Toleranz (tolerance, frustration-tolerance);
5. Solidarität (solidarity).

Auch für eine bio-medizinische Forschung sind 30 weltethischen Leitlinien formuliert, die nicht nur gegenwartsorientiert, sondern auch visionär also zukunftsweisend sind. Nicht nur evidenzbasierte Medizin*, Robotik (Einsatz von Operationsrobotern) und neue verhaltensmedizinische Forschungsergebnisse verändern die biopsychosozialen Therapien, sondern auch und gerade die Akzeptanz der weltethischen Leitlinien, die in den Rang von Weltgesetzen zu heben, zu evaluieren und zu supervidieren (Internationales Gericht) sind. Evidenzbasierte Ganzheitsmedizin (EbM) hat eine wissenschaftlich fundierte und dem aktuellen Therapiestandard entsprechende gesundheitliche Versorgung aller Patienten auf Erden zu sein; unabhängig von politischen, wirtschaftlichen, ideologischen, (religiös-) fundamentalistischen Zwängen; also systemneutral, rational und verpflichtend weltethisch. Aus psychotherapeutischer und verhaltensmedizinischer Sicht sollten also die Akzeptanz weltethischer Standards vor medizinischem Nutzen neuer Therapietrends stehen. Sollten sich neue Trends innerhalb dieser Weltethik verifizieren* lassen, so sind sie international gleichzeitig umzusetzen, vgl. Robotik, der Einsatz von Operations-Robotern, computergestützen Navigationssystemen oder computergestützten neurobilogischen Forschungsvorhaben (z.B. mit PET)*. In der neurobilogischen Forschung ist es wichtig, dass verhaltensmedizinisch geschulte Ärzte oder Psychotherapeuten die beobachtbaren Fakten interpretieren, schlussfolgern, um Fehlinterpretationen vorzubeugen, die bei nur somatisch ausgebildeten Ärzten recht häufig sind, vgl. Neurobiologie: „Wie Gefühle entstehen?“ (2002)[129].

Embryonale Stammzellenforschung oder Präimplantationsdiagnostik (PID)* sind nach wie vor – trotz Antworten im Deutschen Bundestag (31. Januar, 2002) und neuem Bioethikgesetz in Frankreich (1/2002) mit Erlaubnis der Forschung an „überschüssigen Embryonen, die nach der künstlichen Befruchtung übrigbleiben“ – weiterhin in Europa und international umstritten[128]. Die Forschung mit adulten Zellen ist stärker zu unterstützen, ebenso mit den Stammzellen, die aus dem Blut der Nabelschnur gewonnen werden. Das Präsentieren des menschlichen Genoms durch *Craig Venter* und *Francis Collins* (30–40 Tausend Gene) heißt noch lange nicht, dass diese Gene identifiziert sind. Schwerpunkte der aktuellen biomedizinischen Forschungsarbeit sind deshalb die Sequenzierung der Chromosomen, die Erforschung der genetischen Grundlagen polygener Erkrankungen, die Bestimmung von Methylisierungsmustern (Stoffwechselmustern) in menschlichen Genen sowie die Entwicklung neuer Methoden zur Genomanalyse“ (2002)[128]. Außerdem sind diese biomedizinischen Forschungergebnisse in die ganzheitliche, biopsychosoziale Forschung zu integrieren und ihre interdependenten komplexen Wirkfaktoren zu kennen, um effizient auch mitbehandeln zu können. Erst dadurch kann wirkliche Ursachenbehandlung erfolgen: Verhaltensmedizin (Somatische, Psychische und Soziale Medizin) zur Heilung mit Hilfe des beschriebenen salutogenetischen Therapieansatzes auch bei bisher irreversiblen Krankheitsbildern ist das Ziel. Bei der verhaltensmedizinischen Forschung (Drei-Drittel-Medizin) stehen wir international am Anfang; wobei Deutschland in der psycho-sozialen Forschung (Zwei-Drittel-Medizin) noch Entwicklungsland ist. Pilotstudien-Charakter hat das Freiburger Modell zur Krebsberatung und Krebsbehandlung, welches (a) das salutogenetische Behandlungskonzept erforscht und vorstellt und (b) den Beratungsdienst für Krebspatienten (second opinion) vor drei Jahren einführte – oft auch gegen (stummen) Widerstand der somatischen Mediziner (Onkologen), die bedauerlicherweise keine Ausbildung in Psychomedizin (2. Drittel) und in Soziomedizin (3. Drittel) haben. Der Arzt als Somatiker wird wie der Dinosaurier aussterben. Die Zukunft gehört auch nicht dem Zwei-Drittel-Mediziner (z. B. Psychoonkologen, Psychoneuroimmunologen, Psychoendokrinologen etc.), sondern den biopsychosozialen Medizinern; also den Psychosozioonkologen, den Psychosoziodermatologen als Verhaltensmediziner oder Ganzheitsmediziner mit beispielsweise onkologischem Arbeitsschwerpunkt.

Mit diesem modernen verhaltensmedizinischen Forschungs- und Therapieansatz lassen sich dann auch erstmalig die großen Volkskrankheiten mit ihren sehr hohen Folgekosten wirklich behandeln. Graduell abgestuft sind dies:

- Adipositas (Fettleibigkeit, Übergewicht) mit Begleitkrankheiten wie Hypertonie, Insulinresistenz, Diabetes mellitus, Fettstoffwechselstörungen, koronare Herzkrankheit, hormonabhängige Krebserkrankungen und Gonarthrose. Laut WHO (2001) leiden weltweit eine Milliarde Menschen an Übergewicht. In Deutschland ist Adipositas nicht als Krankheit anerkannt. Deshalb werden die Begleit- oder Folgeerkrankungen noch immer separat behandelt und verfälschen das statistische Krankheitsbild. Durch eine intensive Behandlung des Übergewichts und der Adipositas könnten eine kausale Therapie der Folgekrankheiten erreicht und somit jährlich rd. 15 bis 18 Milliarden Euro Kosten nach Schätzungen der LVA-Baden (2001) eingespart werden. Übergewicht beeinflusst negativ auch die kognitiven Fähigkeiten und erhöht die Schmerzempfindlichkeit (Kanadische Studie, 2001; Internet: www.diet-aachen.de).
- Rheuma- und Gelenkerkrankungen;
- Herz-Kreislauferkrankungen;
- Krebs;
- Geistes- und Nervenerkrankungen, Neurosen (psychische, psychosoziale Störungen), Psychosen.

Darüber hinaus ist die verhaltensmedizinisch orientierte Medizin und Psychotherapie auch präventiv einzusetzen, um einer Entwicklung von Krankheitsbildern vorzubeugen und auch dadurch riesige Summen jährlich an Folgekosten (Billionen Euro) einsparen zu können. Viele dieser Krankheitsbilder lassen sich durch einen gesundheitsbewussten Lebensstil mit richtiger Ernährung, mit gezielter Bewegung, erholsamem Schlaf, also mit sinnvollem Umgang mit seinen fünf primären, zwölf sekundären Sinnen und elf Trieben (drei Grund-, fünf komplexe- und drei Urtrieben) vermeiden; hierzu bedarf es einer Psychohygiene, einer wissenschaftlich fundierten Psychotherapie sowie einer biopsychosozialen Medizin, deren elementaren Erkenntnisse auch und gerade in Erziehung und Bildung zwingend vorzuschreiben sind. Das psychotherapeutische und verhaltensmedizinische Praxiswissen und die Anwendungsmethoden haben zu den basalen „Kulturtechniken" der Menschheit zu gehören und sind in Kindergarten, Schule, Ausbildung, Studium, Privat- und Berufsleben zu lernen, zu üben, zu kontrollieren und zu dynamisieren. Ärzte und Psychologen als biopsychosozial ausgebildete Verhaltensmediziner und Psychotherapeuten haben sich auf gemeinsame Ziele zu besinnen, zum Wohle der Patienten, aber auch wegen ihrer eigenen Zufriedenheit. *Helmut Remschmidt* hat als Arzt und Psychologe einen Aufsatz geschrieben (2/2002)[139], in dem er fordert:

- klare Indikationsstellung für die Anwendung psychotherapeutischer Maßnahmen;
- Wissenschaftlichkeit der Verfahren;
- geregelte, bedarfsgerechte Aus- und Weiterbildung mit Zertifikaten als gemeinsame Bildung;
- faktische Gleichberechtigung nicht nur der ärztlichen und psychologischen Psychotherapeuten (später verhaltensmedizinische Psychotherapeuten), sondern auch in der Kinder- und Jugendpsychotherapie gegenüber der Erwachsenenpsychotherapie (ebda, S. 55f).[139]

Abgrenzungsversuche der Ärzte in „ureigenste ärztliche Aufgaben" in der Psychotherapie oder der klinischen Psychologen in ureigenste psychologische Aufgaben sind kleinkariert und irrational. Das gemeinsame Ziel lautet bio-psycho-soziale Medizin (Verhaltensmedizin) und Psychotherapie mit signifikant geänderten Aus- und Weiterbildung aller Psychotherapeuten und Mediziner.

In der Stammzellenforschung sollte das Argument von *Sokrates* auch weiterhin Gültigkeit besitzen: „Kein übergeordneter guter Zweck kann zur Legitimation eines Verhaltens dienen, das in sich betrachtet schlecht und ungerecht ist". Dieses verantwortungs- und handlungsethische Axiom hat vor teleologischem (fernziel- und selbsterfüllend-orientiertem) Denken und Handeln zu stehen (*Platon*)[140]. Auch *Alfred Sonnenfeld*, Mediziner und Theologe, als Mitglied der Ethikkommission an der Charité (2002)[141] schließt sich dieser Argumentation an.

Eine geänderte einheitliche Ausbildung ärztlicher und psychologischer Psychotherapeuten fordern auch *D. Birnbacher* und *L. Kottje-Birnbacher* in ihrem Aufsatz „Ethik in der Psychotherapie und der Psychotherapeutenausbildung" (2000)[138] und sie verweisen auf ethische Probleme in der Ausbildung (ebda, S. 716, 717):

- Verantwortung für aktuelle und potentielle Patienten;
- Verantwortung für den Kanditaten: Praxisorientierte Ausbildung; Vermeidung von Abhängigkeit.

Es bedarf neben Einsicht bei einer biopsychosozialen Ärzte- und Psychotherapeutenausbildung noch viel Zeit für die entsprechende Gesetzesänderungen und infolge Änderungen der Approbationsordnungen – kurzfristig sollten postgraduale Qualifikationen zum Verhaltensmediziner gefördert werden.

Nach dem Parlamentsbeschluss im Januar 2002 zur Stammzellenforschung hat der deutsche Bundestag im Juni 2002 die gesetzlichen Grundlagen für einen Import von Stammzellen unter strenger Auflage geschaffen. Auf der internationalen Suche nach adulten Stammzellen kommen die Forscher zu immer neuen Erkenntnissen:

- Australische Forscher gewinnen neuronale Stammzellen aus den Gehirnen von erwachsenen Mäusen und konnten sie noch stark anreichern (R. Riethe u. P. Bartlett vom Walter and Eliza Institute for Medical Research in Parkville, 10/2001).
- Kanadische Forscher gewinnen adulte Zellen aus der Haut, die in der Lage sind, sich zu Nervenzellen, Muskeln und Fettzellen zu entwickeln (vgl. Zschr. „Nature Cell Biology, 11.10.2001).

Die unterschiedlichen therapeutischen Stärken der Somamedizin (Schulmedizin), der Naturheilkunde, der Psycho- und Sozialmedizin sind rational betrachtet keine Gegensätze, sondern sie ergänzen sich und führen zu einer integrativen verhaltensmedizinischen (biopsychosozialen) Heilkunde. Vorreiter beim Einsatz von sog. alternativer Medizin in Deutschland ist die Universitätsklinik Freiburg. Sie behandelt seit 1997 gezielt mit einem salutogenetischen Ansatz* chronische Schmerzen, Krebs, Dermatosen (Hauterkrankungen), chronisches Müdigkeitssyndrom (CFS) oder auch Allergien und führt auch wissenschaftliche Begleitstudien durch (Mediziner *Franz Daschner*, Leiter des Instituts für Umweltmedizin und Krankenhaushygiene am Universitätsklinikum Freiburg, BNN, 11.03.2002).

Außerdem tritt die Klinik für Tumorbiologie auch vehement für eine „Ethik in der Krebsmedizin" ein (3/2002)[143], so wie sie auch in dieser Arbeit semantisch-interpretiert verstanden wird.

Erziehung und Bildung

Ausblicke und Schlussfolgerungen

Nicht erst seit *Petra Gersters* Buch vom Erziehungsnotstand in Deutschland (2001)[130] ist unabhängigen Experten bekannt, dass es um unser Erziehungs- und Bildungssystem in Deutschland sehr schlecht bestellt ist (*Huber*, 1982, 1994[5/87]; *Lempp*, 1975[131]). Die systemimmanenten Fehler wurden weder von verbeamteten Professoren der Bildungseinrichtungen noch von Kultusministerialbeamten wie sie in jedem Bundesland scharenweise in den Behörden resp. Hochschulen und Universitäten sitzen, nicht erkannt oder sollten sie diese systemimmanenten Fehler doch erkannt haben und nicht in evidenzpädagogische Handlungsvollzüge und innovative Reformprogramme praktisch umsetzen, so wäre dieses Nichtstun noch sträflicher sowie verwerflicher zu beurteilen. Die *PISA-Studie* (Program for International Student Assessment im Auftrag der OECD 2000 bis 2002) und die *Pharma-Konzernstudie* (2002) haben bewiesen, dass die schulischen Leistungen bezogen auf basales Wissen (Lesen, Schreiben, Rechnen) sowie sozialkompetentes Verhalten seit Jahrzehnten schlechter werden (Pharmaindustrie-Studie, über 25 Jahre durchgeführt, hat 2002 veröffentlicht, dass für die Lehrlingsausbildung zunehmend Abiturienten einzustellen sind, da die Absolventen der Haupt- und Realschulen die Eingangstests nicht mehr bestehen). Auch kindliche Verhaltensstörungen, psychische Erkrankungen nehmen ebenso zu wie Suchtverhalten, Persönlichkeits- und Verhaltensstörungen, delinquentes Verhalten der Jugendlichen und sogenannten „erwachsenen“ Menschen, wie wir unschwer an den jährlichen Berichten der

Landeskriminalämter und des Bundeskriminalamtes sowie an der permanenten Zunahme psychosozial Kranker und Süchtiger in den Berichten des Bundesgesundheitsministeriums nachlesen können. Seit mehr als 30 Jahren verfolge ich diese Deliquenz-Statistikberichte, ohne ein Abstoppen der Zunahme oder gar eine Trendwende zu erkennen. Die Ursachen für diese Phänomene sind bis heute nicht von den Verantwortlichen erkannt und konsequent angegangen worden. Die bisher durchgeführten Reformen im Bildungswesen sind genauso Augenwischerei wie die Gesundheitsreformen. Sie sind kurzfristig, populistische Aktionen (Aktionismus) und kommen kosmetischen Behandlungen gleich: Sie entsprechen dem Anstreichen einer feuchten Wand und verschwenden Steuergelder. Die wirklichen Ursachen sind systemimmant und strukturrelevant. Wir bedürfen erstmalig nach 1945 eines neuen Systems mit sowohl Zentralisierung (Bildungswesen), Dezentralisierung (Arbeitsvermittlung) als auch ein System mit Eigenverantwortung von unabhängigen Fachleuten vor Ort, Teamarbeit dieser Fachleute, Evaluation (wissenschaftliche Begleituntersuchung mit komplexen psychosozialen Untersuchungsplänen, Design) und konsequenter Umsetzung der Forschungsergebnisse).

Die Hierarchie der Schulverwaltung hat abgebaut und neben- oder nachgeordnet zu werden; die Fachleute an den Schulen haben zu entscheiden. Die Rechtssprechung ist ausschließlich für strittige Punkte zuständig, so dass es keine subalternen, willkürlichen Verwaltungsakte mehr gibt. Erziehung und Bildung haben auf das Zentrale zurückgeführt zu werden, was zugleich das Komplexeste und Schwierigste ist, nämlich anvertraute Kinder zu lieben und ein Vorbild für sie abzugeben, ihre Persönlichkeit und ihren Charakter mitverantwortlich zu entwickeln, ein gutes Lernklima zu schaffen, damit sie einen Lerninhalt ungleich leichter, einprägsamer, selbstmotivierter lernen sowie anwenden können und wollen. Schule hat auch Spaß zu machen, Leistungsanreize haben Spaß zu machen; Erfolge können dann bei dieser Vorgehensweise nicht ausbleiben. Lernzielkontrollen sind regelmäßig spielerisch durchzuführen nach dem Improvement-Prinzip (improvement = individuelle Lernfortschritte, Verbesserungen ermitteln und belohnen), die Resultate sind zu besprechen und zu modifizieren, Lernstrategien mit den Schülern mitverantwortlich (je nach Altersstufe) zu entwickeln: kindgemäßer, persönlichkeitszentrierter Unterricht mit Mitverantwortung anstelle von autokratischem oder laissez-faire Unterricht – auch nicht demokratisch, sondern human, partnerschaftlich, sozialversiert und mit Humor. Lehrer aller Schularten haben in Schul- oder Semesterferien sich weiterzubilden; sechs Wochen Jahresurlaub wie die übrigen Beschäftigten reichen. Sie haben schon nach Schulart unterschiedliche Deputate, um Vor- und Nachbereitung entsprechend gründlich durchzuführen. Das Jobdenken und die soziale Hängematten-Mentalität der Beamten – auch im Bildungssystem – haben der Vergangenheit anzugehören. Wir brauchen engagierte, motivierte, fleißige, ausdauernde, persönlichkeitsstabile, sozialkompetente Lehrer (auch mit sachkompetenter Ausbildung, Weiterbildung anstelle einer Vermittlung von bloß lexikalem Wissen); diese Unterrichts- und Bildungsinhalte sind in interaktiven Seminaren, Workshops, in gemeinsame Durchführung von Einzelfallstudien, durch Stegreifvorträge, gemeinsamen Übungen etc. zu erwerben. Solche methodisch-didaktischen Vorgehensweisen haben primäre Inhalte der Lehrerausbildung zu sein und nicht mehr langweilige, monotone Vorlesungen und Seminare von nicht nach ihrer Leistung bezahlten Dozenten und Professoren.

In unserem Bildungssystem ist es Fünf nach Zwölf. Wer jetzt immer noch nicht die chronifizierten Fehler der letzten 40–50 Jahre als Verantwortlicher in der Bildungspolitik (Politiker, Hochschullehrer, Ausbilder) begreift, der ist nicht nur Fehl am Platze, sondern er ist verantwortlich für das Desaster, was auf unseren Kulturkreis unaufhaltsam zukommt: Der Zusammenbruch des Bildungssystems durch „stumme" Revolution der frustrierten, fehlgeleiteten Bevölkerung. Noch könnten System- und Strukturänderungen Wesentliches erreichen; bloße Reformen nicht! Das hohle Geschwätz einiger Bildungspolitiker in den AV-Medien, gerade wieder verstärkt nach der Pisa-Studie; „es sei ein Vorurteilsdenken der Kritiker (unabhängige Experten) gegenüber der Kultusbürokratie, dem Berufsbeamtentum oder den politischen Beamten" ist blanker Hohn, Persönlichkeitsdummheit, Zynismus und resultiert aus Privilegiengier. Diese Menschen haben noch nicht begriffen, dass sie Laien in Erziehungs- und Bildungsfragen, in

Pädagogik, Psychologie und Soziologie sowie in der Kunst der Anwendung, also der Kunst der Erziehung sind. Sie verschwenden Steuergelder für ihre irrational-üppigen Beamtengehälter, Alterssicherungen sowie Übergangsgelder – obwohl sie in dieser Position nicht nur überflüssig, sondern belastend für das Bildungssystem und die Gesellschaft sind. Als Angestellte in einem nachgeordneten Schulamt (Verwaltung, anteilige Koordination, Administration) je Schulbezirk mit mittlerem Einkommen wären sie sinnvoll effektiv eingesetzt, wenn sie eine verwaltungstechnische Ausbildung durchlaufen haben.

Da die Religionen, Philosophien und Ethik bislang keine konsensfähigen Kriterien entwickelt haben, ist es überfällig, einerseits vor Moral zu warnen und andererseits Orientierungsstandards zu entwickeln, die auch eine Relevanz für Erziehung und Bildung haben. Mit dem Formulieren 30 weltethischer Leitlinien sowie dem Versuch einer rational-globalen Interpretation ist erstmalig die Möglichkeit geschaffen, international auf deren Basis einen Konsens erzielen zu können. Die PISA-Studie (2001/02) hat gezeigt, dass Finnland in Europa am besten mit seinem Schulsystem und den Schülerleistungen abschneidet – während Deutschland im letzten Viertel rangiert. Finnland hat das verwirklicht, was neutrale Experten seit Jahrzehnten in Deutschland wissen und einfordern:

➢ **Dezentralisierung**: Beseitigung der Kultushierarchie bestehend aus Staatlichen Schulämtern, Oberschulämtern und Kultusministerium in jedem der 16 Bundesländer. Stattdessen Macht der Bildung an die Schulen, Gemeinden, also an Schulleiter, Lehrer, Eltern, Schüler der Mittel- und Oberstufe. Geschäftsführende Rektoren, auf Zeit gewählt (wie alle Funktionen auf fünf Jahre), haben auf jede Schulart bezogen mit Kollegen (Rektoren, Lehrer), Eltern und gewählten Vertretern der Schulbezirksgemeinde, aber auch der Erziehungswissenschaftlich-, Pädagogisch-psychologischen Hochschulen in einem periodisch arbeitenden Gremium Beschlüsse zu fassen über Bildungsinhalte, Curricula, Budjets, Projekte, Anschaffung von methodisch-didaktischem Anschauungsmaterial etc.

➢ **Ganztagsschule** hat die Regel zu sein; wobei es manchen Schülern auch frei stehen sollte, ein Jahr lang den Nachmittag selbst gestalten zu wollen, wenn dies Klassenlehrer, Eltern und Schüler paritätisch akzeptieren. Der Schüler kann nach einem Jahr wieder am Ganztagsunterricht teilnehmen oder erneut eine einjährige Verlängerung beantragen und bei Zustimmung der Erziehungspersonen auch erhalten.

➢ **Mitspracherecht der Lehrer**, Eltern und Schüler sollten nicht nur auf dem Papier stehen und in Alibigremien, die keinerlei Entscheidungsbefugnisse haben, einmünden, sondern in echtes, entscheidungsverantwortliches Handeln. Negativbeispiel in Baden-Württemberg (2002): Annette Schavan, studierte Philosophin, ohne Berufsausbildung und politische Kultusbeamtin bestimmt als CDU-Kultusministerin, dass in Baden entlang des Rheines in bestimmten Grundschulen Französisch als erste Fremdsprache einzuführen sei wegen des Nachbarlandes Frankreich, obwohl 70% der betroffenen Eltern sich für Englisch als 1. Fremdsprache wie in den übrigen Grundschulen Badens aussprechen. Dieses Verhalten ist egoistisch, unreif; bedeutet Amtsmissbrauch und systembedingter Unsinn: Deutschland kann sich diesen Unsinn eines politischen, verwaltungsmäßigen und schulakademischen Berufsbeamtentums nicht mehr leisten.
Mehr als 50 Jahre seit dem letzten verlorenen Krieg sind vergangen, und das Heer der Berufsbeamten wird immer größer, die Kosten und Folgekosten ebenfalls, so dass der Staat schon längst Pleite ist und sich mit Löchern stopfen und neuen Steuern erheben (z. B. Ökosteuer) noch über Wasser hält. Die wenigen produktiv tätigen Menschen in Deutschland haben eine Abgabenlast von mehr als 50% und sind nicht mehr bereit, diesen Systemunsinn weiterhin zu finanzieren (vgl. zunehmende Wahlverdrosssenheit der Bürger – v. a. Jungwähler, aber auch Klagen beim Verfassungsgericht).

➢ **Direktzuwendung von Steuergeldern** für das Schulsystem unter eigenverantwortlicher Verwaltung der Mittel. Bezahlung der Lehrer, Kindergärtner, Dozenten an Ausbildungsstätten nach Leistung ohne große Unterschiede wie die Gebührenordnung bei Ärzten,

Zahnärzten, Psychotherapeuten, Rechtsanwälten, Architekten. Eine gehaltene Unterrichtsstunde wird mit einem Honorar erstattet, keine gehaltene Stunde gibt auch kein Honorar – unabhängig ob Schulferien oder Krankheit, wie dies bei den oben genannten Selbständigen (keine Gewerbetreibenden mit Gewinnspanne bei Ein- und Verkauf) auch seit Jahrzehnten bewährte Alltagspraxis ist. Die Staatsregierung (gewählte Funktionäre, z.B. Minister auf Zeit mit Zulage, die nach ihrer Amtszeit wieder in ihren Beruf zurückgehen und dort weiter nach Leistung zu bezahlen sind) bekommt auf Bundesebene mehr Rechte und Pflichten, der Förderalismus (Kleinstaaterei) wird deutlich reduziert und in der Macht beschnitten (Bundesrecht hat klar und eindeutig vor Landesrecht zu gelten). Zentralabitur, bundeseinheitliche Leistungsprofile und Lernmittel sind einzuführen; jedem Bundesland kann ein regionales Schulfach (HUG: Heimat- und Geschichtsunterricht) bleiben.

➢ **Signifikant verbesserte Ausbildung** der Professoren, LehrerInnen, ErzieherInnen bei angeglichener Leistungsbezahlung, was später noch behandelt wird.

➢ **Gesicherte Unterrichts- und Therapieversorgung** an den Ganztagsschulen; derzeit gelingt die Unterrichtsversorgung an den Halbtagsschulen durch die aufgeblähte Schulbürokratie nicht, vgl. BNN, 25./26.07.1998: Gesamtelternbeirat: „Die Schulen sollen Lehrer selbst einstellen".

Die PISA-Studie (2000–2002) wurde von der Organisation für wirtschaftliche Zusammenarbeit und Entwicklung (OECD) in Auftrag gegeben. 32 Staaten nehmen an der Studie teil; die Ausweitungen der deutschen Schülerstichproben führte das Max-Planck-Institut in München durch. Die PISA-Studie prüfte drei Bereiche bei 15-Jährigen; also bei Schülern am Ende der Pflichtschulzeit in Haupt-, Real- und Oberschulen (2000 und 2001):

➢ Lesekompetenz (sinnerfassendes Lesen),
➢ mathematische Grundausbildung (Basiswissen) und
➢ naturwissenschaftliche Grundausbildung.

In Deutschland wurden etwa 5.000 Schüler aus 219 Schulen getestet. Darüber hinaus fand ein bundesweiter Ländervergleich statt mit einer Untersuchung von mehr als 50.000 Schülern aus 1.466 Schulen. Diese ersten Ergebnisse werden frühestens im Herbst 2002 erwartet und ziehen sich hin bis 2006. Die bestehende und seit mindestens 30 Jahren sich einschleichende Bildungskatastrophe in Deutschland hat nunmehr die OECD-Studie „PISA" bestätigt. Die deutschen Schüler landeten auf dem 25. Platz, ein Platz vor Entwicklungsland Mexiko. Die Betroffenheit, Unruhe und der Aktionismus der Kultuspolitiker und Hochschullehrer (PH) ist groß. Die Deutsche Unternehmervereinigung, viele Eltern und die unabhängigen Fachleute (die es kaum in Deutschland gibt und die im politischen Kultusbeamtensystem nicht zu Informanten und Entscheidungsträgern werden können) haben diese Katastrophen auf Deutschland zukommen sehen. Ich habe seit 1982 mehrfach meine Dienste mit den von mir bekannten Fachleuten in Baden-Württemberg dem Kultusministerium, Wissenschaftsministerium, den Pädagogischen Hochschulen angeboten, detailliert mitgeteilt, was „überflüssig" und deshalb zu ändern ist, aber außer dem Rat, eine Professur anzunehmen, also auch wieder „Lebenszeitbeamter" zu werden, fiel diesen Leuten nichts ein; auch als ich darauf verwies, dass ich Lebenszeitbeamter im Schuldienst schon war und freiwillig nach 15 Jahren ausgeschieden bin, um als approbierter Psychotherapeut nach Leistung bezahlt zu werden. Ich habe in den letzten 20 Jahren viele frustrierte Lehrer aller Schularten recht erfolgreich therapiert; aber die systemimmanenten Fehler sind natürlich geblieben. Eine **„friedliche Revolution"** (wie die deutsche Wiedervereinigung 1989) ist erforderlich: Wir sind das Volk und hören auf freie, unparteiische Experten beim Entwickeln eines rationalen, humanen, flexiblen und effizienten Bildungssystems auch in Deutschland. Reformen wie bisher sind Kosmetik und Strohfeuer; sie belassen die „Regierenden" in Selbstverwaltung und in dem ängstlichen Bemühen, ihre unsinnigen Privilegien verteidigen, kaschieren zu müssen. Noch heute gibt es nicht den transparenten politischen Berufsbeamten, weil viele unsinnige Zulagen und Nebentätigkeiten existieren. Wenn ein politischer Beamte wirklich zu arbeiten hätte, z.B. 60–70 Wochenstunden wie ein Arzt oder Psychotherapeut, dann kann er keine Nebentätigkeit mehr ausüben, höchstens eine mit derzeit etwa 2.200 Euro im Jahr genehmigt und vergütet künstlerische und/oder wissenschaftliche Tätigkeit. Zehn Vorschläge zur deutschen Bildungsreform legte die GEW (Gewerkschaft Erziehung und Wissenschaft am 06.12.2001) vor; beispielsweise fordert sie

- frühes und individuelles Lernen;
- flächendeckendes Angebot an Ganztagsschulen;
- kontinuierliche Fortbildung der Hochschullehrer in ihrer Lehrerausbildung und der Lehrer selbst; (Coaching und Supervision durch unabhängige, freie Experten; Anm. des Autors);
- praxisnahe Ausbildung;
- mehr Mitbestimmung für Eltern, Lehrer und Schüler (mit Entscheidungsbefugnis; Anm. des Autors).

Die *McKinsey*-Unternehmensberatung (Sprecher: Jürgen Kluge) verlangte am 06.12.2001 in der Tagespresse ein 6-Milliarden-Programm für mehr Krippenplätze und für ein flächendeckendes Angebot für Ganztagsschulen.

Eine Ursache für schlechtes Abschneiden sei „mangelhafte Konzentration des Schulkindes und Desinteresse vieler Eltern“, meint die Vorsitzende der Kultusministerkonferenz, die Philosophin und CDU-Politikerin Annette Schavan am 12.12.2001 in der Tagespresse. Hier wird deutlich, wie wenig Ahnung diese Frau von Erziehung, Pädagogik und Psychologie hat. Sie verwechselt Symptome mit Ursachen, eine Tragik für sie und das Schulsystem. Lehrer, Eltern und Schüler resignierten wegen der Dauerfrustration durch systemimmante Fehler im Bildungssystem und Staatssystem überhaupt. Hierarchische, subalterne, veraltete Systeme sind hauptverursachend für die vorgefundenen Wirkungen in allen Ebenen und Bereichen. Mit dem bestehenden politischen und verwalterischen Berufsbeamtentum werden wir noch schlechter in Bildung, Erziehung, Wissenschaft und im wirtschaftlichen Standort Deutschland. Das deutsche Volk und die derzeit in der Regierung Verantwortlichen haben gemeinsam mit dem deutschen Richterbund, der Wirtschaft, den Gewerkschaften eine Verfassungsänderung vorzunehmen, sonst bleibt es nicht nur beim Alten, sondern es wird weiterhin schlechter bis zum finalen Kollaps.

Es werden dann keine „Blauen Briefe" von der Europakommission verschickt oder eine Bildungskatastrophe von der OECD quittiert, sondern es wird faktisch zum Kollaps kommen. Eine Verfassungsänderung bzw. eine Staatsrechtsreform in Deutschland forderte auch der ehemalige Bundesrichter und Bundespräsident *Roman Herzog* am 25.02.2002 (REPORT-TV-Sendung, ARD), damit es wirklich zu notwendigen, überfälligen Strukturänderungen in unserer Gesellschaft kommen kann.

Neues Bildungs- und Erziehungssystem in Deutschland (Modellcharakter)

Aus der Bildungskatastrophe und der PISA-Studie sind diese zwölf nachfolgenden Strukturveränderungen zu ziehen, synchron zur System- und Verfassungsänderung in Deutschland, was dann machbar ist, wenn die verantwortlichen Systemträger ernsthaft und konsequent diese sinnvollen, humanen, ethischen Innovationsprozesse wollen:

1. Strukturveränderung: Basiswissen ist schon im Kindergarten spielerisch zu vermitteln durch Sprach- und Computerspiele sowie die Kulturtechniken (lesen, schreiben, rechnen); also in sensiblem Lernalter von 3–5 Jahren. Die erste Fremdsprache (Weltsprache Englisch) ist bundesweit ab der 1. Grundschulklasse als ordentliches Unterrichtsfach einzuführen.

2. Strukturveränderung: Ganztagsschule ist die Regelschule (8.00–16.00 Uhr); Ausnahmen sind möglich; auch auf Wahlmöglichkeit der Schüler der Mittel- und Oberstufe mindestens auf ein ganzes Schuljahr bezogen. Schüler haben ebenso wie Eltern Mitsprache- und Mitentscheidungsrecht, z.B. Mittagessenplan oder Förderunterricht am Nachmittag. Lernschwache und lernstarke Schüler werden nachmittags – nach der Hausaufgabenbetreuung – gefördert. Die Betreuung und Förderung gehört zum Deputat der Lehrer. Zusätzlich haben Experten wie Sozial-, Sonderpädagogen und Pädagogische Psychologen sowie Spiel-, Sprach-, Physio-, Ergo- und Mototherapeuten an der Schule ihre Dienste anzubieten, aber auch approbierte Kinder- und Jugendpsychotherapeuten und Hochschuldozenten mit ihren eigenen Praktika vor Ort. Dadurch wird auch die hohe Zahl der Schulschwänzer zurückgehen und Unterrichtsausfall wegen Krankheit eines Lehrers gibt es praktisch nicht mehr.

3. **Strukturveränderung:** Lehrer und Schulleiter sind wie alle anderen Fachleute Angestellte, die nach einem Leistungskatalog bezahlt werden und sechs Wochen bezahlten Urlaub haben wie alle übrigen Arbeiter und Angestellten auch. Schul- oder Semesterferien sind für Schüler und Studenten ca. 3–4 Monate im Jahr, um Freizeitangebote, Hobbys und/oder Weiterbildungen, Fördermaßnahmen, Praktika nutzen zu können. Alle in den Schulen Tätige (Kindergarten bis Universität) haben in der übrigen Freizeit (außerhalb den sechs Wochen Urlaub) sich weiterzubilden und/oder in Sommercamps ihre extra bezahlten Dienste anzubieten, weil sie nur Lohnfortzahlung für die sechs Wochen Urlaub bekommen. Krankentage sind privat zu versichern (Krankenhaustagegeld), Lohnfortzahlung im Krankheitsfall ist einzustellen, da nicht von der Gemeinschaft der Abgabenzahler verlangt werden kann, die arbeitsfreie Zeit mitzufinanzieren; das ist sonst eine Überstrapazierung der Solidarität. Solidarität erfolgt schon durch die Progression in den Steuersätzen; der Höchststeuersatz ist auf 35% zu beschränken, damit Fleiß, Mehrleistung sich für den Menschen lohnen und indirekt auch durch das Abführen des Höchststeuersatzes für die Solidaritätsgemeinschaft. Alle in Erziehung und Bildung Beteiligten benötigen ein wissenschaftliches Hochschulstudium, mehrere Sozialpraktika und eine permanente Weiterbildung, weswegen ein Gehaltsgefälle sich zwischen Erzieherin, Lehrerin und Professorin ausschließlich aus leistungsintensiven Faktoren noch ergeben kann sowie aus dem jeweiligen Stand (verheiratet, Kinder etc.) wegen des Solidaritätsprinzips; eine fleißige Erzieherin könnte dann mehr verdienen als eine faule Professorin.

4. **Strukturveränderung:** Funktionszulagen sind auf Zeit zu zahlen und bei nicht Wiederwahl (nur zwei Amtsperioden zu je fünf Jahren sind möglich) arbeitet der Fachmann wieder in seinem gelernten Beruf. Dieses Funktionsprinzip auf Zeit mit Rückkehr in seinen Beruf hat auch für alle politischen, wirtschaftlichen Ämter zu gelten; es gibt keine Übergangsgelder mehr außer einer einmaligen Umzugszulage, wenn dies erforderlich sein sollte; es gibt auch keine unterschiedlichen Pensionsansprüche; die Rentenbei-

träge werden in die gemeinsame Rentenkasse gemäß der höheren Abgaben eingezahlt, so dass sie in der „Leistungsrente" später zum Tragen kommen. Jeder kann sich noch zusätzlich privat rentenversichern mit differenzierter staatlicher Unterstützung.

5. **Strukturänderung:** Es sind neue Hauptfächer einzuführen und von Fachleuten (derzeit von Verhaltensmedizinern, biopsychosozialen Medizinern und Psychologen) und von psychologischen oder ärztlichen, approbierten Psychotherapeuten, den Mediatoren (Lehrer aller Schularten), zu unterrichten: Charakterbildung, Persönlichkeitsentwicklung mit gesundheitsbewusster Lebensführung ohne Sucht, Mobbing, Delinquenz und mit Gesundheit als Weg sowie Weltethik. Dieses Hauptfach hat verpflichtend zu sein ab Kindergarten bis zum Hochschulstudium sowie in jeder beruflichen Ausbildung; aber auch grundsätzlich bei der Fort- und Weiterbildung; zunehmend sind Ethikfachleute als Multiplikatoren von den genannten Fachleuten auszubilden, damit allmählich flächendeckend in Deutschland dieses wichtige Hauptfach angeboten und die Inhalte trainiert werden können. Curricula und Lernmaterialien wurden innerhalb der Rational-Emotiven Verhaltens-therapie in den USA schon entwickelt, sowohl für Kindergärten, Schulen, Firmen, Behörden als auch für Dozenten, Manager, Ärzte/Therapeuten (vgl. Institute for Rational-Emotive Behavior Therapy in New York unter dessen Präsidenten Dr. Albert Ellis; IREBT oder *Albert Ellis Institute*, 45 East 65th Street, New York, N.Y. 10021-6593; E-mail: orders @rebt.org oder Website: www.rebt.org).

6. **Strukturänderung:** Erziehung (Education) gehört zu den menschlichen Grundbedürfnissen und eine rational-emotive Grundversorgung findet im deutschen Schul- und Bildungssystem noch nicht statt. Es hat zu Einstellungsänderungen (Paradigmawechsel) zu kommen, in dem die Kunst der Erziehung (the art of education) – zeitlebens erforderlich – als erster Rangplatz zu stehen hat und als erste Sinnhaftigkeit im Leben eines Menschen zu begreifen ist. Charakterbildung und Persönlichkeitsentwicklung sind mit den rationalen humanen Methoden der Rational-Emotiven Verhaltenstherapie und Verhaltensmedizin durchzuführen. Erziehung darf nicht mit bloßer Betreuung (upbringing) verwechselt werden und ist zeitlebens zu leisten:

a) Fremderziehung von Schwangerschaft bis 18. Lebensjahr, vor allem durch qualifizierte, diplomierte Erzieherpersonen wie Eltern, ErzieherInnen/Pädagogen, Ärzte, Therapeuten.
b) Selbsterziehung ab dem 19. Lebensjahr bis zum Tode eines Menschen, vor allem durch die Entwicklung des SELBST anhand den Orientierungsgrößen: Realität resp. Objektivität, aber auch Kreativität, Intuition. Harmonie zu sich, den Mitmenschen und der Natur und mit Hilfe der 30 weltethischen Leitlinien sowie mit der Kunst der Selbsterziehung (the art of self-education).

7. **Strukturänderung:** Bloßer reformerischer Aktionismus wie in den letzten Jahrzehnten entspricht psycho- und pädopathologischen Wirkfaktoren. Die Zahl der Schulversager, Klassenwiederholer beweist auch die Systemfehler im Bildungs- und Erziehungssystem [87]. Deutschland hat in der PISA-Studie die höchste Zahl der Schulversager vor Mexiko und Luxemburg. Die frühe Trennung resp. Auslese der schwachen von den starken Schülern, bereits in der Grundschule, gehört ferner als pädopathologische Determinante genannt.

Fördern und Integrieren vor Aussortieren und Separieren sind die vernünftigen Alternativen! Sitzenbleiben ist eine irrationale, brutale und inhumane Methode, um auf Leistungsdefizite bei Schülern hinzuweisen. Auch hier zeigen sich erneut die Unkenntnisse und eigenen Bildungsdefizite der Kultusbürokraten, die symptomatisches Verhalten wie Sitzenbleiben oder Schulleistungsversagen weder ursächlich begreifen (Mikroanalyse) noch konkrete alternative Handlungsvollzüge zur Problemlösung (Makroanalyse) anbieten können. In Schweden gibt es bis zur achten Klasse keine Noten, sondern Leistungsprofile und Defizitförderung. Die Schüler arbeiten, wie angeleitet, relativ selbständig, Lehrer können sich deshalb um lernschwächere Schüler in den Ganztagsschulen kümmern. Es ist deshalb auch kein Sitzenbleiben (Lebenszeit vergeuden als Kollektivstrafe – in zwei Fächern 5 oder 6; deshalb 12 Fächer wiederholen; wobei 10 Fächer ausreichend oder besser sind) möglich. Das Argument der Kultusbürokraten, die Ganztagschulen und die höhere, leistungsorientierte Bezahlung der Erzieher, Pädagogen, Psychologen und Professoren kosten mehr Geld, spricht für fehlendes mathematisch-betriebswirtschaftliches Basiswissen, fehlendes, analythisches und netzverhaftendes Denken sowie für die wiederkäuenden Verwechslungen (Ruminationen) von Ursache und Wirkung. Die Abschaffung des Berufsbeamtentums, die Umwandlung der Funktionen auf Zeit und die Reduzierung der etwa 80–90% überflüssigen Schulverwaltungsbehörden (ABM-Maßnahme der Selbstverwaltung) setzen jährlich Milliarden Steuergelder frei, die für sinnvolle, äußerst wichtige Erziehungs- und Bildungsarbeit in einem Volk verwendet werden können. Die vielen überflüssig werdenden Schulverwaltungsbeamten sollten in zukunftsträchtige Berufe an den Ganztagsschulen, im Umwelt- oder Klimaschutz oder im Bereich der alternativen Energien und im Handwerk umgeschult und als leistungsbezahlte Angestellte eingesetzt werden. Innerhalb von 10–20 Jahren ließen sich diese Strukturmaßnahmen mit zunehmendem Gewinn für die gesamte Bevölkerung verwirklichen. Wir-Bewusstsein entsteht (weg von selbstgefälligem egomanischem Einzel- oder Cliquengängertum), ebenso wird ein neues soziokulturelles Lern- und Arbeitsklima mit Gleichwertigkeit, Gleichberechtigung, Würde, Selbstmotivation und Selbstverantwortung ermöglicht. Daraus resultieren wieder innere und äußere Freiheit in einer Gesellschaft anstelle von Autofetischismus, Körperkult, Korruption, Spaßgesellschaft, Freizügigkeit, Zügellosigkeit, Proletentum; also keine Varianten einer Persönlichkeitsverdummung mehr.

Die Partei „Bündnis 90/Die Grünen“ hat mit ihrem Vorschlag zur Strukturänderung im Bildungswesen vernünftige zentrale Punkte (10/2001) genannt; in dem sie „selbständige Schulen“ errichten wollen, ohne jedoch diese Aussage präzesiert zu haben. Auch der Arbeitgeberchef *Hundt* und der Präsident des Deutschen Industrie- und Handelskammertages *Braun* (DIHK) verlangen ein Umdenken und Umstrukturieren in der Schulpolitik: Weg vom Beamtenstand hin zu gemeinsamen Anstrengungen für „radikale Reformen“ (BNN 03.12.2001); also ebenso Vorschläge für konkrete Struktur- und Reformänderungen.

8. Strukturänderung: Die Deutschen besinnen sich wieder auf Familie, auf traditionelle Werte wie Gehorsam (kein Kadavergehorsam), Höflichkeit (kein „Radfahrertum“), Rücksicht, Hilfsbereitschaft und Fleiß. Mit einer sozialen Hängematten-Mentalität, wie sie im Berufsbeamtentum der höheren und hohen Beamten überwiegend vorgelebt wird (mit ihren Privilegien, die sie wirklichkeitsfremd und subjektiv-kaptativ*-orientiert selbst nicht mehr wahrnehmen und wahrnehmen wollen), gehen diese neuentdeckten ethischen Werte der Familie nicht konform. Beamte wollen sich mit Selbständigen und Selbstverantwortlichen vergleichen, mit deren Einkommen und begreifen nicht, dass dieser Vergleich objektiv nicht möglich, also unsinnig ist. Selbständige haben keinen Gehalt, keine Lohnfortzahlung im Krankheitsfall, keinen bezahlten Urlaub, keine Pension oder Altersversorgung, keine Übergangsgelder und Zulage, kein Urlaubs- und Weihnachtsgeld. Selbständige tragen volle Verantwortung für ihr Tun bis zum möglichen Konkurs und Insolvenzverfahren mit Einkommenspfändung über mindestens sechs Jahre, sie zahlen zu 100% ihre Krankenkassenbeiträge und Beiträge für ihre Altersvorsorge selbst. Sie bekommen keinen Euro, wenn sie krank sind, oder sie haben sich auch hier 100% zusätzlich sehr teuer privat zu versichern. Selbständige leben eine Verantwortung, einen Persönlichkeitsentwicklungsstand, wovon die meisten Beamten nur träumen können (meist Alpträume). Wie sind junge Beamtenanwärter heute nur darauf erpicht, endlich mit 27 Jahren Beamte auf Lebenszeit zu werden, um, wie sie in meiner Praxis sagen, „endlich lebenslang abgesichert zu sein" – ein Trauerspiel! Selbständige können nicht mit einer 38,5-Stunden-Woche finanziell (über-)leben. Sie haben sehr hohe Verantwortung für ihre Angestellten. Die niederen und mittleren Beamten, die insgesamt abnehmen, weil gehobene, höhere und hohe zunehmen, diese „niederen" Beamten haben Alibi-Funktion für höhere (A13–A16) und hohe (B1–B16) Beamten. Die „kleinen" Beamten haben in der Regel zu arbeiten, kaum Privilegien und sind Vorzeigebeispiele bei Gehaltsrunden; wobei die Angleichung der Prozente mit den Angestellten im Öffentlichen Dienst grundsätzlich netto mehr bedeutet, da sie außer Steuern keine weiteren Sozialabgaben bezahlen, was einen weiteren Unsinn in unserem derzeitigen System darstellt. Selbständige können arbeitsrechtlich und leistungsmäßig Vorbilder für Beamte sein. Gemäß diesen Strukturänderungen haben wir uns zu entwickeln, damit wir nicht wissenschaftlich, bildungsmäßig, wirtschaftlich Schlusslicht in Europa bleiben und international nicht noch schlechter werden.

9. Strukturänderung: Deutschland ist ein Einwanderungsland und hat noch keine Einwanderungsgesetze. Wer sollte sie auch machen? Die politischen Beamten haben es in den letzten 30 Jahren nicht geschafft. Von der Gesamtbevölkerung in Baden-Württemberg sind 12,5% Ausländer (1,3 Millionen Menschen). Die meisten haben weder ausreichende Kenntnisse in Wort und Schrift der deutschen Sprache noch verfügen sie über berufliche Qualifikationen, die wir in unserem Land benötigen. Eine Systemänderung ist in Deutschland seit Jahrzehnten überfällig; das Berufsbeamtentum (die Landesregierungen) hat auch hier versagt und Milliarden von Folgekosten jährlich produziert für Sozialhilfe, Asylantenverfahren, Abschiebungen, Duldungen etc. Menschen, die nach Deutschland wollen, haben Deutsche werden zu wollen und sich dem deutschen Grundgesetz und der Verfassung anzupassen; resp. eine Treueverpflichtung zu unterzeichnen. Schließlich „muss" keiner nach Deutschland kommen; außer bewiesenermaßen politisch Verfolgte, die sich ausweisen können. Der vorliegende Gesetzentwurf zur Zuwanderung in Deutschland (SPD/Grüne vom 01.03.2002) ist ein erster wichtiger Schritt für ein humanes arbeitsmarktgerechtes Einwanderungsgesetz.

10. Strukturänderung: Zusammenarbeit mit Fachleuten in den Schulen ist erforderlich: Ärzte, Psychotherapeuten, Juristen, Ingenieure, Handwerksmeister. Der Unterricht hat Improvement*-orientiert, kindgemäß, leistungsgestuft, realitätsorientiert, sowohl praktisch-empirisch gesichert als auch wissenschaftlich begleitet zu sein. Er hat Querverbindungen zu den anderen Fächern und vor allem zum gegenwärtigen Lebensvollzug herzustellen, bewusst zu machen; außerdem fächerübergreifend zu sein und sozialkompetente Fertigkeiten zu vermitteln. Auch computergestützter Unterricht ist verstärkt in den personenzentrierten Unterricht zu integrieren. In Elternakademien sind bundesweit Paare und junge Eltern aus- und weiterzubilden mit Abschlüssen (Lernzielkontrollen, Stufenlehrgänge) und Erziehungsdiplomen. Für das Wichtigste und Schwierigste, nämlich die Kunst der Erziehung (Fremderziehung) und die Kunst der Selbsterziehung, gibt noch es keine obligate Aus- und Weiterbildung mit Diplom; sonst haben die Beamten für jede Nebensächlichkeit Zertifikate eingeführt, vgl. Angelschein, Segelschein, Hundeführerschein und vieles mehr. Kontrolliert wird zwar so gut wie nicht, Hauptsache Selbstbeschäftigung im Amt. Gesetze, Bestimmungen sind so gut wie ihre Kontrolle (vgl. Arbeitsämterskandal 2002 exemplarisch für die meisten Ämter).

11. **Strukturänderung:** Verwaltungsbeamte sind keine Entscheidungsträger, sie haben nicht mit einem oft unsinnigen Verwaltungsakt zu bestimmen, z. B. ob eine gutachterlich ausgesprochene Leistung vom Amt (Beihilfestelle) zu erstatten ist oder nicht – sie haben in der Regel weder die berufliche noch menschliche Qualifikation für solche (Willkür-)Akte. Solche und ähnliche Auswüchse in unserer Gesellschaft sind zu ändern, wenn angestellte Fachleute und qualifizierte Funktionsträger auf Zeit an einer ihnen gemäßen Stelle sitzen und Parteipolitik sowie „Vitamin-B"-Konstellationen kaum eine Rolle mehr bei Besetzung der Stellen spielen. Psychologen, Fachleute aus dem Bereich bestimmen mit Hilfe von wissenschaftlichen Eignungstests und Interviews, ob eine Person für diese Position – hier und jetzt – geeignet ist oder nicht. Es darf auch keinerlei geschlechtsspezifische Bonus- oder Malus-Systeme mehr geben.

12. **Strukturänderung:** Weg von der bisherigen Kultushierarchie und dem pädagogischen Dreieck (Lehrer – Schüler – Stoff) zu einer eigenständigen Schule mit neben- oder nachgeordneter Schulverwaltung und auch hin zu einer Allianz, bestehend aus diesen Faktoren (vgl. Pädagogischen Raute / Rhombus):

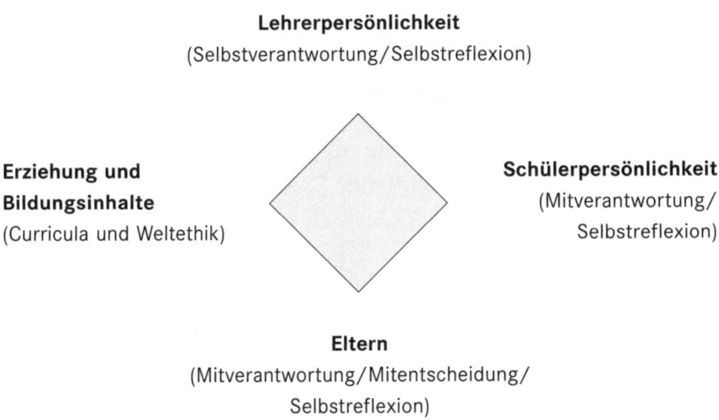

Die Schulaufsicht erfolgt durch gewählte Gremien, also einer beratenden und beschlussfassenden Körperschaft, bestehend aus Lehrern, Eltern, Mitarbeitern in der Ganztagsschule, Gemeinde- und Schulamtsvertretern, sowie Vertretern aus der Wissenschaft (PH, Universität). Die Unterrichtsevaluation (Qualitätssicherung) hat durch qualifizierte Supervisoren aus Pädagogik, Psychologie, Ethik und Erziehungs- sowie Verhaltenwissenschaft resp. auch den entsprechenden Fachwissensschaftler zu erfolgen. Die Teilnehmer des Qualitätsmanaging oder des Bildungs- und Erziehungsmanagingrates sind ebenfalls auf Zeit zu wählen resp. zu berufen.

Eltern, Schüler und Lehrer arbeiten verantwortlich und faktenorientiert mit; die Schulverwaltung hat keinerlei Weisungsbefugnis, sondern hat die angeordnete Verwaltungsarbeit zu machen. Diese Aufgaben hat das Schulleitungsgremium mit dem geschäftsführenden Rektor an der Spitze als Erster unter Gleichen (primus inter pares) dem Amt zuzuordnen. Ein Bundesbildungsministerium für Deutschland erarbeitet transparent mit einberufenen „Fachleuten auf Zeit" Richtlinien, Empfehlungen für die eigenständigen Schulsubsysteme in den Schulbezirken mit ihren jeweils nachgeordneten Gremien oder dem Bezirksschulamt, das kaufmännisch, buchhalterisch, verwaltend auf Anordnung tätig ist und nicht technische, wissenschaftliche, pädagogische Belange anzuordnen hat.

Durch diese 12 Strukturveränderungen werden auch Konsum- und Spaßgesellschaft, Egoismus und Selbstgefälligkeit, Gleichgültigkeit und Privilegiengier weitgehend verschwinden und das deutsche Volk kann eine Renaissance mit Tiefe, Werten, Sinnhaftigkeit und Qualität erfahren. Auch die zunehmend künstlich erzeugte (virtuelle) Welt bekommt den Stellenwert zugeordnet, der ihr entspricht, nämlich ein Schlusslicht im Ranking weltethischer Werte.

Auch das derzeit noch blühende Esoterik-Hopping wird als Irrtum erkannt werden, und stattdessen werden qualifizierte Experten (Professionals) zunehmend gefragt sein, solche Menschen wie Pädagogen, Psychotherapeuten, Ganzheitsmediziner, Pflegepersonal, Ethiker, Natur- und Geisteswissenschaftler, Handwerker, Kaufleute etc., die primär Persönlichkeitsbildung leben; Menschen, die Liebe und Vorbild vorleben können, nicht nur Ziele einfordern oder bloße Wegweiser sind. Es hat sich in der psychotherapeutischen Emperieforschung bewiesen, dass „Klerus, Geldadel, Titeladel, blaublütiger Adel" nicht interkorrelieren mit ethischer Charakterbildung und Persönlichkeitsreife, wie subalterne Gesellschaftsordnungen uns bisher vorgegaukelt haben. Deshalb ist es für den Menschen heute wichtig, für seine Neuorientierung andere zuverlässige ethische Maßstäbe, Werte, zu erkennen und sich an echten Vorbildern zu orientieren:

- Keine Menschen, die in kurzer Zeit viel verdienen, gewinnen, erben (Millionenbeträge), sondern Menschen mit leistungsgerechter Bezahlung; mit grundsätzlich auch – sozialem Engagement; kein Menschen-Transfer-Handel wie bei Spitzensportlern und Managern; Spielgewinne, die zu limitieren sind und auch zu versteuern wären;
- Nicht akademische Titelsammlung innerhalb wissenschaftlichen Abgrenzungszirkeln oder durch Beziehungen und/oder Geld und keine Karriere- und Mediengeilheit;
- Nicht Menschen mit Sammlungen von Verdienstkreuzen und Orden, die selten leistungsrelevant sind.

Wir brauchen Menschen mit Selbstliebe, Selbstachtung, Selbstverantwortung, Selbststeuerung, Vorbildfunktion, die dadurch erst in die Lage versetzt werden, Mitmenschen vorurteilsfrei lieben, achten zu können. Negative Vorbilder in Kunst, Sport, Wissenschaft, Wirtschaft und Politik führen zur Verweigerungshaltung vieler junger Menschen, zu Resignation und zur Realitätsflucht (Sucht, Delinquenz, Schwarzarbeit, Arbeitslosigkeit), aber auch ältere Menschen fliehen in Frühpensionierung; Durchschnittsalter der Frühpensionäre ist derzeit in Deutschland 55 Jahre (Lehrer ebenso wie übrige Beamte – ein menschlicher und finanzieller Skandal) sowie viele, die in Erwerbs- und Berufsunfähigkeitsrente abgewandert sind (das neue Erwerbsminderungsgesetz ab 2001 hat diesem Trend bereits deutlich gegengesteuert); die Ursachen für den Frust der Bürger, ihre Demotivation, ihr Desinteresse, ihre Wahlverdrossenheit laufen aber noch weiter. Die genannten 12 Strukturprozesse beseitigen einen Großteil der Ursachen und lassen ein neues faires, gleichberechtigtes, mitverantwortliches, transparentes System entstehen mit signifikant weniger Systemfehlern.

Leben nach dem Realitätsprinzip und nicht mehr nach dem egoistisch ausgerichteten Lustprinzip bewirkt nach *Hartmann* (1964)[132] zumindest zweifache Bedeutung für den Menschen und eine Gesellschaft:

- die Tendenz des Individiums, den realen Gegebenheiten gerecht werden zu wollen;
- die Tendenz, sich die vom Lustprinzip geforderte unmittelbare Triebabfuhr um einer späteren, sicheren und dauernden Befriedigung (Erfüllung) willen zu versagen (ebda, S. 65).

Das Realitätsfähig-Werden ist auch an direkte, unmittelbare Versagungen gebunden, damit eine größere, höhere, sichere Erfüllung erfahren werden kann (ebda, S. 76)[132].

In der Verhaltenstherapieforschung sprechen wir von einer Störung im Realitätsbewusstsein, wenn eine geringe Konflikt- und Frustrationsfähigkeit bei einem Menschen vorliegt (LFT-Sydrom; Low Frustration-Tolerance-Syndrom). Deshalb verlangt eine dynamisch-(verhaltens-)analytische Sichtweise in der Psychotherapie und schulpsychologischen Arbeit vor allem, dass ein Konflikt, eine Störung von seiner Biografie, einer Sozialisation und seinem häuslichen, beruflichen Umfeld her (Enviorment) zu interpretieren ist. Ebenso haben Erziehungspersonen ihr gruppendynamisches und individuelles Verhalten zu reflektieren und es produktiv zu gestalten.

Das Ersetzen des Lust- durch das Realitätsprinzip im Leben eines Menschen durch Habituation, Kulturation, Reflexion und Selbsterziehung heißt aber nicht nur sich vorübergehend Einschränkungen zu unterwerfen, sondern beinhaltet auch entwicklungsfördernde Valenzen*. Auf ein Kind bezogen bedeutet dies eine basale Personalisation mit diesen Valenzen:

- Tätigkeitsdrang des Kindes anregen;
- Forderung der Meisterung sachlicher Aufgaben;
- Beziehungspersonen, die zu einem Ort der Geborgenheit, Orientierung und der Befriedigung auch zahlreicher Triebwünsche werden;

- ➢ Eine Sublimierung*, die es dem heranwachsenden Individuum erlaubt und ermöglicht, seine Triebwünsche mit den Forderungen der Realität auch zu einem positiven Ausgleich zu bringen (ebda, S. 156ff)[132].

Wie sich Persönlichkeit und soziale Beziehungen wechselseitig beeinflussen, konnte *Franz J. Meyer* (2001)[142] belegen, analysieren und schlussfolgern:

„Da die Persönlichkeit eines Individuums sich im Lebenslauf zunehmend stabilisiert (oder labilisiert; Anm. des Autors), kann davon ausgegangen werden, dass eine aktive Gestaltung sozialer Beziehungen zunehmend möglich wird" (oder Gegenteiliges). Aus dieser Erkenntnis wird abgeleitet, dass „im zeitlichen Verlauf Persönlichkeitseffekte auf soziale Beziehungen stärker sind als Beziehungseffekte auf Persönlichkeit" (ebda, 2001, S. 319)[142]. Selbstverständlich gibt es auch neue wichtige soziale Beziehungen (wie zu neuen Lebenspartnern oder zu eigenen Kindern), die empirisch evident* sind für Persönlichkeitsveränderungen.

Diese zwölf Strukturänderungen lassen sich im bestehenden Schul- und Bildungssystem nicht verwirklichen; es bedarf einer Staatsrechtsreform, einer Verfassungsänderung:

Weg von der Alimentation* eines Berufsbeamtentums mit Funktionsstellen auf Lebenszeit, hin zu einem humanen, effizienten, flexiblen, leistungs- und qualifikationsorientierten, basissolidarischen Erziehungs- und Bildungssystem. Anhand einer kurzen geschichtlichen Beschreibung und mit Abbildungen möchte ich den irrationalen Prozess im Schul- und Schulaufsichtssystem verdeutlichen; aber auch einen **Lösungsansatz für das 21. Jh.** möchte ich vorstellen:

- ➢ **Im 19. Jahrhundert** wurde mit autoritärem, autokratischem Erziehungsstil Frontalunterricht erzogen; den Schülern wurde Zucht, (Prügelstrafe), Gehorsam, Ordnung, Respekt vor Erwachsenen- und Amtsautoritäten vermittelt. Die Vermittlung von Basiswissen (Kulturtechniken), Heimatkunde, Geschichte und Naturkunde war sehr wichtig (Basiswissen). Das Schulsystem war hierarchisch gegliedert; wobei Lehrer, Eltern, Gemeinde und Schüler noch sehr großen pädagogischen Freiraum hatten:

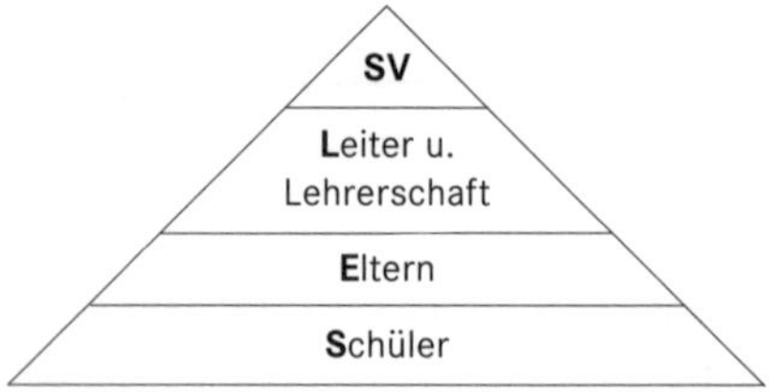

SV = Regionale Schulverwaltung; ein Schulinspektor, der von Schule zu Schule, von Ort zu Ort in seinem Bezirk reiste und v.a. Probleme besprach (sehr kleine Verwaltungsspitze).

L = Lehrerkollegium mit verschiedenen Funktionen, auch in der Gemeinde (Dirigent, Bürgermeister, Vorstand etc.); Schulleiter, ebenfalls mit verschiedenen Funktionen und ehrenamtlichen Tätigkeiten als Erster unter Gleichen.

E = Eltern standen hinter den Lehrern, lehrten den Schülern Achtung vor Lehrern, Lehrer genossen ein hohes soziales Ansehen in der Gemeinde; galten als vorbildlich und ehrenwert.

S = Respekt, Achtung vor Lehrern; im „Drillunterricht" (Rechnen, Lesen, Schreiben, Vokabeln etc. gelernt).

➢ **Im 20. Jahrhundert** (ab 1950) gab es im Schulsystem bereits signifikante Änderungen durch die Aufnahme des Berufsbeamtentums in die Verfassung der Bundesrepublik Deutschland. Es gab gescheiterte Reformversuche mit laissez-faire Erziehung und sog. antiautoritärer Erziehung (ambivalente Stile):

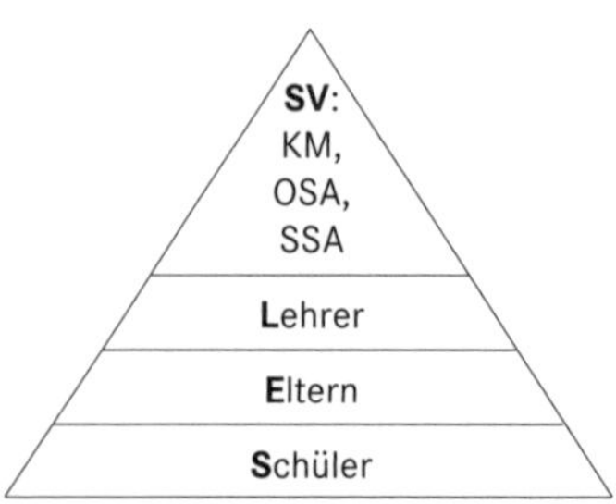

SV = Die Schulverwaltung hierarchisch-autoritär strukturiert, wurde riesig aufgebläht; es begann der Prozess der Entmündigung, Fremdbestimmung an den Schulen und dadurch der Prozess zum Bildungsnotstand – gegen den die Studenten ohne Erfolg bereits in den 60er Jahren massiv rebellierten. Es entstanden Kultusministerien in jedem Bundesland mit einem Heer von hoch alimentierten, ineffektiven Staatsbeamten, Oberschulämter mit höheren Beamten für Schulaufsicht, Selbstverwaltung, hauptsächlich und schließlich auch noch Staatliche Schulämter mit höheren Berufsbeamten.

L = Lehrer wurden Anweisungsempfänger, Stoffvermittler und wurden wegen dieser Fremdbestimmung frustriert. Die Lehrerkonferenz hat bloße Alibifunktion. Der Lehrer wurde auf seine akademische Ausbildung reduziert, nahm so gut wie keine Erziehungs- und Vorbildfunktion mehr wahr und sank enorm im sozialen Ansehen. Lehrer vermitteln den Stoff von zwei oder drei Fächern in den entsprechenden Schularten, in denen sie ausgebildet wurden, und hatten in der Praxis in der Regel auch Fächer zu unterrichten, in denen sie nicht ausgebildet waren. Pädagogisch-psychologische Ausbildung schrumpfte auf ein Minimum bei Grundschullehrern und verschwand gänzlich bei Real-, Gymnasial-, Berufschul-, Hochschullehrern aller Fachgebiete (Universität, FHS, PH, FH, BA).

E = Eltern wurden zu Alibifunktionen gewählt (mehr überredet), vgl. Elternvertreter, Elternbeiräte, Schulkonferenz (mit Lehrer und Eltern); ohne Entscheidungskompetenz; als Spielwiese.

S = Zunehmend uneinheitliche Zusammensetzung der Klassen durch Gastarbeiterkinder und später Asylantenkinder mit einem Heer von Folgeproblemen, die der viel zu teuere Schulverwaltungsapparat mit den enorm vielen Kultusbeamten bis heute nicht sinnvoll zu managen vermag, z. B. Sprachdefizite, unterschiedliche soziokulturelle, sozioökonomische Hintergründe, Heimatvertriebenheit, fehlende Verwurzelung, andere Religionen, Traumata bei echten Asylanten, zunehmend noch Wirtschafts-Asylanten.

➢ **Im 21. Jahrhundert** kam es zum vorprogrammierten Bildungscrash, wie von unabhängigen Fachleuten (ohne Parteiamt und ohne Berufsbeamtenstellung mit lebenslanger Funktion) beschrieben und vehement in den Medien vorgetragen wurde – ohne Möglichkeit, die Kultusbürokratie aus ihrer Selbstverwaltung und selbstgefälligen Selbstdarstellung wachzurütteln. Alimente (Gehalt), Pensionen, Funktionszulagen, Privilegien laufen weiter, ob ein Beamter etwas macht oder nicht. Das ist die **„German Disease“** * (die Deutsche System- und Verfassungskrankheit, die sich negativ, bremsend, rigide in allen Sozialsystemen, in Lehre, Forschung, Wirtschaft und verhaltensmedizinischer Therapie auswirkt und auch im Ausland als Hauptursache für die hohe Staatsverschuldung, Arbeitslosigkeit sowie den schlechten Wirtschaftsstandort und für die verheerenden Resultate in der PISA-Studie gesehen werden.

Fehlende Verantwortung, Steuergeldverschwendung, keine Haftungs- oder Regresspflicht bei Beamten für grobe Fehler und Unterlassungen, überhöhte Bezahlungen durch Zulagesysteme, Gehälter (v.a. der höheren und hohen Beamten), 13 Jahrespensionen (ohne eigene Pensionskasse), Übergangs- und Beihilfegelder sind nicht mehr aus der Steuerkraft der produktiv arbeitenden Menschen zu bezahlen, die bereits über 50% an Abgaben aufbringen.

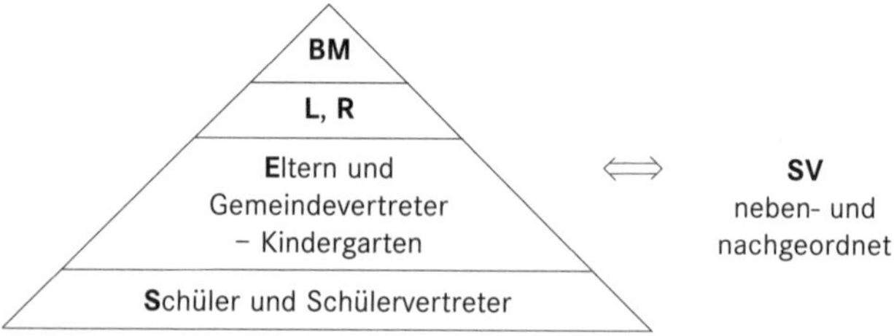

Der Unterrichts-, Erziehungs- und Arbeitsstil hat partnerschaftlich, mitverantwortlich, rational zu sein und unter Erwachsenen noch zusätzlich demokratisch sowie vertikal und horizental transparent.

BM = Bundesbildungs-Ministerium für Familien, Soziales, Schulen, Hochschulen, Universitäten, Wissenschaft und Forschung mit ausgewiesenen Fachleuten mit Funktionen auf Zeit;

mit Zentral-Curricula (mit Empfehlungscharakter; Abweichungen, Modifikationen sind möglich mit sachlogischer Begründung und Evaluation), Zentralabitur (12 Klassen).

SV = Neben dem (BM) hat es je Schulbezirk (1) nachgeordnetes regionales Schulamt zu geben (nach Schulbezirken); das dem Schulgremium oder Schulkonvent neben- und nachgeordnet ist und nicht weisungsbefugt zu sein hat. Es gibt keine hierarchische Gliederung mehr, sondern eine transparente, kooperative mitverantwortliche Teamarbeit von unabhängigen Fachleuten, die gemeinsam zum Wohle der Schüler, Eltern, Pädagogen, Therapeuten auf gleichberechtigten Ebenen arbeiten. Weisungsbefugt sind gewählte geschäftsführende Rektoren (g R), ansonsten gelten die verfassungsrechtlichen Gesetze, die auch in einem neuen Schulgesetz zu verankern sind. Landeskultusministerien, Oberschulämter, staatliche Schulämter sind in ihrer bisherigen Funktion abzuschaffen; die ehemalig verbeamteten Menschen sind umzuschulen in produktiv tätige Berufe resp. sozialverträglich ab 63 Jahren ist ihnen ein vorgezogener Ruhestand zu ermöglichen, sollten sie dies einer Umschulung vorziehen.

L = Lehrer werden zu Pädagogen (Erzieher, Methodiker, Didaktiker, wissenschaftlich qualifizierte Fachleute, sozialpädagogische „Psychologen") ausgebildet, arbeiten an einer Ganztagsschule: Klassenunterricht, Nachhilfe, Einzelfallhilfe, Förderunterricht (Teamarbeit im Schulgremium) und haben sechs Wochen Jahresurlaub. Sie werden nach einem Grundlohn (relativ niedrig) bezahlt und erhalten adäquate Leistungs- und Funktionszulagen nach einer Honorarordnung, ähnlich den Selbständigen in Deutschland, die aber keinen Basislohn haben, und dieses Honorarsystem funktioniert dennoch seit Jahrzehnten – noch besser bei regelmäßigen Kontrollen und bei einer Evaluation, die ebenfalls zu evaluieren ist!

E = Eltern sind aktiv, gleichberechtigt in der Teamarbeit beteiligt; ebenso wie gewählte Vertreter der Schulgemeinde, der Bezirksschulverwaltung und der wissenschaftlichen Pädagogischen Hochschulen. Aber auch die ErzieherInnen, die VorschulerzieherInnen sind gleichberechtigt in die Arbeit zu integrieren.

S = Schüler ab Mittelstufe und Oberstufe werden faktisch mitverantwortlich im Schülerrat ebenso wie in der großen Schulkonferenz oder dem Schulgremium (Schulkonvent) beteiligt.

Durch diese 12 System- und Strukturänderungen im Bildungs- und Erziehungswesen spart Deutschland nicht nur Milliarden von Steuergeldern jährlich ein, bekommt der Staat nicht nur mehr Milliarden Sozialabgaben (da es ja keine Berufsbeamten mit Pensionen mehr gibt), sondern es kommt zu diesen wertvollen Folgeresultaten:

- Selbsmotivation aller Beteiligten wird wesentlich erhöht (Pädagogen, Eltern, Schüler, Angestellte der Schulverwaltung, der Gemeinden, ErzieherInnen und Funktionsinhaber).
- Lebensfreude, Zufriedenheit, Spaß und Humor, Kreativität kehren in die Schulen ein, was zu einem sehr guten Lernklima bzw. Arbeitsklima führt (keine Sitzenbleiber, keine Schulschwänzer, kein Schulvandalismus).
- Aus einem verbesserten Lern- und Arbeitsklima resultieren empirisch und wissenschaftlich gesichert signifikant bessere Leistungen und die Effektivität nimmt insgesamt stark zu.
- Es wird auch zu weniger Drogentoten, Kriminellen, Süchtigen, gerade unter Jugendlichen, kommen; also kann der derzeit bestehende Zunahmetrend im deliquenten Verhalten der Jugendlichen umgekehrt werden.
- Die Schule leistet eine qualifizierte Vorbereitung für das Berufsleben und eine gründlich differenzierte Bildungs- und Persönlichkeitsarbeit für das Erwachsenenalter mit den unterschiedlichen sozialen Rollenfunktionen.
- Die eingesparten Gelder können für weitere sinnvolle Tätigkeiten, Aufgaben in der Gesellschaft verwendet werden, z.B. für die Mangelbeseitigung im Handwerk, in den IT-Berufen, für die neuzuschaffenden ökologischen Berufe und die biopsychosozialen, verhaltensmedizinischen Heilberufe.
- Kindererziehung und Bildung haben in der Zukunft einen wesentlich höheren ethischen Stellenwert in Deutschland zu bekommen als bisher; das gilt auch für die Entscheidungen zum Scheidungsfolgerecht (Unterhaltszahlungen), für Hausarbeit und hauptsächlich für ganzheitliche Kindererziehungs-Arbeit, vgl. Grundrecht zum Schutz der Familie (Artikel 6) und neues Urteil des Bundsgerichtshofs (BGH) vom 01.03.2002 (Aktenzeichen 1 BvR 105/95).

Einzelne Aktionen, Reformen bringen nichts; das hat sich in den letzten 50 Jahren bewiesen – im Gegenteil! Wir brauchen einen Rechtsanspruch auf Ganztagsschulen, Kindergartenplätze, eine andere Familien- und Bildungspolitik und nicht nur finanzielle Transferleistungen. Das Steuergeld, das Bruttosozialprodukt wird in Deutschland irrational verteilt; nicht nur für nicht leistungsbezogene Gehälter, Pensionen der Lebenszeitbeamten, sondern auch durch fehlende, gesetzliche Regressforderungen bei Milliardenverschwendung im Öffentlichen Dienst. Dass ein „Tag der Familie" in Deutschland existiert (15.05.) ist anerkennungswert; aber mit solchem Etikettenschwindel kommen wir nicht weiter. Erfreulich ist auch, dass der deutsche Bundespräsident Johannes Rau wiederholt sich für eine gemeinsame Kraftanstrengung in der Bildungspolitik in den Medien aussprach (Berliner Rede auf dem Kongress des Forums Bildung am 10. Januar, 2002). Er fordert eine neue Bildungsreform, die aber im bestehendem System nicht zu den notwendigen, überfälligen Strukturveränderungen führen kann.

Auf die Frage von Wieland Backes (Talkrunde „Nachtcafe" beim SWR) „Wann hören wir auf mit dem öffentlichen Dienstrecht und dem Beamtenbund?" antwortete Kultusministerin *Annette Schavan*: „... man kann sich erst von etwas verabschieden, wenn man etwas Besseres hat, und darauf hin müssen wir uns entwickeln. Ich merke nur, dass die größten Schwierigkeiten ja nicht in der Politik liegen ..., sondern bei denen, die vom jetzigen System ganz gut profitieren" (3/2002, S. 9)[144]. Frau Schavan übersieht, dass die Berufsbeamten, also auch sie und ihre verbeamteten Berufspolitiker mit Pensionsanspruch, dieses irrationale System zementieren. Es gibt aber auch Praktiker, Lehrer, die die 12 Strukturveränderungen weitgehend mittragen, vgl. Karl-Heinz Aschenbrenner mit seinem Aufsatz: PISA und die Folgen – 12 Thesen – Mit der Analyse beginnen (3/2002, S. 8, 10–12)[144]. Auch der bildungspolitische Sprecher der baden-württembergischen FDP-Landtagsfraktion Dieter Kleinmann hat eine „weitgehende Entmachtung der Schulbürokratie" gefordert.

Nach Strukturänderungen für eine umfassende Selbständigkeit der Schulen, Gemeinden mit ihren Gremien können Kultusministerium, Oberschul- und Schulämter in jedem der 16 Bundesländer in ihrer jetzigen hierachischen Struktur aufgelöst (Tagespresse-BNN vom 25. März, 2002) und Schulbildung, so wie hier analysiert und diskutiert, in Deutschland zum Wohle der Eltern, Schüler, Lehrer, Therapeuten und Wissenschaftler durchgeführt werden. Die „Deutsche Krankheit“ (German Disease) wäre dann geheilt!

Fazit aus Erziehung und Pädagogik ist die Kunst der rationalen Selbsterziehung als Voraussetzung für faire, rationale Fremderziehung. Die höchste Stufe der Erziehung, die es anzustreben gilt, ist also die Selbsterziehung, die Kunst der Selbsterziehung. Eine kritische, faktenorientierte Selbstbesinnung ist der wirkliche Ansatzpunkt der Selbsterziehung. Die Selbstbesinnung und Selbstreflexion darf sich aber keineswegs im Nachdenken über sich selbst erschöpfen, sondern der Mensch hat Mitmenschen, Natur und Umwelt zu reflektieren und tatsachenorientiert neue Verhaltensweisen auszuprobieren, nachdem er die fünf rationalen Prüfkriterien (Anhang 10) angewendet hat. Der operationale Begriff Selbsterziehung geht auf *D.F. Bollnau* (Wesen und Wandel der Tugenden, Ullstein-Tb Nr. 209, Franfurt, 1958) und auf *F. Schneider* (Praxis der Selbsterziehung. Freiburg, 4. Auflage, 1957) zurück.

Ökologie, Politik und Wirtschaft

Ausblicke und Schlussfolgerungen

Die Privatisierungen von Bahn und Post in Deutschland waren erste vernünftige Schritte in die Richtung zur Strukturänderung und Systemwende; Bildungs-, Gesundheitswesen und Arbeitsverwaltung haben zu folgen. Weg vom Berufsbeamtenapparat, hin zum flexiblen, leistungsorientierten, modernen, humanen, effizienten Unternehmen. Das Versagen des Verwaltungsapparates im Arbeitsamt wurde 2002 eklatant, als die verfälschten Arbeitsvermittlungszahlen (angeblich ca. 70% – de facto ca. 30%) bekannt wurden und Arbeitsminister Riester sowie Arbeitsamtspräsident Bernhard Jagoda, insbesondere von den Arbeitgebern wegen des Versagens in ihrem Behördenmoloch, stark kritisiert und Jagoda 3/2002 in Vorruhestand geschickt wurde. Sein Nachfolger Florian Gerster kann ohne System- und Strukturänderung auch nicht Wesentliches erreichen; was sich nach seinen ersten 100 Tagen Amtsführung erwiesen hat; trotz Job-**AQTIV**-Gesetz (Aktivieren, Qualifizieren, Trainieren, Investieren), teurer Arbeitsgruppe und Umbenennung der Anstalt in Agentur. Riester verlangte eine Einstellungsänderung der rd. 90.000 Mitarbeiter in den Arbeitsämtern. Das ist aber faktisch nicht möglich ohne Vermittlung von Grundkenntnissen der Kognitiven Verhaltenstherapie. Die seriösen privaten Arbeitsvermittler zeigen den Bürokraten, wie Stellen effizient zu vermitteln sind. Ein Miteinander von Angestellten, die nach Leistung bezahlt werden, mit den Privatvermittlern wäre sinnvoll und kein Nebeneinander oder Gegeneinander wie derzeit. Missmanagement der Ämter, wie es sich gehäuft in Deutschland zeigt, können sich Privatunternehmen nicht leisten. Sie sind sonst weg vom Markt. Die leistungsgerechte, qualifizierte Besetzung von Stellen (gerade auch Funktionsstellen) haben alternierend zu erfolgen, damit hohe Arbeitsmoral (Ethik), Arbeitsmotivation und somit Arbeitseffektivität sich entwickeln können. Behörden geraten unter Druck im größten Nachkriegsskandal, dem milliardenschweren Flowtex-Betrug; sowohl die Landesbehörden, Finanzbehörden als auch die Staatsanwaltschaft resp. die Justiz (vgl. Ermittlung gegen drei Staatsanwälte u.a. wegen Strafvereitelung im Amt der Generalstaatsanwaltschaft in Karlsruhe, vgl. BNN, 19.03.2002). Die Betrügereien dieser Wirtschaftskriminellen waren seit Jahren bekannt, und erst 2001 flog diese persönlichkeitsgestörte Flowtex-Bande auf. Der Bandenboss M. Schmider wurde in Stuttgart-Stammheim auf seinen Geisteszustand untersucht. Psychotherapeutisch analysiert, liegen hier massive narzisstische, histrionische und selbstgefällige (solipsistische) Persönlichkeitsstörungen zugrunde, gepaart mit einer großen kriminellen Energie und einem Größenwahn (Megalomanie). Der Millardenbetrüger wurde in insgesamt 276 Fällen angeklagt. Banker, Betriebsprüfer, Anlage-, Steuer- und Unternehmensberater spielen hier ebenfalls eine zumindest zwielichtige Rolle (vgl. Artikel in Tagespresse: BNN, 30.08.2001). Die politische „Prominenz" fiel naiv auf diese Betrüger herein: Derzeit laufen noch über 60 Ermittlungsverfahren: nicht nur der Bruder von M. Schmider wurde verurteilt, sondern auch zwei Steuerberater und die Ehefrau des Haupttäters M. Schmider gehören zu den Beschuldigten.

Auf der UNO-Rassismuskonferenz in Südafrika (9/2001) versuchten 166 Staatenvertreter diskriminierende Prozesse wie moderne Sklaverei oder „Kastenbildungen" in Indien und Südasien oder Diskriminierungen (wegen Hautfarbe, Religion) zu benennen sowie deren geplante und kontrollierte Abhilfen. Die Organisation „Human Rights Watch" rief die UNO dazu auf, in der Schlusserklärung dieser Konferenz in Johannisburg und der Parallelkonferenz in Durban einheitliche Standards zu formulieren, was so nicht gelang, weil die USA und Israel nicht teilnahmen resp. nur niedrigrangige Beobachter schickten. Israel befürchtete wegen des Zionismus der Juden, als rassistisch von den arabischen Staaten an den Pranger gestellt zu werden. *Kofi Annan*, erster

UNO-Diplomat und Friedensnobelpreisträger (2001), trat auf dieser Weltkonferenz dafür ein, dass es nicht um Geschichtsbewältigung und Ausgleichszahlungen gehe. Es gehe darum, wie Rassismus, Sklaverei und Ausbeutung heute beseitigt werden können. Die Sklaverei (Menschenhandel) ist seit der allgemeinen Erklärung der Menschenrechte der UNO-Generalversammlung (1948) völkerrechtlich verboten. Nach Schätzungen beträgt die Zahl der Sklaven heute dennoch zwischen 20- und 100-Millionen Menschen (BNN, 02.09.2001). Die UNO-Hochkommissarin für Menschenrechte *Mary Robinson* sah erstmalig in dieser Rassismuskonferenz einen Erfolg, weil die westlichen Länder sich zu ihren Fehlern bekannten, zu ihrer historischen Verantwortung und bereit sind, bei der Beseitigung der Ungerechtigkeiten aktiv und finanziell mitzuhelfen. Der Vorschlag von Kofi Annan ist konstruktiv: Es gehe nicht um Schuldtilgung vergangener Epochen, sondern um die gemeinsame Konzentration auf aktuelle Missstände und um die Suche nach raschen Lösungen. Der Apartheid-Staat Südafrika gibt ein Beispiel für den Wandel zu einer Demokratie. In Indien gibt es beispielsweise heute noch 160 Millionen Dalits (die Gebrochenen) und 75 Millionen Adivasi (Ureinwohner), die den Hindus als „Unreine“ gelten und keinerlei Rechte besitzen. So steht es auch im „Manusriti“ geschrieben, dem Sittenkodex der hinduistischen Kastengesellschaft. Im Indien des 21. Jahrhunderts wird somit fast ein Viertel der Bevölkerung als Menschen zweiter und dritter Klasse behandelt, als „Unberührbare“ oder „Unreine“. Die Indische Verfassung erklärt offiziell die Unberührbarkeit für abgeschafft; aber im Alltagsleben sieht dies immer noch anders aus. Mary Robinson, sieht die geltenden Regeln, die weder Gesetzen entsprechen noch verfassungsrechtlich verankert sind, durch die Ereignisse des 11. Septembers 2001 (Word Trade Center) sowie die Eskalation der Gewalt im Nahen Osten gefährdet. Sie warnte am 18.03.2002 bei der Eröffnung der 58. Sitzung der Menschenrechtskommission am Sitz der Vereinten Nationen in Genf vor einer Aushöhlung der internationalen Menschenrechtsregeln.

Aktuelle Forderungen von Verbänden und Experten belegen in Deutschland, dass die Staatsrechtsform „repräsentative Demokratie“ in einem Berufsbeamtenstaat nicht funktionieren kann:

- **Der Sozialverband Deutschland** (SoVD) droht mit rechtlichen Schritten der Bundesregierung, weil sie sich von der Pharmaindustrie erpressen lässt: Die Positivliste der notwendigen Arzneien mit dem geringsten Preis und gleicher Wirksamkeit kommt nicht auf den Markt, so wie in der Gesundheitsreform 2000 versprochen, da die Pharmaindustrie mit Massenentlassungen droht. Es ließen sich jährlich acht Milliarden im Gesundheitswesen durch diese vorhandene Positivliste einsparen.
- **Der Steuerzahlerbund** rügt – wie alle Jahre – Verschwendung der Steuermittel; etwa 60 Milliarden Mark (2001) oder rund 30 Milliarden Euro im Öffentlichen Dienst. Der Präsident des Steuerzahlerbunds *Karl Heinz Dräke* spricht von dem „laxen, plan- und verantwortungslosen Umgang mit dem Steuergeld der Bürger nach wie vor". Bei der Vorlage des 29. Schwarzbuches in Berlin am 26.09.2001 forderte er scharfe Gesetze gegen Fehlplanungen und Schlendrian, Strafrechtsverschärfungen gegen Amtsinhaber, was aber von der derzeitigen Justizministerin Brigitte Zypries (SPD) ebenso noch versagt wird wie von den Vorgängern der CDU.
- **Der Bundesrechnungshof** rügt Finanzminister Hans Eichel, weil der Schuldenberg trotz aller Sparbemühungen weiter wächst. Bis 2005 wird er um etwa 50 Milliarden DM (etwa 25 Milliarden Euro) auf den Rekordwert von 1,6 Billionen Mark (vgl. Jahresbericht des BGH, 2001) steigen. Die Bundesregierung erwartete (2002) einen „blauen Brief" der EU-Kommission wegen eines Bilanzdefizites von 2,7% (EU-vereinbarter Grenzwert ist 3%), der durch massive Konsolidierungsversprechungen von Eichel bis 2005 abgewendet werden konnte.
- **Brandenburgs Justizminister Schelter** beklagt (2001) Unzufriedenheit mit dem Rechtsstaat: erhebliche Mängel bei Justiz und Verwaltung, vor allem in den neuen Bundesländern. Kurt Schelter (CDU) nennt Tausende Bescheide im Gebührenbereich, die rechtswidrig seien; zwei Drittel der Strafvollzugsbeamten stammten noch aus DDR-Zeiten; ebenso zahlreiche Richter.
- **Der Deutsche Städtetag** monierte (27.12.2001), dass die Kommunen vor dem finanziellen Ruin stehen. Es komme zu drastischen Einnahmenausfällen bei der Gewerbesteuer und die Sozialhilfeausgaben explodieren. Das Geld für die Verwaltung

verschlucke Milliarden, vor allem für Gehälter der Beamten und Angestellten im Öffentlichen Dienst. Ab Januar 2002 kam erneut eine Erhöhung der Beamtengehälter (1,9% Diäten plus 2,2% Beamte); ebenso für die Großverdiener unter den Beamten, für die hohen Beamten der B-Besoldung.

- **Folgen eines veralteten Beamtendienstrechts** treibt unsinnige Blüten: Vom Dienst enthobene Beamte (vor allem enthoben wegen Faulheit) kassieren 17 Millionen Mark Steuergelder von der produktiv-arbeitenden Bevölkerung jährlich, ohne Skrupel allein in Baden-Württemberg; manche schon seit sieben bis zehn Jahren. Das Beamtendienstrecht sieht keine echten Sanktionen vor wie fristlose Kündigung wegen Arbeitsverweigerung. Disziplinarrechtlich ist solchen persönlichkeitsgestörten Beamten nicht beizukommen.

Die Chance, das veraltete Berufsbeamtendienstrecht nach dem Dritten Reich nicht im Grundrecht (23.05.1949) aufzunehmen und ein modernes, effizientes Dienstleistungsrecht einzuführen wurde damals ebenso vertan wie bei der Wiedervereinigung (1989) der beiden Deutschen Staaten Bundesrepublik Deutschland (BRD) und der Deutschen Demokratischen Republik (DDR). In der DDR gab es zwar Funktionäre, auch nicht auf Zeit; aber kein Berufsbeamtentum im Arbeiter- und Bauernstaat. Durch die „Annexion" der DDR durch die BRD (verharmlost Beitritt genannt) wurden die positiven Systemansätze der DDR weggewischt und das alte Berufsbeamtentum auch in den neuen Bundesländern rasch eingeführt. Die Kosten für Verwaltung, Gehälter, Pensionen, Übergangsgelder, Zulagen, Beihilfen (Privilegien der Berufsbeamten) explodierten und trotz Einführung der neuen Solidaritätssteuer steigen sie weiter. Die Soli-Abgabe war ursprünglich auf fünf Jahre beschränkt; mittlerweile zahlen die deutschen Arbeitnehmer und Arbeitgeber schon seit 14 Jahren diese zusätzliche Steuer und ein Ende ist derzeit nicht abzusehen. Die neue Ökosteuer seit vier Jahren zur Stützung der Rentenkassen, ist ebenfalls ein Absurdum: Rentenkasse (Beiträge der Versicherten) wird geplündert und die Gelder für rentenfremde Leistungen ausgegeben, z.B. für „Fremdrenten" für Aussiedler, so dass mit einer neuen Steuer unnötig die Rentenkasse wieder gestützt werden muss. Dilettantistischer kann

Politik nicht betrieben werden. Der CDU-Skandal der „Schwarzen Konten“ und der unrechtsmäßigen Aktenvernichtungen beim Regierungswechsel des Exkanzlers *Helmut Kohl* zu Kanzler *Gerhard Schröder* ist bis heute noch nicht aufgeklärt – wird auch in diesem korrupten Beamtenstaat nicht aufzuklären sein! Gleiches gilt für den SPD-Spendenskandal wie er von Köln 3/2002 ausgeht und weiter Kreise zieht – evtl. wird durch Selbstanzeigen der SPD-Funktionäre und durch Nennung der Spender mehr Licht ins Dunkel im Wahljahr 2002 kommen.

Welche Karriere ein Mensch in diesem Beamtenstaat machen kann, zeigt der Sturz des ehemaligen Kanzlerberaters Michael Steiner, der trotz Profilneurose (Eitelkeit, Prahlsucht, Weltfremdheit und fehlender Bodenständigkeit) hoher Diplomat werden konnte und sich beim Rücktritt ebenso wenig für sein Fehlverhalten entschuldigen wollte wie diese großen negativen Vorgänger: Kohl, Kanther, Koch, Kiep etc. Der Schaden, der von „negativen Beispielen“ in der Politik ausgeht, ist extrem hoch und nicht zu beziffern. Die Jugend und die Gesamtbevölkerung wird wahlmüde, parteiverdrossen; viele politischen Beamten werden heute nicht mehr von einer Mehrheit gewählt bei Wahlbeteiligungen um die 35–45% (z.B. Bürgermeisterwahlen oder Gemeinderats- und Europawahlen). Die Regierungskoalition wollte noch vor der Sommerpause (2002) eine Grundgesetzänderung zur Einführung von Volksentscheiden auf Bundesebene durchsetzen, das ist ein Schritt zum richtigen Weg, der aber von der Schwarz-Gelben Opposition blockiert wurde.

Wir brauchen eine System- und Strukturänderung im Dienstrecht. Ein neues Dienstrecht mit Arbeitgebern, Arbeitnehmern (angestellt); Selbständigen, Regierung, Verbänden und Gewerkschaften. Nicht die Jungwähler, die kaum zur Wahl gehen, sind die Sorgenkinder, sondern die Berufspolitiker, die Berufsbeamten und die verbeamteten Funktionäre von Amtskirchen sowie deren Machenschafften, die von jungen Menschen vermehrt durchschaut und abgelehnt werden. Nur 15% der Deutschen halten Politiker für glaubwürdig; 62% für „wenig glaubwürdig“ und 21% für „gar nicht glaubwürdig“ (Forsa-Umfrage 4/2002).

Eine ausbalancierte rationale Staatsform hat partnerschaftlich, demokratisch, weltethisch-orientiert und gleichberechtigt mit diesen fünf Gruppen zusammenzuwirken (vgl. Konstitutionalismus)*; diese Gruppen haben sich auch gegenseitig transparent und echt zu kontrollieren:

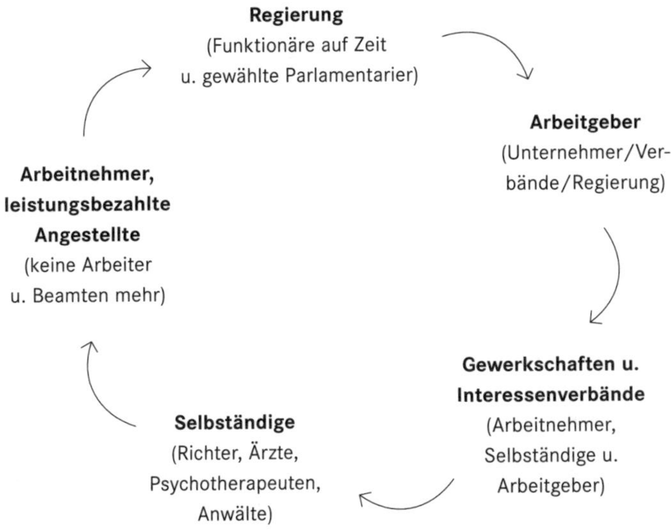

Der Richterbund, als neutrale Instanz, mit den Richtergesetzen hat wirklich parteipolitisch unabhängig zu sein, ebenso wie Staatsanwaltschaften, und bei Uneinigkeit zu ermitteln, zu urteilen resp. zu schlichten gemäß einer neuen rationalen Verfassung.

Funktionen sind auf Zeit, alterierend zu besetzen. Funktionäre erhalten eine angemessene Zulage, die zu versteuern und mit Sozialabgaben zu versehen ist, wie bei anderen Arbeitnehmern und Arbeitgebern, den Regierungsfunktionären auch. Alle zahlen in eine Renten- oder Pensionskasse und erhalten leistungsbezogen ihre Rente. Eine zweite Altersversorgung ist privat, gesetzlich vorgeschrieben, vorzunehmen. Eine Besteuerung der Renten (oder Pensionen genannt) ist dann verfassungswidrig, trotz neuem BVG-Urteil vom 06.03.2002. Eine Diffamierung bleibt aus, wenn es nur noch einheitlich Renten oder Pensionen gibt und alle einen Gehalt nach Leistungsprofil erhalten bei Gleichbehandlung der gestaffelten Abzüge (Steuerklassen): 15–35%. Für Arbeitslose sind Arbeitsprogramme aufzulegen (Pflicht auf Arbeit), damit Steuergelder für Arbeitsplätze verwendet und nicht fürs Nichtstun verschwendet werden. Neben den Grundrechten (GR) sind, wie schon formuliert, mit den System- und Strukturänderungen die Grundpflichten (GP) in eine neue Verfassung zu konstitutionalisieren*.

Funktionäre, z. B. in Regierung oder gewählte Parlamentarier haben nach maximal zehn Jahren wieder in ihrem gelernten Beruf zu arbeiten und ihre Zulagen entfallen sofort; es gibt keine Übergangsgelder. Das Beamtendienstrecht ist abzuschaffen und ehemalige Beamten sind in ein allgemein einheitlich gültiges Arbeits- und Dienstrecht der Arbeitnehmer zu integrieren; bisher erworbene Versorgungsleistungen sind in die Rentenkasse einzuzahlen. Der Förderalismus in Deutschland hat zugunsten einer Zentralregierung des Bundes runtergefahren zu werden; eine Bundesregierung hat souveräne Vorgaben an die Länder zu machen.

Nach der *Shell-Studie* (2000) sind gerade einmal 45% der westdeutschen Jugendlichen (15–24-Jährige) an Politik interessiert. Ihre Wahlbeteiligung lag bei den letzten Landtagswahlen um 35%. Die realistische Grundeinstellung vieler junger Menschen lautet: „Die Politiker machen, nachdem sie gewählt sind, ohnehin was sie wollen; zuerst sich bereichern und Privilegien sichern". Deutschland kann sich diese „German Disease"* nicht mehr leisten; 50 Jahre sind zuviel.

Die Ausgabeneinsparungen von Milliarden in Bundes- und in den Länderhaushalten durch diese neu konzeptierten System- und Strukturänderungen sind beispielsweise für die Umsetzung der Grundpflichten (GP: z. B. Pflicht eines Bürgers auf Ausbildung, Fortbildung und Arbeit; dadurch keine Sozialhilfe und kein Arbeitslosengeld mehr) einerseits zu verwenden und andererseits für die Schaffung neuer Arbeitsplätze im IT-Bereich (Information/Technologie), im Umweltschutz in der Klimaforschung und im alternativen Bioenergiesektor. Die Verwaltung hat integriert zu werden und darf kein systembremsendes, bevormundendes Eigenleben mehr führen. Die Verwaltung ist dem Expertentum, dem Unternehmertum, der Wissenschaft sowie Forschung und der

Kunst eindeutig nachzuordnen; die Verdientstmöglichkeiten für nicht produktive Arbeit hat auch geringer zu sein gegenüber innovativen, kreativen, produktiven, unternehmerischen, schöpferischen Kräften, die in der Regel nicht mit einer geringen Arbeitswochenzeit von 38–40 Stunden sinnvoll wirken können. Der große Mangel an qualifizierten Arbeitskräften im Handwerk kann dadurch auch rasch beseitigt werden.

Auch im Agrarbereich sind Neuerungen weltweit dringend erforderlich. Bundespräsident *Johannes Rau* sagte mit Fug und Recht auf der Welternährungskonferenz in Bonn (05.09.2001), es sei ein Skandal, dass weltweit immer noch mehr als 800 Millionen Menschen chronisch an Hunger leiden und täglich 24.000 Menschen(!) an den Folgen von Unterernährung sterben. Es müsste doch möglich sein, mit wirklich gewollter internationaler Anstrengung, das vorgegebene Ziel des Welternährungsgipfels (1996) zu erreichen, nämlich die Zahl der Hungernden bis zum Jahr 2015 um die Hälfte zu verringern. Das würde zwar immer noch schrecklich sein, sollte das Ziel (2015) erreicht werden, weil dann noch 400 Millionen hungern und täglich 12.000 Menschen (!) an Hunger sterben würden. Es ist dennoch ein vernünftiges Nahziel auf dem Weg zum Fernziel: Menschen können auf Erden ihre körperlich-seelischen Grundbedürfnisse täglich befriedigen: Ernährung, Wohnung, Kleidung, Erziehung/Bildung, Arbeit und Sicherheit. Konkret gilt es parallel dazu, diese Nahziele und mittelfristigen Ziele zu verwirklichen:

- Beratung und Förderung der Kleinbauern in den armen Ländern;
- übergroßes Bevölkerungswachstum einzudämmen (Geburtenregelung, Geburtenkontrolle);
- Naturdüngung der Böden statt mit Kunstdünger (Pestizide) zu düngen;
- reiche Länder müssten ihre Märkte für Produkte der „Dritten Welt" öffnen und regelmäßig mehr Geld für die Entwicklungs-Zusammenarbeit bereitstellen (vgl. auch Beschlüsse im parallel zu Johannisburg veranstalteten Rassismusgipfel in Durban am 10.09.2001);

- die Industrieländer haben ihren Agrarprotektionismus abzubauen, der die „Dritte Welt" jährlich um Einnahmen von rund 44 Milliarden Euro bringe;
- den Ländern, in denen die Ernährungslage am schlechtesten ist, weil sie alle gewaltsame Konflikte (Kriege) und/oder (Natur-) Katastrophen durchliefen, ist ein zollfreier Marktzugang zur Europäischen Union (EU) zu ermöglichen; was auch die EU für zehn betroffene Länder erfreulicherweise (2001) bereits beschlossen hat, sollte auch künftig nicht nur für die EU gelten, sondern auch und gerade für Japan und die USA, den derzeitigen Marktführern.

In Mittelamerika haben, wie die FAO (Welternährungsorganisation) im September 2001 veröffentlichte, eine Reihe Katastrophen sich ereignet: Erdbeben, Hurrikane und eine lange Dürreperiode haben zu schweren Ernteschäden, zur Schließung von Kaffeeplantagen und zum Verlust der Arbeit geführt, so dass derzeit 1,6 Millionen Menschen in den Regionen auf Hilfeleistungen angewiesen sind. UNO-Studien zeigen (2001/2002), dass der „Treibhauseffekt" dramatisch voranschreitet. Erdgas und Erdöl werden immer schwerer zu erschließen sein, und es wird noch zusätzlich zu Preistreibereien kommen. Deshalb ist es wichtig, dass wir mit Sonnen- und Windenergie gegen den drohenden Klimakollaps intensiv und weltweit vorgehen. Der Klimakollaps macht genauso wie Terrorismus oder ein atomarer Supergau nicht vor Ländergrenzen Halt. Regenerative Energien, die umwelt- und naturschonend sind, haben serienreif auf den Weltmarkt zu kommen:

- Sonnenenergie (Kollektoren und Solarzellen wandeln das Sonnenlicht in Wärme, Solarthermie um);
- Photovoltaik (Module wandeln Sonnenlicht in Strom um);
- Windenergie (z.B. Windräder zur Stromgewinnung);
- Erdwärmegewinnung und
- Biogase zur Wärmegewinnung.

Die Bundesregierung (SPD/Grüne) hat ein „Erneuerbares Energiegesetz" (2000) verabschiedet mit dem Ziel, bis 2010 die regenerative Energiegewinnung in Deutschland auf 10% zu steigern bei gleichzeitiger Verringerung von CO_2-Schadstoffen (Kohlendioxid). Es ist bekannt, dass der CO_2 einen Anteil von rd. 50% am Treibhauseffekt aufweist und dass die reichen Ländern für drei Viertel der CO_2-Emissionen* verantwortlich sind. Die Natur gerät heute schon kräftig aus den Fugen:

- Vögel finden ihre Winterquartiere nicht mehr; immer mehr Wale stranden;
- Gletscher schmelzen an den Polen;
- Korallenriffe, Mangrovensümpfe und Urwälder sterben ab resp. letztere werden radikal kurzsichtig abgeholzt;
- stärkere Hurrikane bilden sich über den erwärmten Ozeanen;
- Vermehrt gibt es stärkere Erdbeben und Vulkanausbrüche;
- 400 Millionen Menschen sind akut durch Überschwemmung bedroht und
- für fünf Milliarden Menschen(!), also fast 90% der Erdbevölkerung, wird das Trinkwasser zunehmend knapp.

Der Wassermangel gehört neben dem Klimawandel und der Überbevölkerung mit Armut zu den globalen Problemen, deren Lösung besonders drängt. Die vorhandenen Wasserressourcen müssten gerecht verteilt und sinnvoll genutzt werden; sie haben auch vor Verschmutzung durch Schadstoffe (Gewässerschutz) geschützt zu werden. Es ist gut, dass es ein Problembewusstsein in vielen Ländern gibt, wie die Weltkonferenzen beweisen, vgl.

- Internationale Süßwasserkonferenz in Bonn (03.12.2001),
- Weltklimakonferenz in Marrakesch (29.10–09.11.2001),
- Rassismusgipfel in Johannisburg (01.09.2001) oder
- Welthandelskonferenz (WTO) in Doka (Golfemirat Katar) am 10.11.2001.

Nicht nur China, sondern auch Taiwan wurden als separates Zollgebiet von der WTO* (10.11.2001) neu aufgenommen. Durch den Beitritt verpflichten sich die neuen Mitgliedsstaaten ebenfalls zum weiteren Abbau von Handelsschranken in den kommenden Jahren. Der globale Marktplatz vergrößerte sich durch den Beitritt Chinas um 1,2 Milliarden zusätzliche Verbraucher.

Mit diesem Aufruf des Bundespräsidenten *Johannes Rau* beim Tag der Deutschen Welthungerhilfe in Bonn am 22.09.2001 möchte ich die Ausblicke zum Thema Ökologie, Politik und Wirtschaft mit den nachfolgenden Ausführungen abschließen: „Nur wer handelt, kann die Welt verändern. Frei von Hunger ist die Grundlage für Frieden und Entwicklung!"

Um ein effizientes Arbeits- und Wirtschaftssystem auch in Deutschland zu erreichen, ist der uralte Zopf des Berufsbeamtentums abzuschneiden. Seit Gründung des Deutschen Reiches 1871 und nach dem Sturz der Monarchie resp. der Ausrufung der Republik (1918) wurde durch Hitlers Machtergreifung am 07.04.1933 dieses subalterne System wieder konstitutionalisiert. Deutschland braucht ein modernes, flexibles, mitverantwortliches Arbeitsrecht auch im Öffentlichen Dienst mit einerseits zentralen Aufgaben (Bundeskultusministerium) und andererseits Abbau von zentralistischer Befugnisse der Ministerien (z. B. Arbeits- und Wirtschaftsministerium); also mehr Privatisierung und Mitverantwortung der Arbeitnehmer und vor allem auch mit persönlichen Sanktionen (Regress) bei Schlendrian und Korruption (vgl. aktuelle „Hitliste" der Organisation Transparency International (TI): Deutschland rutschte von Platz 14 auf Platz 20 von 91 Staaten ab – hinter Irland, Chile und den USA, 3/2002). Mit einer zentralistischen 90.000-Mann-Behörde wie der Bundesarbeitsanstalt kommen wir z.B. in der Arbeitsvermittlung in Deutschland nicht weiter, wie sich dies 2002 bewiesen hat; auch nicht mit den anderen „verbeamteten Ämtern". Unsere schlechten Rangplätze in Wirtschaft, Wissenschaft, Forschung, Erziehung und Bildung sind ursächlich unter diesen systemimmanten Fehlern eines Berufsbeamtentums und dem Fehlen von konstitutionellen Grundpflichten (GP) einerseits zu sehen und andererseits sind als psycho- und pädopathologische Wirkfaktoren (Determinanten)[87] zu nennen:

- Fehler der obligaten Fächer Persönlichkeitsbildung und Charakterentwicklung in allen Ausbildungsbereichen (Schule, Studium, Beruf, Weiterbildung);
- fehlende Orientierung der (jungen) Menschen an weltethischen Standards sowie
- ein Fehlen an Vorbildern in der Kunst der Selbsterziehung (sich

heute Erwachsen-machen-Können und nicht bloß Ausgewachsen-Sein und seine gelernten Denkfehler wiederkäuen bis zum Tode); der Kunst der Fremderziehung (Kindererziehung) und der Kunst eines fairen, gerechten, gleichwertigen wie auch gleichberechtigten Miteinanders ohne irrationale Privilegien in Paar- und Gruppenbeziehungen.

Der globale Teufelskreislauf, der zur Vernichtung der Existenzgrundlage der Menschheit auf der Erde führt, kann so dargestellt werden:

Mit Hilfe der Bewusstmachung der 30 weltethischen Normen, deren stringente Anhebung in internationalen Verfassungsrang und ihrer Formulierung zu Weltgesetzen kann dieser Selbstzerstörungsprozess gestoppt und die Menschheit wirklich in einen einheitlich weltweiten, humanen Systemprozess eintreten. Gleichzeitig sind für die Menschen ihre ethischen Grundbedürfnisse zu befriedigen: Essen, Trinken, Schlafen, Wohnen, Kleiden, sinnvolle Arbeit sowie rational-emotive Erziehung und Bildung.

Die Menschheit kann auf Erden mit der Natur sich arrangierend, dann auch überleben – sonst nicht!

Die Reihenfolge der realen dringlichen Aufgaben nach einer Staatsrechts- und Verfassungsreform in Deutschland ist dann (Ranking):

1. Bildungsreform,
2. Ökologische Reform, Umweltreform,
3. Gesundheitsreform,
4. Rentenreform,
5. Wirtschaftsreform,
6. Zuwanderungsreform (Einwanderungsgesetz),
7. Steuerreform,
8. Justizreform,
9. Verkehrsreform.

Diese neun Hauptreformaufgaben nach einer systemischen Staatsrechts- und Verfassungsänderung* sind dann kein Aktionismus mehr, sondern substantiell und effizient für alle Bürger unseres Landes; aber auch fair und solidarisch für alle Mitmenschen auf der Erde. Deutschland könnte demnach auch eine wesentliche rationale Hilfe zu einer humanen Globalisierung beitragen. Außer einer dringenden Staatsrechts- und Verfassungsreform in Deutschland ist ein Vorankommen im Völkerrecht ebenso dringend notwendig. Im „Vertrag von Rom" (4/1998) wurde vereinbart, dass ein permanenter, internationaler Gerichtshof in Den Haag bis September 2002 eingerichtet werden sollte. Dieses Dokument wurde vor vier Jahren in Rom von insgesamt 139 UNO-Mitgliedsstaaten unterzeichnet. Der internationale Strafgerichtshof habe mit juristischen Schritten den Kriminellen auf die Spur zu kommen, sie zu bestrafen, die weltweit Massengräber füllen und Genozide (Völkermord) provozieren. Somit besteht spätestens ab (2003) ein weiteres UNO-Gericht zur Aufdeckung und Bestrafung von Menschenrechtsverbrechen. Dieses Vorhaben ist ein weiterer sinnvoller Schritt, um zu einem permanenten, internationalen Weltverfassungsgericht mit Sitz in der UNO (New York) zu kommen. Der Weltsicherheitsrat der UNO hat als verfassungsgebendes Organ zu fungieren. Diesem Weltverfassungsgericht haben sich auch die USA, China, Russland und der Vatikan unterzuordnen.

Erneut ist der Energiebeschluss im Weltgipfel in Johannisburg am 24.09.2002 gescheitert: Die USA und die OPEC-Staaten (ölfördernde Staaten) verweigerten eine Ratifizierung des Energiebeschlusses. Auf diesem letzten Weltgipfel haben erfreulicherweise China und Canada das Umweltprotokoll von Kyoto (1990) ratifiziert, so dass es – sollte Russland auch noch unterschreiben, trotz Blockadehaltung der USA auch hier – in Kraft treten kann. Die deutsche Entwicklungsministerin *Heidemarie Wieczorek-Zeul* (SPD) bescheinigte den USA und den OPEC-Staaten im Einklang mit dem Vortrag des Autors, eine „verheerende Kurzsichtigkeit" und ein „Dinosaurierdenken", in Egoismus verhaftet und keinesfalls zukunftsfähig. Diese Persönlichkeitsdummheit der Verantwortlichen trägt zur weiteren Lebensbedrohung der Menschheit auf dem Planeten Erde bei. Es zeigt sich folgerichtig, wie dringend Weltgesetze und ein Weltgericht benötigt werden, damit Gruppenegoismus und Solipsismus* keine Chance mehr gegen die Vernunft resp. das Realitätsprinzip haben.

Religionen und Seelsorge

Ausblicke und Schlussfolgerungen

Die christlichen Großkirchen Protestantismus und Katholizismus stellen fest, dass ein großer Pfarrermangel entstand; in den katholischen Kirchen in Deutschland fehlen 35% der erforderlichen Priester (ein Drittel der Pfarrgemeinden haben keinen eigenen Pfarrer) und viele des „Klerus" sind noch überaltert. Mit einer Werbemaßnahme, wie die Evangelische Kirche (EKD) dies 2002 versuchte, ist der Nachwuchsmangel alleine nicht zu bewältigen. Es sind in beiden Kirchen wesentliche Strukturänderungen vorzunehmen und das Fach Weltethik hat den Pfarrern vermittelt zu werden, so dass sie ihre Religionen diesen universal-ethischen Weltstandards nach- und einordnen können. Pfarrer oder Priester als bloße Religionsvertreter, als Funktionäre einer Religion, können von mündigen Menschen nicht mehr akzeptiert und ernstgenommen werden. Die Religionen sind zu hinterfragen, den gesicherten wissenschaftlichen Erkenntnissen anzupassen, aktuell zu interpretieren, sonst laufen sie ad absurdum, also ins Leere oder ins Magische. Wesentliche Strukturziele im Hinblick einer Fusion der christlichen Religionen sind:

- Hierarchiebeseitigung;
- Pfarrer als Berufsbeamten mit Alimentation abschaffen;
- Eigene sozialkompetente Lebensführung der Pfarrer, auch mit Heirat und Familiengründung;
- Vorrangstellung einer Religion aufgeben.

Sollten die christlichen Religionen diese Ziele erreichen, dann gewinnen sie an Glaubwürdigkeit, Authentizität und Autonomie*; sie werden dann auch wieder einen Zulauf haben.

Es ist lobenswert, dass die Amtskirchen in Deutschland weiterhin auf die Ökumene setzen, trotz irrationaler Aussagen des Papstes Johannes Paul II. (am 13.09.2000), der weltfremd immer noch von der „Vorrangstellung der römisch-katholischen Kirche" spricht. Noch wichtiger als die Fusion der beiden größten christlichen Kirchen, die dann keine Amtskirche mehr zu sein hätten, sondern eine freie, selbständige Kirche, ist der Dialog mit den gleichberechtigten anderen Religionen, vor allem mit den großen Weltreligionen, dem Buddhismus, Hinduismus und Islam; aber auch mit der kleinen Religion, dem Judentum. Forderungen hinsichtlich einer Dialogbereitschaft mit anderen Religionen werden heute auch von *Hans Küng, Präses Koch* (EKD) und *Kardinal Lehmann*, dem Vorsitzenden der Deutschen Bischofskonferenz, ausgesprochen. Es gibt objektiv betrachtet einen Gott, eine Geistenergie, eine Schöpfung von Licht, Leben und Natur, eine erste Ursache aller Ursachen (prima causa), egal, ob wir zu dieser Geistenergie Allah, Gott, Manitu oder Jehova etc. sagen. Da Religionen auch geschichtlich und soziokulturell bedingt entstanden sind und weitertradiert werden, ist es wesentlich, dass alle Religionsführer (als Erste unter Gleichen: primus inter pares) die Gebote dieser Religionen auch vorleben und nicht nur predigen; also einheitliche Regeln dieser Religionen wie diese **sechs Gebote**:

- nicht töten, nicht foltern oder quälen;
- nicht lügen, nicht stehlen (nicht kriminell sein);
- Mitmenschen lieben wie sich selbst; Gleichwertigkeit und Gleichberechtigung;
- sich der Natur unterordnen bzw. mit ihr devot arrangieren; Mensch ist ein Teil der Natur und nicht „Herrscher der Natur";
- nicht hinterhältig, heimtückisch oder verbohrt, stur sein; also kein Terrorismus oder Fundamentalismus und
- die Würde des Menschen achten; als Wunderwerk Gottes/Allahs etc.; ihm Hilfe, Unterstützung Toleranz, Gastfreundschaft gewähren; ihn einmalig, einzigartig sehen und behandeln.

Diese sechs einheitlichen religiösen Gebote der Weltreligionen lassen sich leicht unter die weltethischen Leitlinien subsummieren. Es ist heute bekannt, dass gebildete, gesundheitsbewusste Menschen nicht an naive Religionsgeschichten glauben. Je weniger gebildet und weniger natur- sowie gesundheitsbewusst Menschen sind (nach heutigem weltgesicherten Standard der bio-psycho-sozialen Forschungserkenntnisse), desto mehr triften sie ab in Esoterik-Hopping, Sektentum oder auch in die naive, fundamentalistische Umsetzung der Religionen. Religionen werden dann zum Betäubungsmittel dieser Menschen (zum Opium nach Karl Marx). Sie werden mit ihrem von „Gott geschenkten" Reflexionsvermögen oder in ihrer Bewusstseinsfähigkeit nicht nur getrübt, sondern missbraucht von Religionsführern, die sich eigene Macht und Privilegien inhuman, unethisch anmaßen, sichern und gewaltsam verteidigen lassen (vgl. Religionskriege seit es Menschen auf der Erde gibt).

Nach einer Umfrage der Zeitschrift Focus (3/1999, S. 108) glauben beispielsweise nur noch „31% der Protestanten an den christlichen Gott im Sinne der kirchlichen Lehre". Eine Umfrage in der katholischen Kirche wird auch dahin führen, dass über 50% der Katholiken nicht an viele päpstliche Anweisungen glauben, z.B. Koitus, nur um Kinder zu zeugen, oder das Verbot von Verhütungsmitteln sind Lachnummern eines verstaubten Klerus in der katholischen Kirche. Noch immer grenzt die katholische Kirche hilflos und dumm ihre konstruktiven Kritiker aus, wenn an ihrer selbstgefälligen institutionellen Macht gerüttelt wird. Die auf der Notsynode in Hannover versammelten 200 Mitglieder evangelischer und römisch-katholischer Kirche wollten die Kirchenspitze (Hierarchie) und die Kirchensteuer abschaffen und eine freiwillige Abgabe einführen (ebda,Focus 38/1999 S. 108). Solche Innovationen sind humane, ethische Forderungen für überfällige Strukturänderungen. Pfarrer, Priester sind ebenso rational zu erziehen wie Menschen anderer Berufsgruppen, damit sie nicht Suchtverhalten, Delinquenz, Persönlichkeitsstörungen, Mobbing und Krankheit als Weg leben, sondern die Kunst der Selbsterziehung praktizieren und viele auch Vorbilder sein können und nicht nur Wegweiser. Sexueller Missbrauch, der auch immer wieder vom Klerus* begangen wird, ist ein Beispiel für die Persönlichkeitsunreife dieser Priester; aber auch ein Beweis, dass Theologiestudium und Ablegen eines Gelübdes nicht ausreichen, um solche gravierenden Verbrechen nicht zu begehen, vgl. aktuelle Affäre des katholischen Mainzer Weihbischofs Franziskus Eisenbach, der sich vor dem OLG in Koblenz wegen Verstoßes gegen Paragraph 174c, Abs. 2 StGB zu verantworten hat, der den sexuellen Missbrauch im Rahmen einer Abhängigkeit (Schutzbefohlene im Unterricht, Beratung, „Seelenführung", Therapie) unter Strafe stellt (Zeitschrift Stern 36/2001, S. 41–44). Die Verführung von Minderjährigen ist objektiv eine kriminelle Handlung, ein Missbrauch und um so verwerflicher, weil die betroffenen Kinder von den Eltern dem Pfarrer anvertraut werden (Freizeitfahrten, Zeltlager, Religionsunterricht etc.). Der katholische Wiener Kardinal Hans Hermann Groer hat Jahrzehnte lang Missbrauch mit Jungen im Internat als Pädophil-Kranker getrieben. Er blieb ebenso straffrei wie ein Tuttlinger Pfarrer, der mit 14–16 Jahre alten Mädchen nachts auf Freizeiten ins Bett ging. Immer wieder kommt es in den USA und in Afrika zu sexuellen Belästigungen und Misshandlungen von Nonnen und Messdienerinnen durch katholische Priester. Kommt es zum Skandal wie in den letzten Jahren immer wieder, dann werden die sich wehrenden Priesterschüler, Nonnen, Schwestern entlassen und die Priester nicht weltlich verurteilt, sondern in eine andere Gemeinde versetzt. Der Vatikan hüllt sich zu diesen skandalösen Vorkommnissen in Schweigen. Ein verschärftes Kirchenrecht für pädophile Priester, wie vom Vatikan 2001 erlassen, hilft da auch nicht weiter. Diese kriminellen, kranken katholischen Priester gehören ins Gefängnis und/oder in Psychotherapie und nicht in ein Kloster. Die katholischen Moraltheologen ignorieren das göttliche Geschenk „Sexualität" (gleichwertig zu jedem anderen Trieb) und deuten Sexualität schwachsinnig in „Begegnung des sinnlichen Strebevermögens" um. Der Mainzer Weihbischof gebrauchte für den Geschlechtsverkehr (Koitus) diese perfide, persönlichkeitsdumme Bezeichnung „die Schöpferkraft Gottes ineinander anbeten". Die unsinnige, unreife doppelbödige Moral der katholischen Kirche, von der sich der Protestantismus Dank *Martin Luther* befreit hat, sowie die Mythenbildung lassen diese Religion nicht nur unwissenschaftlich, unehrlich und somit ungültig erscheinen, sondern erschweren eine rational-ethische Fusion zu einer christlich ökumenischen Großreligion. Noch im 21. Jahrhundert hört der emanzipierte, gebildete Mensch, dass im Namen Gottes in der Kirche Missbrauch getrieben wird:

- Befreiungsgebete,
- Teufelsaustreibungen (Exorzismen),
- Straffreiheit vor weltlichen Gerichten von Pfarrern bei sexuellem Missbrauch,
- Zölibat und nur Koitus im Sinne der Fortpflanzung,
- Einstellung der Schwangerschaftskonfliktberatung in Deutschland („Maulkorberlass"),
- Verbot der Geburtenregelung: „Lasset die Kindlein kommen" und danach viele an Hunger elend sterben,
- Bestrafung der Richter, die eine Scheidung durchführen.

Solche unsinnigen Botschaften eines Religionsfunktionärs sind Indizien für Weltfremdheit und Persönlichkeitsstörungen. Besser ist es, solche Religionsfunktionäre als Welt-, Wissenschafts- und Ethiklaien (katholische Laien) zu bezeichnen und nicht mehr als Kleriker (als katholische Geistlichkeit).

Es gibt auch katholische Geistliche, die sich desavouiert sehen durch manche päpstliche Anweisung, aber sich nicht wagen, dagegen zu sprechen (vgl. Kadavergehorsam: Verbot der bescheinigten Schwangerschaftsberatung in Deutschland).

Auch die Vergebungsbitten des Papstes Johannes Paul II. im Frühjahr 2000 enthalten keine Fehlereinsicht resp. keinen Lernprozess aus den gemachten Fehlern. In sieben Punkten sprach der Papst von den Verfehlungen der katholischen Kirche in den letzten 2000 Jahren in seinem „Mea Culpa" (meine Schuld):

1. Allgemeines Schuldbekenntnis der Katholiken,
2. Bekenntnis der Schuld im Dienst der Wahrheit,
3. Bekenntnis der „Sünden" gegen die Einheit des Leibes Christi,
4. Schuldbekenntnis im Verhältnis zu Israel,
5. Schuldbekenntnis für die Verfehlungen gegen die Liebe,
6. Schuldbekenntnis der Sünden gegen die Würde der Frau und die Einheit des Menschengeschlechts,

7. Schuldbekenntnis der Sünden auf dem Gebot der Grundrechte (Menschenrechte der Autor) der Person.

Es wäre vernünftig und innovativ, wenn der Papst nicht mit den erzkatholischen, moraltheologisch veralteten Begriffen von Schuld und Sünde gesprochen hätte, sondern im Sinne von Jesus Christus den Begriff Fehler verwendet hätte: Wer ohne Fehler ist, werfe den ersten Stein.

Menschen haben ein Recht auf Fehler; sie haben nicht nur als Christen ein Recht sich Fehler zu verzeihen (statt zusätzlich noch von Schuld und/oder Sünde zu reden); sie haben das Recht und die Pflicht die Ursachenanalyse zu machen, wie es zu dem Fehler (Fehlverhalten) kam anhand mindestes vier Faktoren (Ich – Andere / Anderer – System – Zeit, vgl. Anhang Nr. 21), und sie haben das Recht und die Pflicht aus Fehlern zu lernen. Was hat die katholische Kirche aus ihren Fehlern der letzten 2000 Jahre gelernt? Was hat sich konkret im Sinne ihrer sieben Fehler geändert? Bis heute noch nichts!

Frauen werden nach wie vor nicht gleichwertig, würdevoll behandelt; die Wahrheit in Wissenschaft und Forschung wird nach wie vor ignoriert; die Grundrechte der Person sind nicht verwirklicht etc. Die Religionstheorie fußt nach *Adolf Holl*, katholischer Theologe und Philosoph (vom Wiener Erzbischof 1976 suspendiert), auf Rituale und einer Geschichte, die die Rituale legitimiert (Psychologie Heute, 3/1992, S. 23)[133] . Sollte noch eine Prophezeihung dazu kommen (Paradies, Nirwana, Auferstehung), dann ist dies der Schlüssel zum Fundamentalismus. Holl meint weiter, dass „der Kapitalismus tatsächlich die erste wirkliche Weltreligion geworden ist, im Sinne von weltumspannend“ (ebda, S. 20)[133].

Gegenbewegungen seien Okkultismus*, Obskurantismus*, Fundamentalismus und Spiritualismus. So sieht Holl auch den islamischen Fundamentalismus (Islamismus) als eine Protestbewegung gegen die „Weltreligion Kapitalismus“. Die Islamisten wollen einen „Paradigmawechsel“ herbeiführen. Kapitalismus ist aber keine Weltreligion, sondern eine Weltphilosophie, und Religionen versuchen gegen die Ausbeutungen im kapitalistischen System zu predigen, ohne jedoch etwas dagegen ausrichten zu können. So haben sich Extremisten gruppiert, die versuchen, faktisch durch

Terroranschläge etwas auszurichten, was zwar die Völkergemeinschaft aufrüttelt, aber auch nicht zu einem rationalen Paradigmawechsel führt, da die Methoden gegen alle Religionen, die Würde, Liebe, Versöhnung predigen, sind und gegen universal-ethische Leitlinien resp. Menschenrechte signifikant verstoßen. Der Wunsch nach dem Begreifen der Vorgänge auf Erden, der Natur und der Menschheitsentwicklung resp. der Persönlichkeitsentwicklung des Individuums bedarf anderer Methoden, nämlich die der rationalen Fremd- und Selbsterziehung, der Charakterbildung und Persönlichkeitsbildung durch Lehre, Unterricht, Beratung, Psychotherapie, Vorbildfunktion und biopsychosozialer Medizin (Ganzheitsmedizin oder Verhaltensmedizin) sowie durch sozialkompetentes, gruppendynamisches Lernen und Training. Das Leben ist so komplex, dass die Menschen einerseits sich

- eine Komplexreduktion und andererseits
- ein einsichtiges Verständnis mit Anwendungskompetenz wünschen.

Sobald Religion institutionalisiert wird, ist auch die Lüge da. Es wird nachdem „Alles-oder-Nichts-Prinzip“ gelebt, z. B. Sexualität entweder als Ausschweifung (mit Primat des Mannes) oder als Enthaltung (Keuschheit – auch Primat des Mannes). Es gibt eine Weltreligion, die hierin ein rationales „Sowohl-als-auch-Prinzip“ verkörpert, der Hinduismus: Der Shiva praktiziert sowohl Sanskrit (Einsamkeit) als auch Liebesspiel mit seiner Gefährtin (Parati); danach wird wieder meditiert und sich zurückgezogen. Der Wunsch nach Synkretismus (Gemeinsamkeit aller Religionen) wird nicht erst seit Hans Küng[1] laut; aber er hat diese Sehnsucht konkretisiert in seiner gegründeten Stiftung: *Weltethos der Religionen*. Wenn die Kirchen, die Religionen glaubwürdig sein wollen, haben sie eine Trennung von Kirche und Staat selbst zu wollen und sich einer einheitlichen Weltethik anzuschließen, mit nuancierten soziokulturellen Regeln, Geboten, die in Kernaussagen mit anderen Religionen übereinzustimmen haben – gerade auch in der Realität, der Lebenswirklichkeit.

Religionsführer haben auch nicht ein „angeblich höheres Wissen“ für sich zu beanspruchen als dies in der menschlichen Vernunft schon begründet ist, und dürfen ihr Pseudowissen schon gar nicht als Erlösung verkaufen, meint *Hermann Horst* (1992, S. 32)[134]. Mit Hermann meine ich auch, dass die Menschen ein Recht darauf haben, „ihre eigene Ethik und Religion" anhand einer dynamischen rationalen Philosophie und dynamischen Weltethik mit verbindlichen Menschenrechten zu schaffen und zu reflektieren (ebda., S. 33)[134]. Eine Gleichstellung von Ethik und Religion ist weltweit chancenlos; aber das Ziel hat zu sein, eine Weltethik verbindlich über Religionen zu stellen. Innovationsabsichten wie ökumenisches Bestreben der christlichen Religionen, Dialogbereitschaft der Weltreligionen untereinander; Tag des Gebets der Weltreligionen, Bekenntnis der Weltreligionen zum Frieden (vgl. Treffen der Vertreter aller großen Weltreligionen in Assisi, Italien, am 24. Januar 2002) sind ermutigende erste Schritte auf einem Weg zum friedlichen, akzeptierenden Miteinander der Weltreligionen unter einer Weltethik mit einheitlichen Menschenrechten als Weltgesetze von der UNO verfassungsmäßig postuliert (Weltsicherheitsrat) und von einem Weltgericht kontrolliert sowie sanktioniert.

Im Namen des einen „Schöpfers" Himmels und der Erden, des Lichts und Lebens haben die Weltreligionen Gerechtigkeit, Liebe, Würde, Frieden und Hoffnung zu predigen. Es braucht nicht eines Caodaismus (Vermischung von verschiedenen religiösen Elementen wie in Vietnam), sondern einer Entwicklung gleichwertiger, gleichberechtigter Religionen, die den soziokulturellen und geschichtlichen Hintergrund der Länderregion widerspiegelt unter einer von allen gleichermaßen akzeptierten standardisierten Weltethik. Wir benötigen auf Erden Glaubens- und Religionsfreiheit unter einem „Gott". Terrorismus und Fundamentalismus sind mit keiner Religion vereinbar; beispielsweise steht im Koran ebenso wie in der Bibel ein Verbot zum Töten. Die Gerechtigkeit auf Erden hat sowohl ökonomisch, kulturell als auch individuell zu erfolgen. Das sind Ziele einer Weltethik; aber auch Ziele der UNO-Menschenrechtsbeauftragten Mary Robinson (TV-Interview, Weltspiegel: 14.10.2001).

Es gibt auch Hoffnung, dass diese Ziele erreicht werden können. Fernab von der Weltgemeinschaft existiert ein kleines Land am äußersten Nordzipfel Südamerikas (Surinam), wo Menschen friedlich, freundlich miteinander leben und feiern, obwohl alle

Hautfarben, viele Religionen vertreten sind: Moslems, Hindus, Christen, Juden leben tolerierend miteinander; in der Hauptstadt Paramaribo sind Moscheen, Synagogen und christliche Gotteshäuser unbewacht nebeneinander. Könnte das nicht nur eine Vision für alle Menschen auf Erden sein, sondern auch zur Realität werden?

Politisch hat Europa (EU) eine aktivere Rolle im Nahostkonflikt (Stellvertreterkrieg) zu spielen, um die USA dialogbereit zu machen, damit Friedensgespräche wieder aufgenommen werden. Führende Vertreter islamischer Länder drängen die Europäer zu dieser Rolle. Nahezu einmütig sprachen sich Vertreter aus 70 europäischen und islamischen Ländern der EU und der OIC (Organisation der Islamischen Konferenz) in Istanbul im Februar 2002 für einen stärkeren Dialog und ein besseres gegenseitiges Verständnis der Kulturen, der Religionen aus. Das sind erste ermutigende Schritte auf dem Weg zum Fernziel: eine von allen Kulturen, Religionen akzeptierte Weltethik. Sitz der Weltethikkommission hat in der UNO zu sein; ebenso der Sitz eines Internationalen Gerichtshofes, der von der Weltgemeinschaft anzuerkennen ist.

Kardinal *Karl Lehmann* äußerte noch am 27.12.2001, dass „von der Schaffung einer gerechten, internationalen Ordnung noch nicht die Rede sein könne". Die vorliegende Studie sollte aber einen ersten Schritt darstellen, ein internationales Problembewusstsein schaffen, auf dem Weg zu einer gültigen international anerkannten Weltethik. Wir benötigen nach dieser Schaffung einer allgemeingültigen Weltethik dann faktisch Glaubens- und Religionsfreiheit unter einem „Gott". Gemäß einem rationalen Sowohl-als-auch-Prinzip können die Weltreligionen ihre Angelegenheiten innerhalb ihrer Religion regeln (z. B. Umgang mit religiösen Fundamentalisten resp. Terroristen oder Gleichbehandlung, Gleichberechtigung der Frau, so dass Frauen auch faktisch gleich behandelt werden beispielsweise auch Diakonats- und Priesterweihe als Erste unter Gleichen erhalten können) als auch sich friedlich, loyal weltethischen Standards konstruktiv kritisch unterordnen. Es ist ein dauerhafter, kritischer Dialog zwischen Hindus, Muslimen, Christen, Buddhisten, Juden und anderen Religionen erforderlich, damit es zu einem aufgeklärten Weltislam (nicht nur Euroislam), Welthinduismus, Weltchristentum etc. kommen kann, ohne Schismen* und Zersplitterungen. Der arrogante allein-seelig-machende und allein gültige Anspruch von Tora (Moses), Psalter (David), Evangelium (Jesus) oder Koran (Mohammed) ist aufzugeben und hat in eine Freiwilligkeit, Gleichheit, Gerechtigkeit, also in Glauben, einzumünden. Weltethische Gesetze sind überkonfessionell, überphilosophisch, überkulturell, überparteilich zu begreifen und dynamisch fortzuschreiben, so dass alle Menschen, egal welcher Rasse, Religion, Kultur, den Lebensraum Erde für sich erhalten, die Ressourcen nicht plündern und in gemeinsamer Verantwortung die humanen Grundbedürfnisse befriedigen können. Neben Nahrung, Kleidung, Wohnung gehören auch Erziehung, Bildung, Frieden und Arbeit dazu. Deshalb sind auch die obersten Ziele der Vereinten Nationen (UNO) nach *Kofi Annan* bei seiner Rede beim Erhalt des Friedensnobelpreises in Oslo am „Tag der Menschenrechte", dem 10.12.2001:

- Erhalt von Frieden und Sicherheit;
- Beseitigung der Armut und des Hungertodes;
- Schulische und berufliche Bildung für jeden Menschen.

Kofi Annan kämpft auch für die Vision eines „bewaffneten Friedens", also für die Schaffung Internationaler Streifkräfte, einer Internationalen Gerichtsbarkeit und dafür, dass staatliche Souveränität nicht mehr als Schutzschild dienen darf, um massive Menschenrechtsverletzungen zu begehen wie im jüngsten Völkermordbeispiel Ruanda, wo 500.000 Menschen in wenigen Wochen umgebracht wurden. Die Weltgemeinschaft schaute „neutral" zu. Diese *„Kofi-Doktrin"* geht zwar manchen Staaten zu weit, aber sie ist objektiv rational und ethisch betrachtet, ein richtiger, ein wesentlich wichtiger Weg zum Ziel: Das Überleben der Menschheit auf der Erde in friedlicher Koexistenz unter Wahrung der Würde des Individuums, der Gemeinschaft, der Achtung vor Tieren, Pflanzen (Natur) sowie mit der Anwendung der vorgestellten und diskutierten 30 universal-ethischen Leitlinien. Diese universal-ethischen Leitlinien sind noch als Gesetze innerhalb einer internatio-nal-weltethischen Verfassung mit Gerichtsbarkeit zu formulieren, zu beschließen und zu verkünden.

Anhang

Was kommen wird
im nächsten Jahr,
das weiß ich nicht.
Aber
dass es einen Weg gibt
darauf vertraue ich fest.

36 Didaktische Informations- und Arbeitsblätter zur Pilotstudie

Arbeitsblätter / Folien für kompetente Patienten, psychologische, ärztliche Psychotherapeuten in Ausbildung und approbierte Psychotherapeuten sowie klinische Psychologen, Verhaltensmediziner, Ärzte (exemplarisch):

1.

INTEGRATIVE KOGNITIVE VERHALTENSTHERAPIE (IKV)

Die Bezeichnung "integrativ" bezieht sich sowohl auf das Überlappen der Therapieschritte als auch auf die Anwendung diverser erprobter, effektiver Methoden zu den Standardverfahren (SV) in der kognitiven Psychotherapie/Verhaltenstherapie aber auch bezogen auf die unterschiedlich interdependenten Lern- und Persönlichkeitsprozesse eines Menschen vgl.

a) **tiefenpsychologisch analysiert** d.b. "Beschreibung unbewußter Wünsche und Konflikte ohne einer bestimmten Theorie" (synonym: Psychodynamik)

b) **lerntheoretisch analysiert** (Imitations- oder Modellernen; Lernen durch "trial and error" oder "secret learning")

c) **klassisch, operant konditioniert u./o. respondent gelernt** gem. dem SOR- rsp. SORKC-Modell.

Grundsätzlich wird innerhalb der Standard- und Integrationsverfahren individualisiert vor standardisiert gearbeitet. Der Patient mit seiner Einmaligkeit, was Persönlichkeit, Lebens- und Krankheitsgeschichte angehen, steht im Mittelpunkt des therapeutischen Prozesses wie auch des therapeutischen Handelns.

2.

Standardverfahren (SV) und Integrationsverfahren (IV) in der I K V

Standardverfahren ⟷ **Integrationsverfahren**

Standardverfahren

- Anamneseerhebung, Biographie; psychodiagnostische Befunde, Klinikberichte etc.
- Bibliotherapeutisches Info-Material (individualisiert)
- Hauptverfahren REBT
- Relaxationsverfahren patienten-und fokuszentriert, modifiziert wie: AT,PME, Atemtraining,Visualiisationen, mentale Schmerzlinderung
- Selbstmanagingmethoden wie Entscheidungstraining oder Selbstkontrollstrategien
- Selbstsicherheits- u.Kontakt-training
- Stress- und Konfliktbewältigungstraining
- Systematische (Selbst-) Desensibilisierungen
- Biofeedbackkontrollen und evtl. Biofeedbacktherapie
- Therapeutische Hausaufgaben wie Tagesbewältigungspläne, evtl. therapeutisches Tagebuch
- Verhaltensübungen also Risiko- oder Konfrontationsübungen

Integrationsverfahren

- Mototherapie wie Herz-Kreislauftraining, Stretching, oder Grundübungen der Bioenergetik,
- Akupressur, Massagen
- Tranceinduktionen, Hypnose
- Logopädische Behandlung
- Traumanalysen
- Ergotherapeutische Behandlung
- Konzentrations- und Impulsivitätstraining
- Kunsttherapie (Mal-, Tanz,Musiktherapie)
- Rollen- und Spieltherapie
- Katathymes Bildererleben
- Phytotherapie
- Psychotherapeutische, verhaltensmedizinische Konsultationen (Verwandte,Partner,Eltern, Kinder)

Die I K V wird sowohl individualtherapeutisch als auch paar-, familien- und gruppentherapeutisch durchgeführt.

3.

Eine gefühlsmäßige Episode nach den Formeln S-O-R, A-B-C und BASIC I. D.

Stimulus ➢	Activating event ➢	Sensation
Organism ➢	Belief system ➢	Cognition Imagery
Response ➢	Consequence ➢	Affects Behavior Interpersonal
		Drugs / Biology
⮟	⮟	⮟
Klassische VT (z.B. B.F. Skinner)	REBT (REVT) A. Ellis	Multimodale VT (A.A. Lazarus)

An emotional episode in S-O-R, A-B-C, and BASIC I. D. Terms, see Kwee, in Journal of Rational-Emotive and Cognitive-Behavior Therapy, Volume 15, Number 2, Summer 1997, p. 108

4.

Klassisches Konditionieren
S
O
R
Stimulus Situation
Reiz
soziale und
physikalische
Umwelt
Organismus
biologische
Verfassung
seelisch und
körperlich
Reaktion
Verhalten und
dessen Auswirkung
auf die Umwelt
Humanverhalten
Bewertungssystem reflektieren
mit möglichen Konsequenzen
STOP
S
O
R
K
C
Bewertungssystem identifizieren
Entscheidung zum
selbststeuernden Verhalten
Stimulus Organismus stop „Reaktion“
Kontingenz
Verstärkung
Consequence
Bewertung und
Bestimmung des
Verhaltens durch
Umwelt

5.

Dokumentation 2

Fünf W's einer Kommunikation mit sich und anderen/ fünf W's einer Liebesbeziehung

1. W = **Würde**, Wertschätzung (Selbst- und Fremdachtung eines Menschen als philosophisch-anthropologisches Kulturwesen).

2. W = **Wahrhaftigkeit** (Offenheit, Aufrichtigkeit) im Umgang mit sich und anderen.

3. W = **Worte** schenken (auf gleichberechtigter Ebene miteinander reden und aktiv zuhören können), Feedback geben (Rückmeldung mit eigenen Worten und Gespräch evtl. fortführen) nach Ambiguitätstoleranz (Fähigkeit, eine andere Meinung gleichwertig, geduldig neben seine eigene zu stellen und sachlogisch begründen zu können oder begründen zu lassen).

4. W = **Wir-Bewußtsein** zur eigenen Persönlichkeitsarbeit kommt gleichgewichtig dazu, daß jeder Mensch zumindest auf ein Du angewiesen ist. Diese Bezugsperson wechselt einige Male; ein Mensch kann lernen bei sich zu bleiben (Identität) und sich auf verschiedene Bezugspersonen einzustellen. Der Mensch ist auch ein Gesellschaftswesen ("zoon politikon" nach Aristoteles). Wir-Bewußtsein bedeutet auch, regelmäßig getrennt und gemeinsam etwas zu unternehmen und sich informativ auszutauschen.

5. W = **Wärme** (Hautkontakt, flexibler Umgang mit Nähe und Distanz, Vertrauen, Liebe, Geborgenheit, innerer Halt, Einfühlungsvermögen) als emotionale, körperliche und geistige " Wärme ".

Entscheidungstraining

Zusammenfassung der einzelnen Schritte

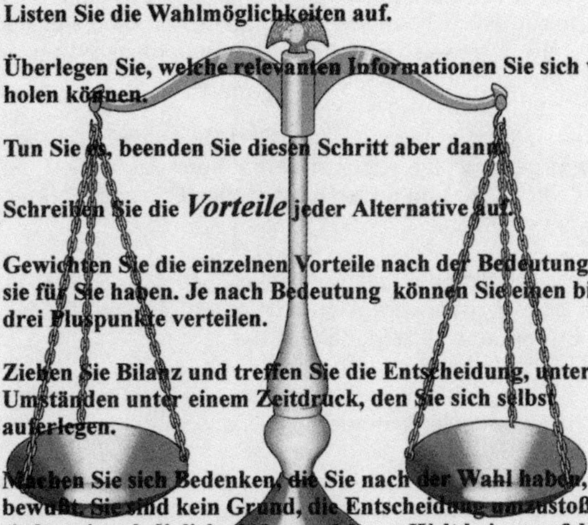

1. **Formulieren Sie Ihr Ziel genau und konkret.**

2. **Listen Sie die Wahlmöglichkeiten auf.**

3. **Überlegen Sie, welche relevanten Informationen Sie sich wo holen können.**

4. **Tun Sie es, beenden Sie diesen Schritt aber dann.**

5. **Schreiben Sie die *Vorteile* jeder Alternative auf.**

6. **Gewichten Sie die einzelnen Vorteile nach der Bedeutung, die sie für Sie haben. Je nach Bedeutung können Sie einen bis drei Pluspunkte verteilen.**

7. **Ziehen Sie Bilanz und treffen Sie die Entscheidung, unter Umständen unter einem Zeitdruck, den Sie sich selbst auferlegen.**

8. **Machen Sie sich Bedenken, die Sie nach der Wahl haben, bewußt. Sie sind kein Grund, die Entscheidung umzustoßen, sie beweisen lediglich, daß es auf dieser Welt keine perfekten Lösungen gibt.**

9. **Setzen Sie den Bedenken immer wieder die Gründe entgegen, die Sie zu Ihrer Entscheidung bewogen haben.**

10. **Übernehmen Sie gerne die Verantwortung für Ihre Entscheidung und die daraus sich ergebenden Folgen.**

7.

Mein positiv-realistisches Selbstgespräch

Morgens, wenn ich aufwache, denke ich:

- Ich freue mich, dass ich wach bin, ich bin glücklich, dass ich lebe, relativ wenig Schmerzen habe, aufstehen kann, frühstücken kann, mich wahlweise anziehen kann, unter Menschen begeben darf, arbeiten darf, einen Arbeitsplatz habe.

- Ich bin vollsinnig, kann die von Gott (Schöpfer, Geistenergie, Urkraft) geschaffene Natur erfahren, kann kontrolliert denken und dadurch mir und anderen Menschen Erfolgserlebnisse und Freude vermitteln.

- Ich kann mir ein positives, wirklichkeitsgemäßes Selbstbild machen ohne Minderwertigkeit, Hemmung, Selbsterniedrigung, Panik, Ärger und Unzufriedenheit.

- Dies alles ist nicht selbstverständlich, sondern täglich eine große Chance und Herausforderung (Challenging).

- Ich weiß, dass ich zu den Menschen dieser Erde gehöre, denen es objektiv vergönnt ist, diese vielfältigen Möglichkeiten zu haben und freue mich darüber, dass ich auch armen Menschen helfen kann (Spenden, ehrenamtliche Mitarbeit).

- Ich bin ich, das heißt, ich will diese für mich zweckmäßigen Dinge denken und tun. Ich weiß, dass mein wahres Wesen auch aktiv, liebevoll, gleichwertig, selbstbewusst, ausgleichend und stark ist.

- Der Mensch ist das einzige Lebewesen, das über diese Fähigkeit des Reflektierenkönnens verfügt, und deshalb möchte ich gerne die Verantwortung für mein Denken, Fühlen und Handeln im Heute übernehmen.

Rationales Selbstgespräch

- Gehe behutsam deinen Weg inmitten des Lärms und der Hast dieser Welt, aber beachte auch welche Kraft in der Ruhe liegt.

- Lebe in fairer Beziehung zu dir und dadurch auch zu anderen Menschen.

- Verkünde die objektive Wahrheit gemäß ethisch-rationaler Reflexion ruhig und klar.

- Höre auch anderen zu sollten sie Törichtes und/oder Unwissendes sagen.

- Gehe konstruktiv kritisch mit aggressiv oder regressiv handelnden Menschen um; bedauere sie, weil sie noch nicht gelernt haben, sinnvoll mit dem von Gott geschenkten Aggressionstrieb und/oder Kontakttrieb umzugehen.

- Freue dich des Erreichten genauso wie deiner Pläne und Ziele für Heute und für die Zukunft.

- Öffne dich für die Ethik des Lebens. Viele Menschen streben bedauerlicherweise nach unechten Werten, nach Talmit oder nicht zu erreichenden Idealen und übersehen die drei höchsten Güter eines Menschen (Lebenszeit, Gesundheit und Liebe/Freundschaft – durch Persönlichkeitsbildung erreichbar).

- Ich bin ich. Mache dich nicht konfliktscheu, sei ehrlich und echt und gehe würde- wie auch liebevoll mit dir und anderen Menschen um. Ich bin ich ist das Gegenteil von Egoismus, da ich mich in meinem bewertenden Denken an der Objektivität zu orientieren habe; also an Realismus und Rationalität.

→

- Jung sein ist ein „Geistes- oder Reflexionszustand“. Ein Mensch ist so alt wie er denkt und infolge fühlt und handelt; die Anzahl der Jahre ist Nebensache!

- Nähre die Kraft deines Geistes, damit du gewappnet bist für große Belastungen oder endgültige Trennungen (Tod, Scheidung).

- Sei dein bester Freund zeitlebens. Du bist ein Wesen des Kosmos, du hast ein Recht darauf hier zu sein; ebenso wie Pflanzen und Tiere. Die Evolution fließt ebenso wie dein Menschsein. („Alles fließt“, Heraklit).

- Deshalb lebe in Frieden mit Gott, der Natur und dir selbst und stelle dir unter Gott keine Person, sondern <<Geistenergie, Licht, Leben, Natur>> vor.

- Mache Frieden und Ausgeglichenheit in deiner Seele, in deinem SELBST.

- Hoffe, solange du atmest (Aristoteles).

- Sei fair! Bemühe dich heute, dich zufrieden und ausgeglichen zu machen.

Sieben-Phasen-Modell in der Selbstmanagement-Therapie

1. Phase	Beziehungsgestaltung (Würde, Gleichwertigkeit)
2. Phase	Therapiemotivation (primäre, intrinsische); Änderungsmotivation (Selbstverantwortung)
3. Phase	Bedienungsanalyse/Verhaltensanalyse
4. Phase	Zielanalyse
5. Phase	Behandlung; praktische Umsetzung mit Hilfe patienten- und fokuszentrierter spezieller Methoden
6. Phase	Effektivitätsprüfung und ggfs. Modifikationen in der integrativen Behandlung (andere Schwerpunkte, Hierarchie und/oder spezielle Methoden)
7. Phase	Systematische Stabilisierung und Transfer positiver therapeutischer Erfahrungen auf zukünftige Situationen ohne Assistenz des PT (Autonomie); Erfolgsoptimierung.

Sieben-Phasen-Modell in der Selbstmanagement-Therapie nach Kanfer et al., 1996 (F. H. Kanter et al.: Selbstmanagementtherapie. Springer Berlin, Heidelberg, New York. 2. Auflage, 1996, S. 136–147.)

9.

Diagramm der möglichen Interaktionen zwischen A-B-C

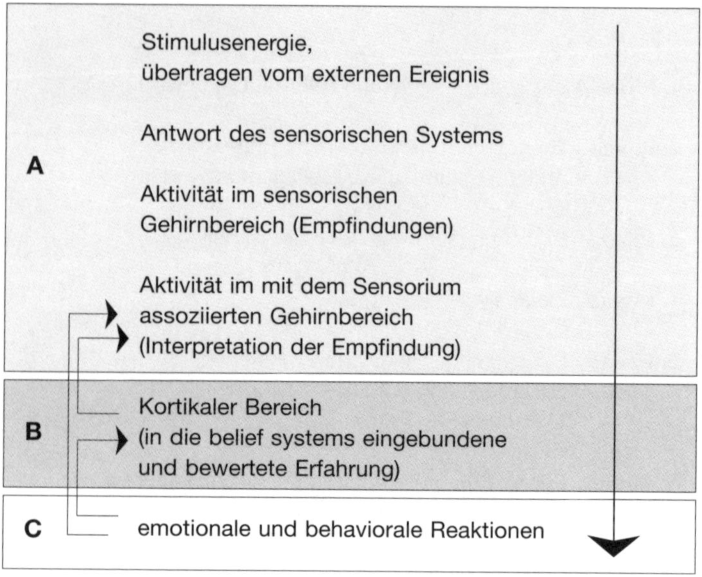

Diagramm der möglichen Interaktionen zwischen A-B-C nach A. Ellis, 1994. Das Diagramm zeigt die Interaktionsmöglichkeiten zwischen A, B und C. Die Ereignis-Abfolge (forward progression of events) verläuft im Diagramm von oben nach unten. Das interaktionale Feedback wird durch die Pfeile angezeigt (aus: Ztsch. f. Rational-emotive und kognitive Verhaltenstherapie; A. Ellis, Frühjahr 1994, S. 40)

Fünf Kriterien für rationales, situationsgemäßes Denken im ureigensten Interesse des Patienten

(modifiziert nach Ellis)

1. "Denke in sachlich (objektiv) über die Hier- und Jetzt-Begebenheiten nach und stelle ich wirkliche Fakten und Wahrscheinlichkeiten fest?"

   "Wo ist ein objektiver Beweis, daß meine Gedanken stimmen?"

2. Sind die Gedanken lebenserhaltend, lebensbewahrend, schützend oder sind sie selbstzerstörerisch (körperlich, seelisch)?"

3. "Erreiche ich dadurch leicht, was ich mir in der rationalen Zielanalyse wünsche? Habe ich mir langfristige Ziele gesetzt und somit Nahziele und mittelfristige Ziele, um die Fernziele zu erreichen?"

4. "Helfen mir die Gedanken dabei, angenehme, situationsgemäße Gefühle entstehen zu lassen?"

5. "Verursachen die Gedanken Probleme oder reduzieren, lösen sie meine Probleme? Programmieren meine Gedanken unnötige Problemsituationen?"

Diese fünf Prüfkriterien sind wirklich überzeugend für Sie, solange Sie Leben dem Tod, Freude dem Schmerz, innere Ruhe und Harmonie dem belastenden Streß (Dysstreß/Overstreß) vorziehen!

a) Objektiv?
b) Lebenserhaltend (psychisch, physisch)?
c) Situationsgemäße Gefühle erzeugend?
d) Zielerreichend?
e) Problemlösend, problemaufrechterhaltend oder unnötig Probleme schaffend?

(11.)

GEDANKEN-STOP-ÜBUNG

1. Stoppen

Wenn „Es“ beginnt, sage ich „Gedankenstop“! (inneren Bewertungsdialog abstoppen, spätestens dann, wenn ich belastende Gefühle spüre!)

2. Erkennen

Ich möchte sofort die Hier- und Jetzt noch automatisch unbewußt ablaufenden Gedanken erkennen und stichwortartig notieren, die zum Ereignis ablaufen und bei mir belastende körperlich-seelische Gefühle hervorrufen.

3. Überprüfen

Ich überprüfe diese Gedanken *(fünf Prüfkriterien: objektiv, lebenserhaltend, zielerreichend, situationsgemäße Gefühle erzeugend, problemlösend?).*

Vor dem Überprüfen lasse ich sie noch neutral stehen. Ich weiß noch nicht, ob diese identifizierten Sichtweisen rational oder irrational sind.

4. Umstrukturieren

(Umformulieren) Wenn sie irrational sind, dann formuliere ich sie sofort in rationale Sichtweisen, Bewertungen um.

5. Konditionieren

Ich denke diese rationalen Gedanken ab sofort wieder ununterbrochen und glaube sie nunmehr, überzeugt von deren Rationalität bzw. Objektivität.

ICH BIN STÄRKER ALS MEINE ALS IRRATIONAL ERKANNTEN GEDANKEN.

„GOTT“ HAT MIR MEIN GEHIRN GEGEBEN, DAMIT ICH DIESE VERZERRTEN GEDANKEN JEDERZEIT SELBST „LÖSCHEN“ KANN.

ICH GLAUBE FEST DARAN, DAß ICH SCHAFFE, WAS ICH MIR EINSICHTIG, ÜBERZEUGT VORGENOMMEN HABE!

12.

Die Rational - Emotive Therapie

nach Dr. Ellis

Die A-B-C-D-E-Theorie der gefühlsmäßigen Verwirrung

Die Menschen sind nicht verwirrt von den Dingen / Ereignissen, sondern von der Sichtweise, die sie von den Dingen haben.

A

Auslösende Erfahrung.
Die Freundin bringt die Neuigkeit, daß sie mit einem anderen Mann ausgeht und deshalb die Beziehung mit dir abbrechen will.

B

Gedanke darüber oder Interpretation der Erfahrung:
"Ich muß wirklich eine wertlose Person sein." "Ich werde niemals mehr so eine großartige Frau wie sie finden." "Sie will mich nicht; deshalb könnte mich möglicherweise niemand mehr wollen."

und / oder

"Das ist schrecklich". "Alles geschieht nur mir!" "Dieses Weibsstück! Sie sollte sich nicht so verhalten!" "Ich kann die Welt nicht ertragen!"

C

Daraus folgende gefühlsmäßige Konsequenz

Depression und / oder

Feindseligkeit

D

Diskussion der irrationalen Ideen: "Wo ist der Beweis, daß, weil diese Frau unsere Beziehung beenden möchte, ich eine wertlose Person bin; oder daß ich niemals mehr imstande sein werde eine wirklich gute Beziehung mit jemand anderem zu haben; oder daß ich nicht auch allein glücklich sein könnte?"
und/oder
"Warum ist es schrecklich, daß ich nicht erhalte, was ich will?"
"Warum sollte die Welt nicht voll von Ungerechtigkeiten sein?"

E

Neue gefühlsmäßige Konsequenz oder Ereignis
Traurigkeit: "Nun, wir hatten eine schöne Beziehung, und leider sehe ich sie zu Ende gehen - aber es gab auch Probleme und nun kann ich daran gehen, eine neue Partnerin zu finden!" **oder**
Verärgerung: "Es ist ärgerlich, daß sie sich nach jemand anderem umsah, aber es ist nicht schrecklich oder unerträglich.

13.

Schmerzmanagement

nach F. Huber, 1999

1. Richtige Diagnose/Differentialdiagnose, z.B. Schmerzambulanz der Universitätsklinik Tübingen (Birbaumer, Larbig, Gerber et al.); Schmerzfragebogen[7]), Schmerzprotokoll, visuelle Analogieskala (VAS), Alogometer, verbalmarkierte Ratingsskalen (VRS).

2. Vermeidung oder Reduzieren von Handlungen, Tätigkeiten, die diesen Schmerz provozieren, aufrechterhalten und/oder verstärken, vgl. RMI-Syndrom (repeated muscles injury syndrom) wie stundenlanges Schreiben am PC; aber auch das oftmals unbewusste Einnehmen einer Schonhaltung, was wiederum Gift für ein schmerzendes Gelenk oder für Rückenschmerzen sein kann und erneut Muskelverspannungen (Myogelosen) provoziert.

3. Kognitive Verhaltenstherapie mit schmerz- oder angstreduzierenden Kognitionen, Suggestionen und Visualisationen zur Schmerzbewältigung (Empfindungshandschuh; vier Elemente, Spiegelgestalt u.a.m.), Tiefenentspannung[12]), Stressbewältigungstraining sowie Methoden Kognitiver Umstrukturierung wie Rationale Selbstanalysen (z.B. Trias einer reaktiven Depression oder ABC's zur Konfliktbewältigung oder Reframing, Coaching, Selbstmanagement-Therapie u.a. verhaltenstherapeutische Verfahren.

4. Medikamentöse Mitbehandlung i.S. einer palliativen und entzündungs- rsp. krampfbeseitigenden Behandlung; zunächst Schmerzmittel, die einen Wirkstoff enthalten wie Aspirin, Spalt, Alka Selzer, Togal (keine Kombinationspräparate, die wiederum Kopfschmerzen verursachen können), und pflanzliche, biologische Mittel wie Presselin, Phönomigral, Hevert-Migräne u.a.m. vgl. Petra Wenzel, 1996[13]) oder Hartwig Gäbler, 1991[14]). Bei quälenden Schmerzen Schmerzmittel wie Ibuprofen, Voltaren, Diclo-Divido, Aktren, Optalidon bei Entzündungen, Verletzungen oder Dentigan, Spasmocibalgin gegen Krämpfe.

5. *Patientenschulung* in Bezug auf Zahn-, Körper- und Wundhygiene, Atemtraining, gesundheitsbewusste Ernährung (Vollwertkost, phosphatreduzierte, kalorien-, fettarme und vitamin- und ballaststoffreiche Ernährung nach dem Motto: I.d.R. (Iss das Richtige). Wichtig ist eine Einstellungsänderung, z.B. hin zum gesundheitsbewussten Essverhalten.

6. *Milieusanierung*, geänderte Bedingungen schaffen in Familie, Partnerschaft, Beruf, Freizeit, die objektiv nicht pathogen, belastend, angst- oder stressindizierend sind.

7. *Kein Suchtverhalten* weder
a) Stoffsüchte wie Alkohol, Nikotin, Heroin, Medikamentensucht etc.
b) Persönlichkeitssüchte wie Profilierungssucht, Hörigkeit, Ichsucht (pathogener Narzissmus oder pathogener Altruismus, so genanntes Helfersyndrom); Cinderella-Komplex, Nixon-Syndrom oder Solipsismus, Autofetischismus etc.
c) Verhaltenssüchte wie Grübel-, Tratsch-, Spiel-, Kaufsucht, Workaholic etc.

8. *Mototherapie* also kreislaufaktivierende, abwehrsteigernde Übungen wie z.B. Ausdauertraining, Gymnastik, Wirbelsäulentraining, Schwimmen, Stretching etc.

9. *Entspannungstechniken,* z.B. Autogenes Training (AT) mit patienten- und fokuszentrierten Schlüsselsätzen; Progressive Muskelentspannung, Atemtraining, Tiefenentspannung durch Visualisationen, Konzentrative Integrative Bewegungstherapie (KIB), Heileurhythmie, Körper-, Hatha-Yoga, Za-Zen-Meditation, Tai-Chi, Feldenkrais, Selbstmassage und klinische Hypnose.

10. *Biofeedbacktherapie* als Biofeedbackkontrolle und intrinsische Motivationshilfe (Backreinforcement); Schmerzkontrolle und Schmerzreduktion durch Respiratorisches-Fb (RFB); Temperatur-Fb (Thermo-Fb); Hautwiderstand-Fb (SRL) Muskeltonus-Fb (EMG), vasokonstruktions-Fb und EEG-Feedback.

(14.)

Sechs Therapieschritte der IKV

nach F. Huber, 1994

1. Informationsphase (5 probatorische Sitzungen)	Kontakt und Vertrauen herstellen; Therapieart, Methoden, Ziele der IKV und philosophisches Grundkonstrukt des Menschen/Bibliotherapeutische Interventionen, integrative, ganzheitliche Anwendung
2. Entspannungs- und Zuwendungsphase	Basistherapeutische Relaxationsverfahren, Hier und Jetzt arbeiten mit: ➢ AT ➢ PME ➢ Visualisationen und mentale Schmerzbewältigung ➢ Atemtraining ➢ Fokuszentrierte Biofeedbackkontrollen (i.S. eines ersten Schrittes bei der Krisenintervention), evtl. auch Biofeedbacktherapie
3. Identifikationsphase	Vermittlung eines positiv-realistischen Selbst- und Lebensbildes (didaktisches und bibliotherapeutisches Material), eigene Ziele sowie Sinnhaftigkeit
4. Lernphase/ Selbstmanaging	Die RSA/die ABC´s der Konfliktlage, Problem- und Verhaltensanalysen ect. durchführen
5. Anwendungs- und Übungsphase	Risikoübungen durchführen in Vorstellung/Systematische Desensibilisierung in sensu
6. Sicherungs- und Tansferphase	I. Teil: Risikoübungen in vivo mit Feedback und II. Teil Gruppentherapie – verhaltensmedizinisch orientiert

15.

Persönlichkeitsentwicklung

Rationale Ziele nach Dringlichkeit

Nach Kant ergeben sich für jeden Menschen drei zentrale philosophische Fragen in seiner Lebensbewältigung:

Was kann ich wissen?
Was soll ich tun?
Was darf ich hoffen?

Lebensziele nach Präferenz und gegenseitiger (positiver/negativer) Beeinflussung:

1. Lebenslange Persönlichkeitsarbeit in eigener Verantwortung und Selbststeuerung, um körperliche und seelische Gesundheit und Stabilität zu erwirken.
2. Arbeiten an meiner Partnerfähigkeit und die Partnerschaft mitverantwortlich gestalten gemäß den "Fünf W's"
3. Aktive Übernahme der Vater/Mutter-Kind-Rolle mit zunehmendem Ausblenden der Mitverantwortung im Hinblick auf die Mündigmachung des Kindes (allmählich sich ergebende Ausdifferenzierung einer sozialen Kompetenz).
4. Pflege von Kameradschaft, Freundschaft, Kollegialität (Arbeit-Freizeit).
5. Zeitlebens eigene Interessen, Hobbys verwirklichen, wie auch gemeinsame Unternehmungen regelmäßig mit Partner und / oder Familie durchführen.
6. An meiner Berufskompetenz arbeiten.

16.

Verhaltensmedizinisches und Verhaltenstherapeutisches Krankheitsmodell Krankheit biopsychosozial definiert

Psycho: Kognitionen u.-daraus resultierende körperliche, seelische Gefühle u. physiologische Reaktionen vgl. REBT*; Pränatale Psychologie und Klinische Psychologie/Verhaltensmedizin sowie ihre Teildisziplinen **

*REBT= Theorie u. Praxis der "Rational-Emotive Behavior Therapy"

Bio: Somatische Medizin (Schulmedizin) v.a. als Apparate-,Reparatur- u.Arbeits- medizin sowie allmählich sich entwickelnde** Präventivmedizin, Psychoneurophysiologie, Psychoneuroendokrinologie,Psychoneuroimmunologie und Pränatale Medizin

Sozial: Rahmenbedingungen, Interaktionen; Beruf, Familie, Freizeit, Partnerschaft etc. (vgl. Sozialmedizin, Sozialpsychologie und andere Sozialwissenschaften wie Humanethnologie u.a.) aber auch Ökomedizin

ICCMO-Deutschland, Schulstraße 45 in 91052 Erlangen (Hg.):

Fred Huber, Integrative Kognitive Verhaltenstherapie (IKV) u. verhaltensmedi zinische Erkenntnisse bei chronischen Schmerzen. ICCMO-Brief (International College of Cranio-Mandibular Orthopedic's Sektion Deutschland, Jg.3, Ausg.1, April 1996, S.8-14.

Meine rationalen Gedanken, Ansichten, Überzeugungen zu einem Rückschlag

1. Was micht zurückwirft, bestärkt mich, daran (weiter) zu arbeiten, was ich realistisch vernünftig begonnen habe. Erst durch das sinnvolle Zurücklegen einer Wegstrecke auf einer Lebensbahn gibt es die Möglichkeit, zurückzufallen.

2. Was mich umwirft, macht mich psychisch (mental und emotional) stärker. Keiner ist weise, der das Leid (Rückfälle, Frustration) nicht kennt und sich nicht aktiv damit auseinandersetzt bis hin zur selbstentscheidenden Lösung!

3. Erwachsendes Leben bedeutet täglich regelmäßig gerne Problem lösen und aktiv Entscheidungen treffen in eigener Verantwortung und/oder Mitverantwortung.

4. Innere und äußere Freiheit entwickeln sich, wenn ein Mensch täglich bereit ist, gerne Selbstverantwortung (Refelxionen, Entscheidungen, Verhalten) zu übernehmen.

Selbsthelfende Aphorismen:

- Probleme **lösen**, Konflikte **lösen**, bilden einen Menschen *(Pestalozzi)*
- Problemlösung **vermeiden** macht ihn gehemmt, unsicher, unruhig, deprimiert und ängstlich.
- Das menschliche Leben ist ein Charakterdifferenzierungs- und Problemlösungsprozeß; also ein Entwicklungsprozeß, indem ich überwiegend selbst meine Lebensqualität bestimmen kann.
- Wer kämpft, kann verlieren, wird aber überwiegend sich Erfolgserlebnisse, Freude, Stabilität machen; wer nicht kämpft für eine gerechte Sache, hat schon verloren.
  Eine gerechte Sache heißt:

Wie gehe ich **fair, freundschaftlich, würdevoll** mit mir und in der Folge mit anderen Menschen um?

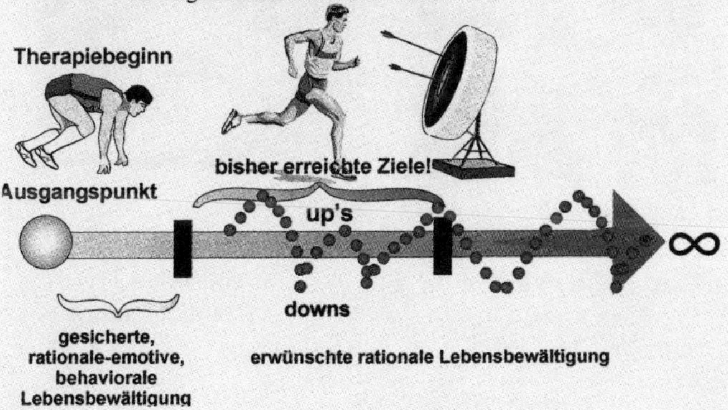

18.

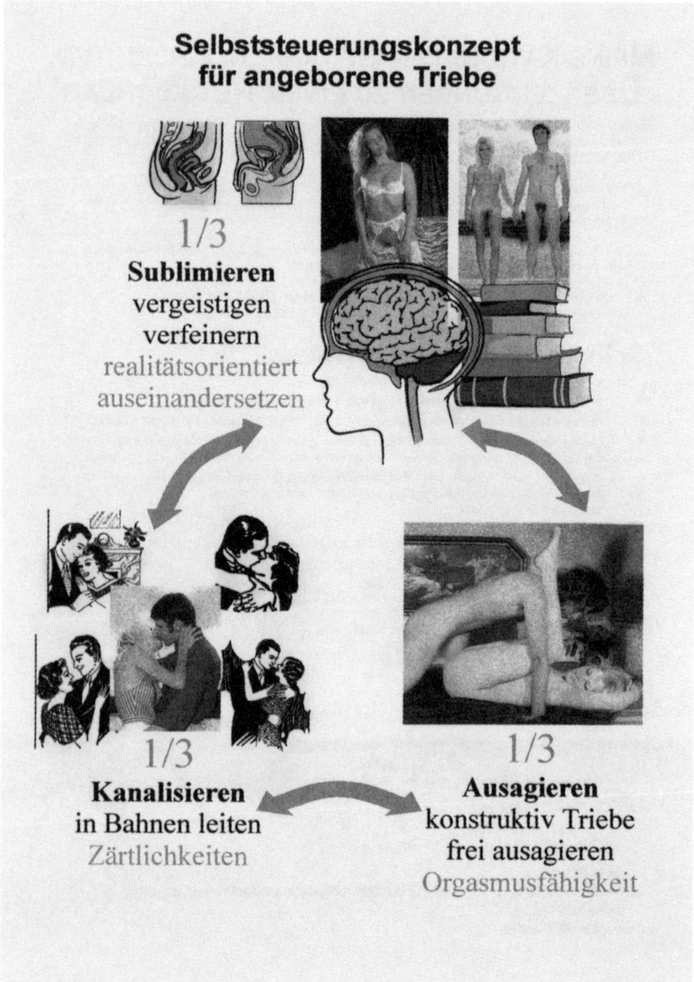
Selbststeuerungskonzept
für angeborene Triebe
1/3
Sublimieren
vergeistigen
verfeinern
realitätsorientiert
auseinandersetzen
1/3
Kanalisieren
in Bahnen leiten
Zärtlichkeiten
1/3
Ausagieren
konstruktiv Triebe
frei ausagieren
Orgasmusfähigkeit

19.

Selbststeuerungskonzept für angeborene Triebe

Orientierungsschema

1/3	1/3	1/3
Sublimieren	**Kanalisieren**	**Ausagieren**
(vergeistigen, verfeinern)	***(in Wege, Bahnen leiten)***	***(konstruktiv Triebe ausagieren)***

Alle angeborenen Triebe (Aggressions-, Kontakt-, Spiel, Sexualitäts-, Schlaf-, Ernährungstrieb sowie Trieb der kognitiven Neugierde) sind natürlich und schön, wenn der Mensch harmonisch selbststeuernd und gerne eigenverantwortlich zeitlebens mit ihnen so umgeht.

Jeder Trieb hat unterschiedliche **"Erfüllungszeiten"** hinsichtlich einer sinnvollen Befriedigung und ist ein Geschenk des **"Schöpfers"**. Sinnloser destruktiver Umgang mit einem Trieb z.B. Sexualtrieb nur sublimieren wollen (Zölibat), führt zur Triebstörung und chronifizierend zur Persönlichkeitsstöreung eines Menschen und/oder zur psychischen rsp. psychosomatischen Krankheit.

a) Rational-emotiver Umgang mit **Aggressionstrieb** heißt konkret?

b) Rational-emotiver Umgang mit **Sexualtrieb** heißt konkret?

c) Rational-emotiver Umgang mit **Kontakttrieb** heißt konkret?

*** Analog mit Spiel-, Schlaf-, Eß- und Trinktrieb vorgehen!**

(hier: Sexualtrieb); Orientierungschema

20.

Bipolaritätslehre >sowohl - als auch - denken <

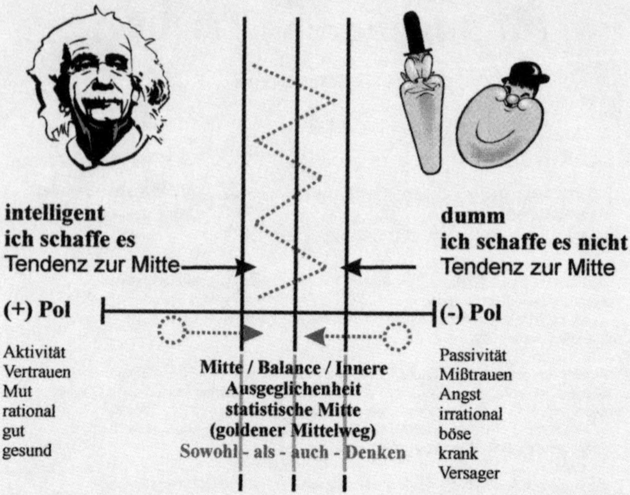

Der Makrokosmos ist bipolar angelegt z. B. **endlich - unendlich** oder **Licht - Schatten** und genauso ist der Mirkrokosmus Mensch bipolar angelegt. Es ist aber irrational bipolar zu denken und zu handeln, sondern sinnvoll rational ist, weg vom **Entweder - oder - denken** hin zum **Sowohl - als - auch - Denken**, als eine rationale Denkweise zu kommen, die wiederum unterschiedliche rationale Verhaltensweisen eröffnet.

Vorgehensweise

- Akzeptieren der "Schattenseiten" ruhig und gelassen;
- Bewußtes Zuneigen der "Sonnenseite" auch durch aktive Konfrontation / Auseinandersetzung mit den Gedanken, die mir Angst, Mißtrauen, Depression, Schuldgefühle etc. machen;
- Überprüfen dieser dysfunktionalen, irrationalen Gedanken;
- Umformulierung in realistische, objektiv gültige, also rationale Sichtweisen;
- Verhaltensänderung risikofreudig, ausprobieren zunehmend zum Verhaltensrepertoire machen.

Fazit: Rationales Leben heißt Fließen (sich verändern) zeitlebens innerhalb den Bipolaritäten nach Selbststeuerung und Eigenverantwortung mit Hilfe des rationalen Denkens.

21.

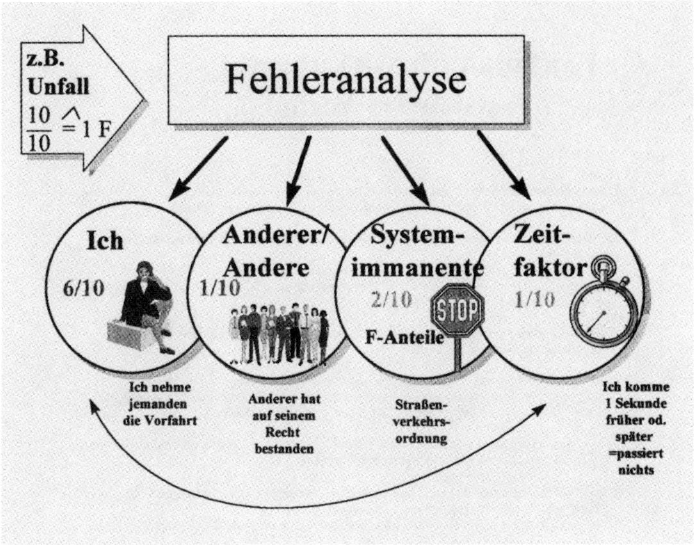

Fehleranalyse – 4 Faktoren, vgl. auch (Goldene Regel der Philantropen, z.B. Salzmann) „Von allen Tugenden und Untugenden deiner Zöglinge fange bei dir selbst an" – aber bleibe nicht bei dir (Anm. des Autors).

(22.)

Leitfaden für wirkungsvolles selbstsicheres Verhalten

1. Wenn Sie jemandem etwas abschlagen wollen, geben Sie ein eindeutiges "Nein" zu erkennen; erklären Sie, warum Sie ablehnen, aber entschuldigen Sie sich nicht übermäßig.

2. Geben Sie so schnell und so offen wie möglich eine Antwort, keine Unterbrechungen oder Ausflüchte.

3. Bestehen Sie darauf, fair und gerecht behandelt zu werden, d.h. teilen Sie mit, wenn Sie sich ungerecht behandelt fühlen.

4. Fragen Sie nach einer Begründung, wenn Sie um etwas gebeten werden, das Ihnen unverständlich erscheint.

5. Schauen Sie der Person, mit der Sie sprechen, in die Augen. Überprüfen Sie auch Ihre Körpersprache: ist da etwas, was anderen Personen fehlende Selbstsicherheit signalisieren könnte? (z.B. nervöses herumnesteln, Hände vor dem Mund, scharrende Füße).

6. Wenn Sie Ärger ausdrücken, denken Sie daran: Beziehen Sie sich auf das Verhalten der Person, greifen Sie ihn oder sie nicht in ihrer ganzen Person an.

7. Wenn Sie das Verhalten anderer kommentieren, benutzen Sie **"Ich-Aussagen"**, z.B. "wenn du dich so oder so verhältst fühl ich mich so oder so".
   Wenn möglich, bieten Sie eine andere Verhaltensweise an, die nach Ihrer Meinung günstiger wäre.

8. Belohnen Sie sich irgendwie, wenn Sie sich zu einer selbstsicheren Verhaltensweise durchringen konnten. (unabhängig davon, ob Sie ihr Ziel bei einer anderen Person erreicht haben oder nicht).

9. Machen Sie sich selbst keine Vorwürfe, wenn Sie sich unsicher oder aggressiv verhalten haben. Versuchen Sie statt dessen herauszufinden, wo genau Sie abgeglitten sind und wie Sie sich demnächst in solch einer Situation besser verhalten können. Schlechte Gewohnheiten werden Sie nicht über Nacht verlieren die neuen Fähigkeiten fallen auch nicht vom Himmel.

23.

Die mentale Schmerzlinderung

Auf einen Blick:

Die Übung zur mentalen Schmerzlinderung besteht aus folgenden Teilen:

1. einer Entspannung (AT)

2. der Grundübung

3. einer Vorstellungsübung

Zeitaufwand täglich: ca. 10-15 Minuten

Grundübung zur Mentalen Schmerzlinderung in der Entspannung

Wenn Sie entspannt sind, suchen Sie sich diejenige Stelle Ihres Kopfes aus, an der Sie die Schmerzen am stärksten spüren. Genau auf diese Stelle konzentrieren Sie sich. Stellen Sie sich vor, an dieser Stelle des Kopfes sei eine Öffnung, durch die Ihr Atem unablässig hinein- und hinausströmt. Stellen Sie sich dieses Bild plastisch und lebhaft wie nur möglich vor. Nun sprechen Sie im Rhythmus des Atems zu sich:

"Kühl und leicht" (beim Einatmen)
"vom Schmerz befreit" (beim Ausatmen)

Nach ein bis zwei Minuten lassen Sie die Übung ausklingen und kehren in den Alltag zurück.

Für den Fall, daß Ihnen diese Übung Schwierigkeiten bereitet, finden Sie im Anhang drei weitere Übungen, die Sie ausprobieren können. Wenn Sie sich also z.B. schwertun, sich vorzustellen, wie Ihr Atem durch eine Stelle Ihres Kopfes ein- und herausströmt, dann probieren Sie nacheinander die Übungen im Anhang aus. Eine davon wird auch für Sie die richtige sein.

→

1. Der Empfindungshandschuh

Konzentrieren Sie sich im Geiste auf eine Hand. Denken Sie fest an sie und vertiefen Sie sich mehr und mehr in die Beobachtung. Nach und nach wird Ihnen bewußt, daß Sie die Hand anders als gewohnt erleben. Insbesondere wenn Sie einatmen, fühlt sich die Hand leicht an, leich und frei. Beobachten Sie Ihre Hand noch genauer, und das Gefühl der Leichtigkeit wird noch stärker. Leicht und frei, die Hand fühlt sich leicht und frei. Und neben der Leichtigkeit können Sie in der Hand noch eine andere Empfindung entdecken, eine Empfindung, von der Sie zuinnerst wissen, daß sie genau die richtige gegen die Schmerzen ist.

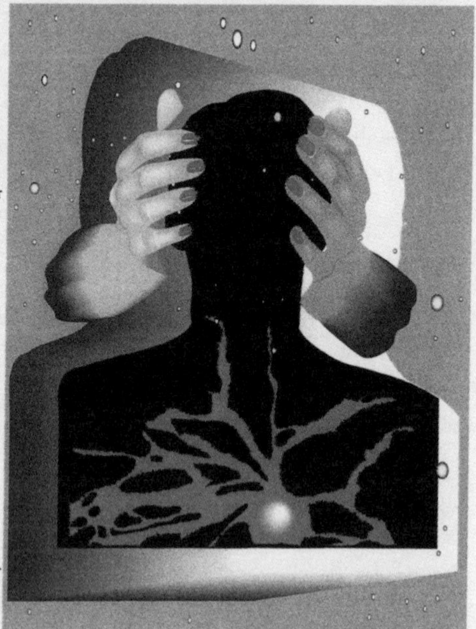

Gleich füllt diese gute Empfindung die Hand aus und umhüllt sie zugleich, als wäre die Hand in einem Handschuh. Der Handschuh gibt ihr einen guten Schutz. Leicht und frei, die Hand leicht und frei. So leicht, daß sie in Ihrer Vorstellung (und möglicherweise auch in der Wirklichkeit) beginnt hochzusteigen. Mit jeder neuen Einatmung noch leichter und freier. Die Hand steigt höher und höher, näher und näher auf den Kopf zu. Je näher am Kopf sie ist, umso stärker ist die gute Empfindung, umso stärker auch die innere Zuversicht. Gleich wird die Hand den Kopf an jener Stelle berühren, die den Schmerzen am nächsten liegt. Im selben Augenblick verspüren Sie, wie die gute Empfindung aus der Hand in den Kopf fließt und die Schmerzen hinaus drängt. Sie schauen zu, wie es geschieht.

Die Hand wird wieder schwer, angenehm schwer. Der Handschuh löst sich auf, verschwindet. Dann ist die wunderbare Empfindung im Kopf, der Kopf fühlt sich gelöst und frei, die Hand sinkt zurück, und Sie beenden die Entspannung. Wenn Sie die Augen öffnen, fühlen Sie sich frisch und munter, gelöst und frei. Die gute Empfindung im Kopf mag noch eine ganze Weile anhalten.

2. Die Schmerzgestalt

Denken und stell en Sie sich einen lebensgroßen Spiegel vor. Sie stehen davor und beobachten sich darin. Sie nehmen Ihren Kopf in dem Spiegel genau wahr. Beobachten Sie ihn sehr aufmerksam.

Konzentrieren Sie sich auf die aktuelle Schmerzstelle und untersuchen sie eingehend. Finden Sie heraus, ob der Schmerz eine Farbe hat, wie groß er ist, woran er Sie erinnert (im Sinne eines anschaulichen Vergleichs wie "ein enges Stirnband aus Stahl").

Wenn Sie den Schmerz gut genug erkennen, lassen Sie sich eine positive Veränderung einfallen, mit welcher Sie keine Schwierigkeiten haben werden. Beginnen Sie am besten mit einer Eigenschaft, z.B. mit der Farbe, und lassen sich einen erträglicheren Farbton einfallen. Bei dem richtigen inneren Abstand werden Sie erleben, wie sich der Schmerz nach Ihrem Wunsche farblich umwandelt. Betrachten Sie Ihren "neuen" Schmerz noch eine ganze Weile unmittelbar und unpersönlich weiter, um dem positiven Eindruck weiter zu festigen. Dann beenden Sie die Entspannung. In der äußeren Wirklichkeit angekommen, vergleichen Sie kurz den Schmerz "vorher" mit dem Gefühl "nachher" und wenden sich anschließend voller Zuversicht dem Alltag zu.

→

3. Die Vier Elemente

Denken und stellen Sie sich eine Öffnung am Kopf vor. Sie ist groß genug, um gleich alles hindurchzulassen, was Sie loswerden wollen. Nun beginnen Sie, den Kopf durch die Öffnung zu entleeren. Lassen Sie das Feste, Harte, Dunkle und Schwere durch die Öffnung aus dem Kopf verschwinden. Nach und nach fühlt sich der Kopf leichter und lichter, weiter und freier. Sie haben Zeit genug, um die Aufgabe nach Ihrem besten Wissen und Gewissen zu erledigen.

Erde

Der Kopf ist praktisch leergeräumt. Nur hier und dort haften noch einige Dinge, die Sie stören. Denken und stellen Sie sich vor, daß durch die Öffnung klares, reines Wasser in den Kopf fließt. Es steigt darin höher und höher. Dabei kreist es in einer sehr angenehmen Art. Zugleich löst es die hartnäckigsten Verkrustungen ab und holt auch die schwersten Teile aus den letzten Winkeln heraus. Es füllt mehr und mehr den ganzen Kopf, bis es den Scheitelpunkt erreicht. Dann lassen Sie es durch die Öffnung abfließen. Der Kopf ist leer und fühlt sich noch leichter und lichter, weiter und freier.

Wasser

Jetzt weht durch die Öffnung eine leichte, sanfte Brise herein. Der Windhauch streicht durch den freien Kopf und berührt ihn ganz behutsam und liebevoll. Nach einer Weile verabschiedet sich der Wind, und es wird still. Ruhig und still, der Kopf noch leichter und lichter, weiter und freier. Sie fühlen sich rundum zufrieden und wissen sich zuinnerst im Einklang mit dem Leben, der Natur, dem Universum.

Luft

Schließlich denken und stellen Sie sich vor, daß ein Sonnentrahl durch die Öffnung hereinfällt. Er leuchtet heller als ein Blitz, und dennoch blendet er nicht. Sein Licht erfüllt den ganzen Kopf - oben wie unten, vorne wie hinten, rechts wie links. Von der Mitte aus strahlt das Licht in alle Richtungen. Es ist ein Ausdruck der Kraft und der Freude. Es tut einfach gut.

Feuer

An dieser Stelle lassen Sie die Öffnung leise verschwinden. Das lichte, helle, freie Gefühl bleibt weiter im Kopf. Wenn Sie später in die äußere Wirklichkeit zurückkommen, braucht die Sonne auch dort nicht gleich unterzugehen.

Musik- und Buchempfehlungen

Begleitmusik für die Entspannung: Arnd Stein: CD Harmonie Vol.3: Wolkenmeer/Lebensfreude. Beide Titel auch auf Kassetten bei: Verlag für therapeutische Medien, Oestricher Str. 138; 58644 Iserlohn **Allgemeine Lebenshilfe:** D.Wolf & R. Merkle: Gefühle verstehen; Probleme bewältigen. PAL-Verlag, Mannheim, 1984 **Allgemeine Schmerzinformation:** SCHMERZtherapeutisches Kolloquium e.V.: Was sie über den Schmerz wissen sollten.Pharma-Verlag, Frankfurt/M. 1990 T.Svoboda: Schmerzen psychologisch überwinden. Oesch Zürich, 1989 (oder als TB Denken Sie sich frei von Schmerzen. mvg-Verlag München, 1991) **Spezielle Kopfschmerzinformationen:** V.Pfaffenrath: Der chronische Kopfschmerz. Arcis, München, 1988 V.Pfaffenrath /W.D. Gerber: Chronische Kopfschmerzen. Kohlhammer, Stuttgart, 1992
Sportinformation: C.-H. Ullrich: Training ohne Reue. Zuckerschwerdt, München, 1991 **Sonstiges:** J. Zehentbauer: Körpereigene Drogen. Artemis + Winkler, München, 1992 E.Holmes: Der Schlüssel zu Deinem wahren Wesen. CSA Verlag, Friedrichsdorf-Burgholzhausen, 1984
O. Simonton: Wieder gesund werden. Rohwohlt, Reinbeck 1982

24.

Fitneßtraining

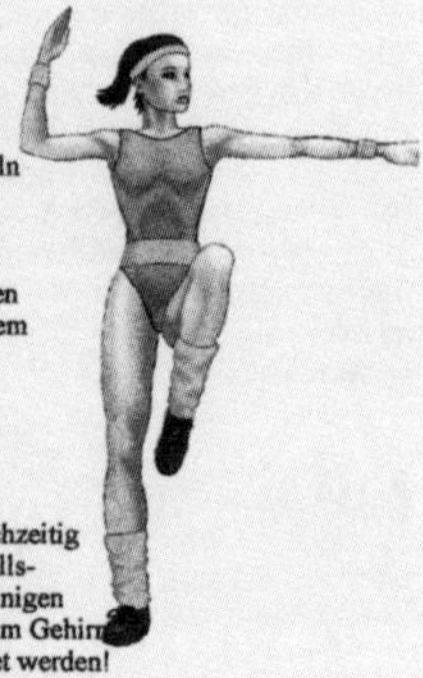

Wenn ich früher das Wort Fitneßtraining hörte, dachte ich gleich an die Muskeln von Arnold Schwarzenegger. Heute ist mir klar, daß ich damals einen großen Mist dachte. Das Fitneßtraining ist nicht gleichbedeutend mit einem Krafttraining. Vielmehr bedeutet die körperliche Fitneß eine gute Kondition oder Belastbarkeit. Offenbar je nach persönlicher Vorliebe wird in den verschiedenen Sportratgebern im selben Sinne auch vom Ausdauer-, dem Konditions- oder dem Bewegungstraining gesprochen.

Wozu das Fitneßtraining gut ist

(4-6 x pro Woche zu je 14 Minuten)

Das Fitneßtraining dient der Steigerung Ihrer körperlichen Belastbarkeit. Gleichzeitig baut regelmäßiger Sport psychische Anspannung ab und reduziert so die Anfallshäufigkeit und die Schwere Ihrer Kopfschmerzen. Schließlich weiß man seit einigen Jahren, daß durch das Fitneßtraining bestimmte schmerzhemmende Hormone im Gehirn verstärkt produziert werden, sowie euphorisierende Hormone vermehrt gebildet werden!

Sport als Mittel zur Schmerzlinderung

Für Zeiträume zwischen zwei Stunden und drei Tagen verfielen drei amerikanische Männer (Alter zwischen 41 und 70 Jahren) ohne ersichtlichen Grund in einen Zustand von Dumpfheit und Starre bis hin zur Bewußtlosigkeit. Keiner hatte nach dem Aufwachen aus diesem Zustand irgendeine Erinnerung an den Vorgang. "Idiopatischer Stupor" (körperliche und geistige Starre ohne erkennbare Ursache) lautet die Diagnose für solche Fälle.
Im Blutserum und im Liquor wurde die Substanz Endozepin - 4, ein körpereigenes Valium gefunden, in extrem hoher Konzentration (bis zum 200 -fachen der normalen Menge bei dieser amerikanischen Untersuchung). Zum Beispiel ein Dauerlauf hebt die Stimmung, weil Zunahme von Noradrenalin und anderen Endorphinen: Acetylcholin wird gleichzeitig vermehrt gebildet, welches positiv die intellektuelle Leistungsfähigkeit beeinflußt.

Wenn Sie sich also die ganze erste Woche fleißig strecken und dehnen, sich nicht übernehmen, auf das Tempo achten, Ihre feste Zeit haben und dennoch ständig ein dickes Minus (d.h. noch mehr Beschwerden) kriegen, läuft etwas falsch. Höchste Eisenbahn, doch einen Experten zu konsultieren. In Frage kommt der Sporttherapeut oder -lehrer, der Bewegungstherapeut, die Krankengymnastin, unter Umständen auch der Arzt (achten Sie dann bitte auf den Zusatztitel "Sportarzt"). Falls Sie keinen kennen, fragen Sie bei Ihrer Krankenkasse nach oder erkundigen Sie sich bei einem örtlichen Sportstudio.

Das Stretching auf einen Blick

Das Streching besteht aus folgenden hintereinander auszuführender Übungen:

1. den Übungen zur Lockerung der Nackenmuskulatur und

2. den Übungen zur Lockerung des gesamten Bewegungsapparates.

Zeitaufwand täglich: 15 bis 20 Minuten

Es gibt keine„Weg zurück. Diese Übungen sind von nun an Ihr tägliches Los. Sie werden jedoch schnell dahinterkommen, daß Sie mit diesem Los einen Hauptgewinn gezogen haben. Wir machen weiter: Mit dem Fitneßtraining.

Zeit, die Sie bei den jeweiligen Sportarten in den ersten Wochen investieren sollten:

Zeittabelle für Walking und Radfahren

(Häufigkeit: 4-6x in der Woche)

1. Woche	15-20 Minuten
2. Woche	20-25 Minuten
3. Woche	20-30 Minuten
4. Woche	25-35 Minuten
5. Woche	25-40 Minuten
6. Woche	25-45 Minuten

Zeittabelle für Jogging

(Häufigkeit: 4-6x in der Woche)

1. Woche	15-20 Minuten	Gehen
2. Woche	20-25 Minuten	Gehen
3. Woche	15-20 Minuten	Gehen u. Laufen
4. Woche	20-25 Minuten	im Wechsel
5. Woche	15-20 Minuten	Laufen
6. Woche	25-45 Minuten	Laufen

Zeittabelle für Schwimmen

(Häufigkeit: 4-6x in der Woche)

1./2. Woche	25-50m	25-50m	50-100m	50-100m
3./4. Woche	50m	50-100m	100-150m	150-200m
5. Woche	50m	100-150m	100-150m	200-250m
ab 6. Woche	100m	150-200m	200-250m	250m

= bei Bedarf 1-2 Minuten Pause zwichen den Strecken

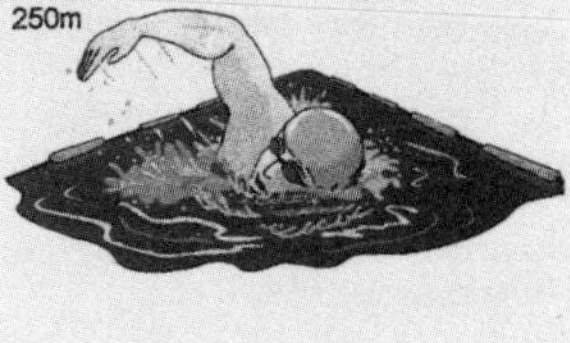

→

Mit Gymnastik bringen Sie Ihren Kreislauf in Schwung

Übungen im Stand:

1. Arme zur Decke strecken, abwechselnd je 10 x
2. Kniebeugen 10 x
3. Armkreisen rechts, links, beidseitig, vorwärts, rückwärts je 6x
4. Schulter vorne hochnehmen, fallen lassen, Kopfdrehungen (Zeitlupe). Abschließend Schulter hinter zusammen. 3-5 x
5. Rumpfbeugen rechts, links im Wechsel je 10 x

Übungen im Sitzen:

6. Hände in den Nacken, gestreckte Beine vom Boden hochnehmen, langsam absetzen 3 x
7. Hände in den Nacken, Beine gestreckt überkreuzen 3 x
8. Hände in den Nacken, Beine abheben, anwinkeln, strecken 3 x

Übungen im Liegen

9. auf dem Rücken, Fahrradfahren 50 x
10. auf dem Bauch, Liegestützen 3 x

Abschluß im Stand lauf 1 Minute
Puls messen: 130-180

Stretching-Übungen

Den Kopf sanft vornüber fallen lassen. Das Kinn geht in Richtung der Brust. Beide Hände am Hinterkopf verschränken und den Kopf noch tiefer drücken.

Den Kopf hinter dem linken Ohr mit der rechten Hand anfassen und schräg nach vorne ziehen. Dann die Seite wechseln.Den Kopf sanft vornüber

Die rechte Hand auf das linke Ohr legen und den Kopf nach rechts zur Seite ziehen. Dann die Seite wechseln.

Den Kopf langsam, soweit wie es für Sie angenehm ist rückwärts rollen lassen. Dann wieder in die Ausgangshaltung gehen.

Halten Sie ein Handtuch hinter dem Rücken fest und ziehen es mit durchgestreckten Ellenbogen hoch.

Halten Sie ein Handtuch hinter dem Rücken fest.

Ziehen Sie es abwechselnd

- langsam hoch (der obere Arm gestreckt, die Hand über dem Kopf, der untere Arm angewinkelt, die Hand am Schulterblatt) und dann
- hinunter (der obere Arm ist angewinkelt, die Hand hinterm Kopf, der untere Arm ist fast gestreckt, die Hand am Gesäß).

→

Halten Sie die Arme hoch. Mit der rechten Hand fassen Sie den linken Ellenbogen und ziehen den Arm nach rechts.

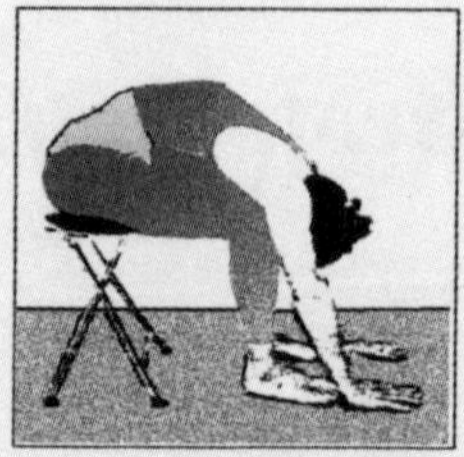

Setzen Sie sich auf einen Küchenstuhl und lassen den Orberkörper und den Kopf langsam vornüber sinken. Ihre Hände sollten möglichst vollflächig auf dem Boden liegen

Setzen Sie sich auf den Boden, strecken das linke Bein, legen Ihren rechten Fuß hinter das linke Knie, stützen sich mit der rechten Hand auf dem Boden ab und ziehen mit der linken Armbeuge das rechte Knie zum Körper hin. Dabei schauen Sie über Ihre rechte Schulter.

Legen Sie sich mit dem Rücken auf den Boden, winkeln das rechte Bein an und stellen den Fuß auf den Boden. Legen Sie nun auf die linke Fußsohle ein Handtuch, strecken das linke Bein hoch und ziehen den Fuß zu sich heran

Stützen Sie sich mit der linken Hand an einer Wand ab, beugen das rechte Bein nach hinten, halten mit der rechten Hand den Fußknöchel und schieben die rechte Hüfte nach vorne (halten Sie die Knie zusammen)

Machen Sie einen Ausfallschritt und stellen den linken Fuß etwa 30cm hoch. Halten Sie die Arme nach hinten, die Hände sind verschränkt, das rechte Knie gestreckt und drücken nun die Arme hoch.

(25.)

PARTNER VERTRAG

Ich verspreche mir, meinem Partner(in) und dem PT nachfolgende Aktivitäten ehrlich, ernsthaft beginnen und aufrechterhalten zu wollen:

1. PAARKONFERENZ

a) Wir führen **wöchentlich eine** Paarkonferenz durch
b) Beginn **Freitags um 19.30 Uhr** mit offenem Ende (mindestens 1 Stunde)
c) **Ein Thema** wird vereinbart (abwechselnd sind Themenvorschläge zu machen)
d) Vorgehensweise gemäß den **10 Kommunikationsregeln** sowie der **9 Regeln für konfliktklärende Gespräche**
e) Kassettenmitschnitt für Selbstanalyse gemäß erhaltenen Faktoren

2. GEMEINSAME, REGELMÄßIGE AKTIVITÄTEN

a) Mindestens 1 x wöchentlich ein **gemeinsamer Spaziergang** (ca. 1 Stunde)
b) Mindestens 1 x wöchentlich ein **gemeinsamer TV-Abend** als Paar und/oder Kleinfamilie

3. GEMEINSAME FIXPUNKTE

Wir vereinbaren diese gemeinsamen Fixpunkte

a) wöchentlich 4 x **gemeinsames Aufstehen**
b) wöchentlich 2 x **gemeinsames Schlafengehen** mit der Dynamik bis zu 4 x pro Woche
c) **Hauptmahlzeiten** werden grundsätzlich am Eßtisch eingenommen und mindestens 5 x gemeinsames Abendessen pro Woche
d) wöchentlich 2 x **gemeinsames Frühstück und Mittagessen**, dabei soll auch eine neue **Eßkultur** eingehalten werden bezogen auf Zeit nehmen, Sprache, Bewertung der Mahlzeiten (biologisch, sozial, ästhetisch) u.ä.m.

4. SOZIALKULTURELLE AKTIVITÄTEN

Pro Monat **1-2 sozialkulturelle Aktivitäten** wie Kino, Theater, Konzert, Vorträge, Vernissage, Museum, Ausstellungen, Essengehen, Thermalbad, Sauna .....

Karlsruhe, den 31. Januar 1998

....

→

Partnerschafts-Vertrag:
Frau Silke W. und Herr Dirk W. vom 14.02.2002

Ich verspreche mir, meinem (r) PartnerIN und meinem Psychotherapeuten nachfolgende Aktivitäten, ehrlich, ernsthaft, herausfordernd beginnen und aufrechterhalten zu wollen:

1. Paarkonferenz

- Wir führen mindestens 1x/Woche ein offenes Paargespräch durch z.B. Donnerstag abend bzw. Samstag- oder Sonntagvormittag (je nach Arbeitsschicht von Silke); Fixtermin und mindestens 1 h lang.
- Thema wird wechselweise von Silke und Dirk eingebracht.
- vorgehensweise gemäß den 10 Kommunikationsregeln (v.a. Ich- Wirbotschaften; keine Mußturbationen und kein Perfektionismus (ist arrogantes Denken); kein Entweder- oder-Denken; keine Etikettierungen u./o. negative Attribuierungen sowie Vorgehensweise gemäß der 9 Regeln für konfliktlösende Gespräche (Arbeitsblätter von PT erhalten).
- Aufzeichnung (recording) der Gespräche für Selbstanalyse.

2. Gemeinsame, regelmäßige Paaraktivitäten

- Mindestens 1x/Wo. als Paar gemeinsamer Spaziergang (ca.1 h) u./o. Shopping-Bummel (window-shopping)
- Mindestens 1x/Wo. ausgehen (Essen, Tanzen, Kino, Theater, Konzert, Vernissage, Vortrag etc.)

3. Selbstanalyse und Gespräch (5 Faktoren)

- Mußturbationen (sollen, müssen)
- Perfektionismus (alles, immer, nie, total, 100-prozentig, völlig, nur etc.)
- Schuldvorwürfe mit Du- und Man-Botschaften
- Etikettierungsfehler z.B. „fauler Hund", „blöde Kuh"; „Idiot" etc.
- Dichotomes Denken (entweder oder-Denken, schwarz-weiß-Denken).

4. Die fünf W's einer Liebesbeziehung beim Gespräch und Handeln beachten (nach Präferenz):

1. Würde
2. Wahrheit
3. Worte schenken nach Dialogischem Prinzip: Feedback einholen und Feedback geben, Ambiguitätstoleranz üben etc.
4. Wirbewußtsein
5. Wärme

________	________	________
(Silke W.)	(PT)	(Dirk W.)

Karlsruhe, den 18.02.2002

26.

Kommunikationsregeln

Konfliktgespräch

1. Versuchen Sie nicht einen Streit zu gewinnen, sondern einen Konflikt zu lösen.

2. Versuchen Sie nicht einen Schuldigen in Vergangenheit zu finden, sondern bemühen Sie sich, das Problem in der Gegenwart zu lösen.

3. Teilen Sie Ihrem Partner offen mit, wenn Sie ein Konfliktgespräch wünschen.

4. Einigen Sie sich auf einen konkreten Konfliktpunkt.

5. Äußern Sie direkt Ihre Gefühle und Bedürfnisse.

6. Helfen Sie Ihrem Partner seine Gefühle und Bedürfnisse zu artikulieren.

7. Formulieren Sie konkrete Wünsche.

8. Erörtern Sie mehrere (mind.3) Lösungsmöglichkeiten.

9. Legen Sie genau fest, wie der Konflikt gelöst werden sollte

(27.)

Mein Tagesbewältigungsplan:

Heute in eigener Verantwortung als Orientierungshilfe und flexibler Handhabung

Zeitraum: ....

Aktivitäten	Montag	Dienstag	Mittwoch	Donnerstag	Freitag	Samstag	Sonntag
1. Tagesanwendungen							
2. positive Selbsgespräche							
3. Herz-Kreislauftraining							
4. Wechseldusche							
5. erstes Frühstück (Belohnung)							
6. Erste Arbeitsphase mit Eßpause							
7. Mittagspause / 30 Min.Spazierengehen							
8. Zweite Arbeitsphase mit Eßpause							
9. Autogenes Training							
10. Abendessen / Gespräche							
11. Sozialkontakte / Sonstiges							
12. Nachtanwendungen							
Summe:							
1. Tagesanwendungen							
2. positive Selbsgespräche							
3. Herz-Kreislauftraining							
4. Wechseldusche							
5. erstes Frühstück (Belohnung)							
6. Erste Arbeitsphase mit Eßpause							
7. Mittagspause / 30 Min.Spazierengehen							
8. Zweite Arbeitsphase mit Eßpause							
9. Autogenes Training							
10. Abendessen / Gespräche							
11. Sozialkontakte / Sonstiges							
12. Nachtanwendungen							
Summe:							
1. Tagesanwendungen							
2. positive Selbsgespräche							
3. Herz-Kreislauftraining							
4. Wechseldusche							
5. erstes Frühstück (Belohnung)							
6. Erste Arbeitsphase mit Eßpause							
7. Mittagspause / 30 Min.Spazierengehen							
8. Zweite Arbeitsphase mit Eßpause							
9. Autogenes Training							
10. Abendessen / Gespräche							
11. Sozialkontakte / Sonstiges							
12. Nachtanwendungen							
Summe:							

e = erfüllt **te = teilweise erfüllt** **ne = nicht erfüllt**

28.

Selbstanalyse für Paargespräch

Wie oft wurden folgende (irrationalen) Ausdrucksformen benutzt ?

1. muß oder soll
2. perfektionistisch (immer, nur, ständig....)
3. entweder oder
4. Du oder man
5. direkte oder indirekte Schuldzuweisung
6. negativ, selbsterfüllendes Vorhersagedenken
7. Ettiketierungsfehler
8. Negative Attribuiierung (negative Eigenschaften unterstellen)

Wie oft wurden folgende (rationalen) Ausdrucksformen benutzt ?

1. Ich-Botschaften
2. Wir-Botschaften
3. Feedback geben
4. Aussage begründen (sachlogisch)
5. Alternative angeboten
6. kompromis-und konsensfähig
7. Gefühle im Gesprächsverlauf und wie verändern sie sich
8. Thema beibehalten

(29.)

Gesundheitsfragebogen –

10 verhaltensmedizinische Faktoren
für ein gesundes, vernünftiges Leben

Prüfen Sie, welche der genannten Bedingungen für Gesundheit in Ihrem alltäglichen Leben erfüllt sind:

	erfüllt	nicht erfüllt
1. Sieben bis acht Stunden Schlaf		
2. Regelmäßiges Frühstück (1. und 2.)		
3. Nichtraucher(in)		
4. Wenig oder kein Alkohol (max. 30 g); auch alkoholfreie Tage in der Woche		
5. Regelmäßige Bewegungen (tägl. 1–2 Std); auch an frischer Luft		
6. Kein Über- oder Untergewicht (Bornhardtsche Formel)*		
7. Kein Essen zwischen den Mahlzeiten (5–6 kleine Mahlzeiten u. Vollwertkost oder vegetarische Kost mit Eier- und Milchprodukten)		
8. Regelmäßige Entspannung (AT, PME, Yoga, Visualisationen, Atemtraining)		
9. Keine Medikamente (v.a. Psychopharmaka), Drogen und kein Suchtverhalten		
10. Kein Dysstress oder Overstress am Arbeitsplatz und/oder in der Freizeit (Erholungsphasen gleichwertig)		

In welchen Bereichen möchten Sie individuelle Verhaltensweisen ändern, was ist in diesen Bereichen Ihr persönliches Ziel, welche Maßnahmen gedenken Sie zu ihrer Verwirklichung zu ergreifen?

Durch Bewusstmachung dieser 10 Verhaltensmedizinischen Faktoren gelingt es einem Menschen besser, seinen Alltag vernünftig zu strukturieren und zu bewältigen.

* Bornhardtsche Formel: $\frac{\text{Körpergröße x mittlerer Brustumfang}}{240} = ?\ \text{kg}$

Mnemotechnik (exemplarisch): Pascha-Syndrom, Etikettierungsfehler, Persönlichkeitsstörung

Nachfolgende mnemotechnische Lernhilfen setze ich in meiner psychotherapeutischen Arbeit regelmäßig ein; ebenso wie ich bewußt versuche, Humor in eine therapeutische Sitzung einfließen zu lassen. Bildhafte Vorstellungshilfen haben sich bewährt, um rasch einsichtiges Lernen beim Patienten hervorzurufen ebenso wie kurze Analogiegeschichten!

a **Pascha-Syndrom:** Der "Pascha" kann noch solange selbstherrlich auf der Stuhllehne sich demonstrieren, profilieren wollen, wie sein(e) Partner(in) auf dem Stuhl sitzen bleibt; also seine Fehlverhaltensweisen mitmacht, erduldet, co-neurotisch mitlebt.

b **Etikettierungsfehler:** Ein Mensch sieht sich oder den anderen Menschen nicht mehr als "Wunderwerk" der Schöpfung, als Mikrokosmos oder würdevolles Individium, sondern reduziert ihn irrational zu einem Tier und/oder Gegenstand oder einer Teilfunktion, "blöde Kuh" oder "sportliche Flasche" oder "totaler Versager".

c **Persönlichkeitsstörung:** (Flucht in Fachkompetenz einerseits und Meiden von Selbsterziehung/Bildung, Partner-, Frustrations- und Konfliktfähigkeit, Fremderziehung (Kind) andererseits). Problem bedeutet: ("Wind" weht ihn um)! "Egghead" (Eierkopf), Kopffüßler fällt um, dreht durch ..., wenn sich kleine Probleme außerhalb seiner beruflichen Kompetenz ergeben (kann sehr hoch die Karriereleiter steigen) und/oder wenn Probleme von einer Bezugsperson (koneurotisch) nicht gelöst werden, mög-

→

lichst ohne ihn zu "belästigen". Solche Menschen leben eine Realsinnstörung, Wirklichkeitsferne und verringern ihre soziale Kompetenz einhergehend mit einem LFT-Syndrom (geringe Frustrationsgeduld) und impulsivem Ausagieren, vgl. Profilneurotiker mit Arbeitssucht (workaholic):

zu (b):

zu (a):

zu (c):

LFT einhergehend mit
überhöhtem Anspruchsniveau

Rational-Emotive Imaginationsübung
(Imagery/REI)

1. Stellen Sie sich vor, Sie sind in der Situation, über die Sie sich am meisten ärgerten, und sie nimmt die Wendung, die Sie am meisten fürchten.

2. Konzentrieren Sie sich auf Ihre Gefühle.

3. Stellen Sie sich die Situation wieder genau in denselben Einzelheiten vor.

→

VERSUCHEN SIE NUN ETWAS ANDERES:

4. Stellen Sie sich die ursprüngliche Situation mit dem gleichen schlechten Ergebnis vor. Stellen Sie sich vor, daß Sie sich anders fühlen.

5. Ersetzen Sie das unangenehme Gefühl durch ein situationsgemäßes Gefühl. Sagen Sie sich, was immer notwendig sein mag, um sich auf die neue Weise wohl zu fühlen.

Ergebnis:
Ein neues rationales Programm, um in schwierigen und unerwünschten Situationen ohne Wut, Ärger, Unruhe, Depressionen, Panik oder Schuldgefühle zu handeln!

32.

Der pathogenetische und salutogenetische Ansatz in der Verhaltensmedizin

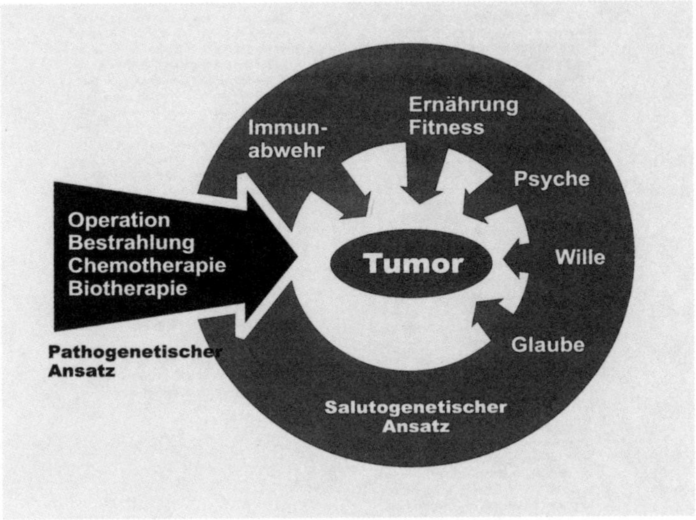

Das Pathogenese-Modell: Krebs wird überwunden durch die Unterdrückung der Krankheit (Tumor = Ansammlung von Krebszellen in Primärtumor oder Metastasen), was heute mit Operation, Bestrahlung, Chemotherapie oder Biotherapien in ca. 50% aller Fälle möglich ist.

Das Salutogenese-Modell: Krebs wird überwunden durch die Abwehrkräfte des Körpers selbst. Vermutlich funktioniert diese Abwehr zur Verhütung von Krebs im Entstehungsstadium, z.B. durch die Reparatur aktiv gewordener Krebsgene. Bei ausgeprägtem Krebs reichen diese Kräfte in aller Regel alleine nicht aus. Sie spielen aber wieder eine große Rolle in der Phase der Rehabilitation, d.h. nach Operation, Bestrahlung, Chemo- oder Biotherapie.

Ernährung und Krebs

Auf der rechten Hälfte dieser Doppelseite wird ein Gesamtüberblick zur Bewertung von Zusammenhängen zwischen bestimmten Ernährungsfaktoren und einzelnen Krebsarten gegeben.

Dabei fällt in Bezug auf die Ernährungsfaktoren auf, dass Gemüse und Obst als protektive Faktoren eine überragende Rolle spielen. Es gibt für fast alle Krebsarten Hinweise auf einen schützenden Effekt. Die Evidenz dafür ist, soweit bisher Untersuchungen vorliegen, allerdings nicht bei allen Krebsarten gleich stark.

Auf Seiten der krebsfördernden Faktoren haben Alkohol und Übergewicht eine übergreifende Bedeutung. Der Alkoholkonsum wirkt in Bezug auf die Karzinome des oberen Verdauungstraktes synergistisch mit dem Tabakrauchen, d.h. die Anwesenheit beider Faktoren verstärkt deren Einzelwirkungen. Übergewicht gilt als anerkannter Risikofaktor beim Gebärmutterkrebs. Weiterhin bestehen deutliche Hinweise darauf, daß Adipositas das Risiko für die Entstehung von Brustkrebs nach der Menopause und das Nierenkarzinom steigert. Darüber hinaus wird Adipositas als Risikofaktor beim kolorektalen und beim Gallenblasenkarzinom diskutiert.

Die Bedeutung des tierischen Fetts als Einflussfaktor bleibt undeutlich. Tierisches Fett wird zwar bei den Karzinomen von Lunge, Kolorektum, Brust, Gebärmutter und Prostata als risikofördernd diskutiert, aber überzeugende epidemiologische Studienergebnisse oder andere Hinweise auf eine Kausalbeziehung fehlen. Diese Aussagen beziehen sich nicht auf die Rolle von Fetten als Energieträger oder deren mögliche Rolle bei der Entstehung von Adipositas. Letztere ist ein Risikofaktor für verschiedene Krebsarten.

Einer besonderen Hervorhebung bedürfen die Befunde, dass Gemüse und Obst auch das Lungenkrebsrisiko absenken. Die Daten weisen darauf hin, daß sich unabhängig vom Rauchen eine Veränderung im Gemüse- und Obstverzehr auch auf die Lungenkrebsraten auswirkt. Wichtigster epidemiologischer Befund bleibt jedoch, daß 76 % des Lungenkrebsaufkommens auf das Tabakrauchen zurückzuführen ist. Ein Verzicht darauf ist deshalb die beste Präventionsmaßnahme für diesen Krebs.

Diese Grafik stellt eine Zusammenfassung des englischsprachigen WCRF-Reports „Food, Nutrition and the Prevention of Cancer: a global perspective" dar. Sie gibt die Bewertungen des WCRF-Wissenschaftlergremiums zum Einfluss der Ernährung auf das Erkrankungsrisiko für einzelne Krebsarten wieder. Sie zeigt den Einfluss verschiedener Faktoren der Ernährung, des Lebensstils und der Lebensmittelverarbeitung auf 18 Krebsarten. Die Gruppe der Faktoren, die bei einzelnen Krebsarten mit einer Risikosenkung assoziiert sind, ist grün dargestellt. Die rote Gruppe umfasst Faktoren, die mit einer Risikoerhöhung verbunden sind.

Die Stärke der Evidenz für die einzelnen Zusammenhänge zwischen Ernährungsfaktor und Krebserkrankung wird durch die Höhe der Säulen repräsentiert. Die Ableitung der Bewertungskategorien ist auf Seite 17 beschrieben. Zusammenhänge, deren Evidenz vom Wissenschaftlergremium des WCRF als unzureichend angesehen wurde, sind in die Grafik nicht aufgenommen worden.

Der WCRF-Report selber enthält ausführliche Angaben über die einzelnen Krebsarten und die mit ihnen assoziierten Ernährungsfaktoren.

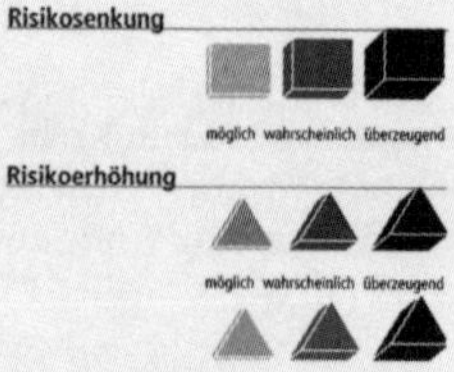

Gesamtüberblick über risikosenkende und risikoerhöhende Faktoren

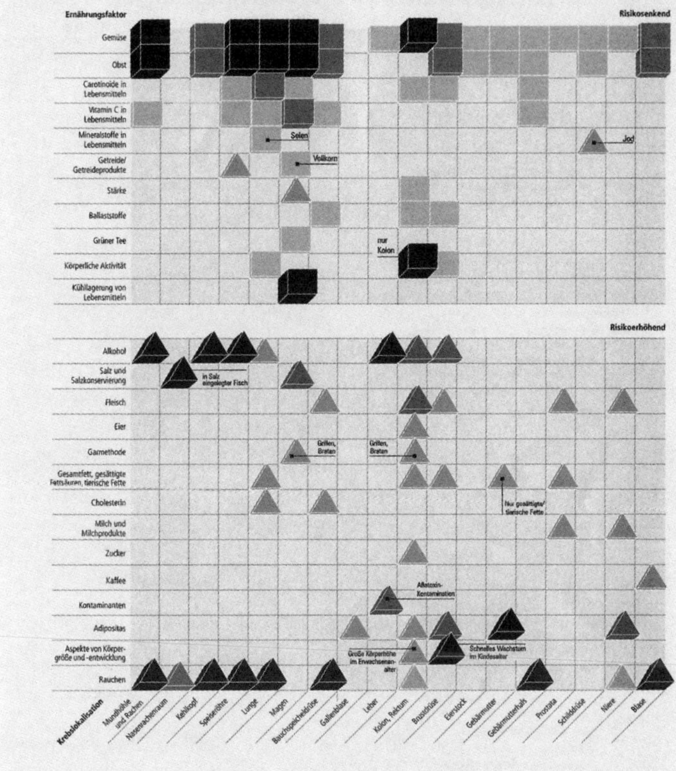

34.

Globale und nationale Schätzung vermeidbarer Krebserkrankungen durch Ernährungsumstellung

Die nebenstehende Tabelle enthält außer verschiedenen Lebensmitteln als Ernährungsfaktoren Nährstoffe, alkoholische Getränke, sowie Körpergewicht und körperliche Aktivität.

Die ermittelten Zahlen bewegen sich im Rahmen des derzeitigen Wissensstandes, so wie er im WCRF-Report zusammengefasst und bewertet ist. Nichternährungsbezogene Risikofaktoren, insbesondere Rauchen, spezifische Infektionen und berufliche Exposition mit Karzinogenen wurden berücksichtigt.

Es wurden die von der Dachdokumentation Krebs (Robert Koch-Institut, Berlin, 1999) veröffentlichten Schätzungen zur Krebsinzidenz in Deutschland für das Jahr 1997 verwendet. Diese Zahlen wurden mit den im Report angegebenen Prozentzahlen zum verhütbaren Anteil multipliziert, um so die in Deutschland verhütbare Zahl an Krebserkrankungen zu ermitteln.

Die Pfeile in der Tabelle bedeuten entweder ein erniedrigtes (↓) oder erhöhtes (↑) Erkrankungsrisiko.

Legende

[a] basiert auf Schätzungen zur Indizenz von Krebserkrankungen in Deutschland für das Jahr 1997 (Robert Koch-Institut, 1999)

[b] wenn Evidenz als überzeugend oder wahrscheinlich eingestuft wurde

[c] außer Krebs von Lippen und Speicheldrüsen

[d] Mund und Pharynx

[e] betrifft auch Tabakkauen

[f] Nasopharynx

[g] Es liegen keine zuverlässigen Zahlen vor

[h] Kinderlosigkeit, späte erste Schwangerschaft, späte natürliche Menopause

[i] Blasenpärchenegel (Erreger der Blasenbilharziose)

[k] gerundet

Krebslokalisation (ICD 9)	Nationale Inzidenz[a] 1997 (Fälle/Jahr)	Nationale Rangfolge (Inzidenz) 1997	Globale Rangfolge (Inzidenz) 1996	Ernährungs-faktoren[b]	Andere Risikofaktoren (Etablierte, nicht ernährungsbedingte Risikofaktoren)	Anteil der Krebserkrankung vermeidbar durch Ernährung: niedrige Schätzung (%)	hohe Schätzung (%)	niedrige Schätzung (Fälle/Jahr)	hohe Schätzung (Fälle/Jahr)
Mundhöhle und Rachen, Naso-Pharynx (140-149)[c]	9700	10	5	↓ Gemüse und Obst[d] ↑ Alkohol[d] ↑ In Salz eingelegter Fisch[f]	↑ Rauchen[e] ↑ Betelnüsse[d] ↑ Epstein-Barr-Virus[f]	33	50	3201	4850
Kehlkopf (161)	3300	16	14	↓ Gemüse und Obst ↑ Alkohol	↑ Rauchen	33	50	1089	1650
Speiseröhre (150)	4100	15	8	↓ Gemüse und Obst ↑ Mangelernährung ↑ Alkohol	↑ Rauchen ↑ Barrett-Syndrom	50	75	2050	3075
Lunge (162)	37100	3	1	↓ Gemüse und Obst	↑ Rauchen ↑ Berufliche Exposition	20	33	7420	12243
Magen (151)	18000	5	2	↓ Gemüse und Obst ↓ Kühllagerung von Lebensmitteln ↑ Salz ↑ Salzkonservierte Lebensmittel	↑ Helicobacter pylori	66	75	11880	13500
Bauchspeicheldrüse (157)	10100	8	13	↓ Gemüse und Obst ↑ Fleisch, tierische Fette	↑ Rauchen	33	50	3333	5050
Gallenblase (156)	5700	13	–[g]	–	–	keine Daten vorhanden			
Leber (155)	5200	14	6	↑ Alkohol ↑ Aflatoxine	↑ Hepatitis B und C	33	66	1716	3432
Dickdarm (Kolon und Rektum) (153-154)	51700	1	4	↓ Gemüse ↓ Körperliche Aktivität ↑ Fleisch ↑ Alkohol	↑ Rauchen ↑ ererbte Mutationen ↑ Kolitis ulzerosa ↓ Nicht-steroidale Antiphlogistika	66	75	34122	38775
Brust (174)	45800 (nur Frauen)	2	3	↓ Gemüse ↑ Schnelles Wachstum im Kindesalter ↑ Frühe Menarche ↑ Adipositas ↑ Alkohol	↑ Reproduktion[h] ↑ ererbte Mutationen ↑ Strahlenbelastung	33	50	15114	22900
Eierstöcke (183)	8200	11	15	–	↑ ererbte Mutationen ↑ Reproduktion[h]	10	20	820	1640
Gebärmutterkörper (179, 182)	10000	9	16	↑ Adipositas	↑ Orale Kontrazeptiva ↑ Östrogene ↑ Reproduktion[h]	25	50	2500	5000
Gebärmutterhals (180)	5800	12	7	↓ Gemüse und Obst	↑ Humanes Papilloma-Virus ↑ Rauchen	10	20	580	1160
Prostata (185)	27800	4	9	↑ Fleisch oder Fett aus Fleisch oder Milchprodukten	–	10	20	2780	5560
Schilddrüse (193)	2800	17	–[g]	↑ Jodmangel	↑ Strahlenexposition	10	20	280	560
Niere (189)	12100	7	17	↑ Adipositas	↑ Rauchen ↑ Phenacetin	25	33	3025	3993
Blase (188)	15000	6	11	–	↑ Rauchen ↑ Berufliche Exposition ↑ Schistosoma haematobium[i]	10	20	1500	3000
Andere	65900	–	–	–	–	10	10	6590	6590
Alle Krebslokalisationen	**338300**					**29**	**40**	**98000**	**133000**[k]

→

Krebsprävention durch Ernährung

Krebs ist eine verhütbare Erkrankung. Richtige Ernährung und ein gesunder Lebensstil verhüten zahlreiche und verbreitete Krebserkrankungen. Die weltweit gewonnenen Forschungsergebnisse, die diese Aussage wissenschaftlich untermauern, haben der World Cancer Research Fund (WCRF) und das American Institute for Cancer Research (AICR) von einem Wissenschaftlergremium in einem 670-seitigen Report unter dem Titel „Food, Nutrition and the Prevention of Cancer: a global perspective" (1997) zusammenfassen und bewerten lassen. Die vorliegende Broschüre mit Zuschnitt auf die Situation in Deutschland beruht auf diesem Report. Sie wird vom Deutschen Institut für Ernährungsforschung Potsdam-Rehbrücke (DIfE) unter dem Titel „Krebsprävention durch Ernährung" vorgelegt und wendet sich vor allem an Ärzte und andere Berufsgruppen im Rahmen des Gesundheitswesens wie Apotheker, Ernährungsberater und Studenten dieser Fächer sowie an Fachjournalisten und politisch Verantwortliche in Deutschland.

Der Entstehung von Krebserkrankungen liegen fundamentale biologische Prozesse zugrunde. Diese führen zu einer Entgleisung der Zellvermehrung und haben eine gestörte Organfunktion zur Folge. Einige Krebsformen, insbesondere solche, die im Kindesalter auftreten, können auf ererbten genetischen Veränderungen beruhen. Den größten Beitrag zum Krebsaufkommen haben nach heutigen Erkenntnissen jedoch solche Faktoren, die verhaltens- und umweltbedingt sind.

Der Einfluss der Ernährung auf die Krebsentstehung liegt hauptsächlich in ihrem Potential, durch richtige Lebensmittelauswahl Krebserkrankungen zu verhüten. Für die in der Öffentlichkeit vorherrschende Meinung, dass vorzugsweise Lebensmittelzusätze und Schadstoffe in Lebensmitteln für ein Krebsrisiko verantwortlich seien, gibt es keine wissenschaftlichen Hinweise.

Obwohl vieles im Krebsgeschehen noch nicht voll verstanden ist, eröffnet das vorhandene Wissen zusammen mit entsprechenden persönlichen und öffentlichen Anstrengungen die Möglichkeit, Empfehlungen zur Krebsvorbeugung in die Alltagspraxis umzusetzen und damit weltweit jedes Jahr Millionen von Krebserkrankungen zu verhüten.

Krebsfälle, die durch die empfohlene Ernährungsweise vermeidbar wären

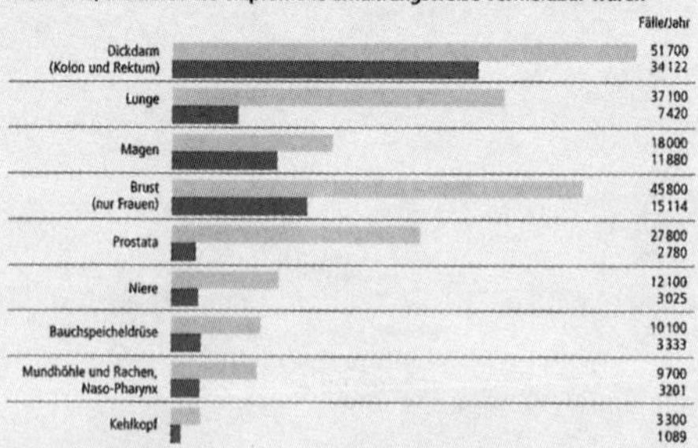

Zahl jährlich neu an Krebs Erkrankter in Deutschland 1997*

Geschätzte Zahl der jährlich durch die empfohlene Ernährungsweise** vermeidbaren Krebsfälle in Deutschland 1997, konservative Schätzung***

* Quelle: Robert Koch-Institut, 1999. Zur Krebsinzidenz in Deutschland liegen aufgrund der fehlenden flächendeckenden Krebsregistrierung lediglich geschätzte Zahlen vor.

** Empfehlungen aus dem Report des WCRF „Food, Nutrition and the Prevention of Cancer: a global perspective"

*** Grundlage bildet die Einschätzung des Wissenschaftlergremiums, das den o.g. Report erarbeitet hat.

1.4.1 Tabelle für Dauerleistung, Fettverbrennung und Gesundheit in Bezug zum Alter

Wer nicht lange Rechnen will, kann als Anhaltspunkt auch die folgende Tabelle verwenden:

Alter	MHF (220-Alter)	Gesundheit		Fettverbrennung	Dauerleistung	Alter	MHF (220-Alter)	Gesundheit		Fettverbrennung	Dauerleistung
		von 50%	bis 60%	bis 70%	bis 85%			von 50%	bis 60%	bis 70%	bis 85%
20	200	100	120	140	170	*30*	190	95	114	133	162
21	199	100	119	139	169	*31*	189	95	113	132	161
22	198	99	119	139	168	*32*	188	94	113	132	160
23	197	99	118	138	167	*33*	187	94	112	131	159
24	196	98	118	137	167	*34*	186	93	112	130	158
25	195	98	117	137	166	*35*	185	93	111	130	157
26	194	97	116	136	165	*36*	184	92	110	129	156
27	193	97	116	135	164	*37*	183	92	110	128	156
28	192	96	115	134	163	*38*	182	91	109	127	155
29	191	96	115	134	162	*39*	181	91	109	127	154
40	180	90	108	126	153	*50*	170	85	102	119	145
41	179	90	107	125	152	*51*	169	85	101	118	144
42	178	89	107	125	151	*52*	168	84	101	118	143
43	177	89	106	124	150	*53*	167	84	100	117	142
44	176	88	106	123	150	*54*	166	83	100	116	141
45	175	88	105	123	149	*55*	165	83	99	116	140
46	174	87	104	122	148	*56*	164	82	98	115	139
47	173	87	104	121	147	*57*	163	82	98	114	139
48	172	86	103	120	146	*58*	162	81	97	113	138
49	171	86	103	120	145	*59*	161	81	97	113	137
60	160	80	96	112	136	*70*	150	75	90	105	128
61	159	80	95	111	135	*71*	149	75	89	104	127
62	158	79	95	111	134	*72*	148	74	89	104	126
63	157	79	94	110	133	*73*	147	74	88	103	125
64	156	78	94	109	133	*74*	146	73	88	102	124
65	155	78	93	109	132	*75*	145	73	87	102	123
66	154	77	92	108	131	*76*	144	72	86	101	122
67	153	77	92	107	130	*77*	143	72	86	100	122
68	152	76	91	106	129	*78*	142	71	85	99	121
69	151	76	91	106	128	*79*	141	71	85	99	120

(36.)

Die zwei häufigsten Denkfehler

Mussturbatorisches Denken	**Perfektionistisches Denken**
Mussturbationen wie: *müssen, sollen*	dogmatische, absolute Aussagen wie: *immer, alles, nie, völlig, total*

↓

Arrogantes Denken
extrem „krankmachendes“ und fremdbelastendes Denken und Handeln

Arrogantes Denken wird wieder durch einen unbewussten dritten Denkfehler unterstützt, dem dichotomen Denken (Entweder-oder-Denken rsp. Schwarz-Weiß-Denken).

Weitere oft anzutreffende Denkfehler sind

- Etikettierungen (Labeling)
- Negativ-selbsterfüllende Prophezeiungen
- Negative Selbstattribuierung
- Katastrophisierungen
- Idiosynkratisches Denken

Glossar

Aberrationen	Abweichung (genetisch), z.B. bei einem Chromosomensatz wie Trisomie 21 oder Down-Syndrom
Absorption/Reabsorption	In der Verdauungsphysiologie wird Absorption international gebraucht für den dt. Begriff Resorption: Aufnahmen von Stoffen durch die Haut oder Schleimhaut in die Blut- oder Lymphbahn
adulte Stammzellen	Stammzellen, die sich im Körper bereits geborener Menschen finden. Bisher wurden in 20 Organen entdeckt, z.B. Nabelschnurblut oder Knochenmark. Sie werden zur Behandlung z.B. von Blutkrebs eingesetzt und es werden gesundes Gewebe und Organe entwickelt (Anfangsstadium). Unklar ist, ob sie ebenso flexibel und vermehrungsfähig wie embryonale Stammzellen sind, z.B. lassen sich auch neuronale Stammzellen aus dem Gehirn der Mäuse gewinnen oder ohne die Anreicherung von Stammzellen aus der menschlichen Haut. Diese Zellen sind in der Lage, sich zu Nervenzellen, Muskeln und Fettzellen zu entwickeln; bald auch Möglichkeiten zur Knorpelbildung, vgl. Kniearthrose
Affirmationen	symptomorientierte Suggestivsätze, Schlüsselsätze

Aggravation	1. Verschlechterung, Verschlimmerung von Krankheitsbildern 2. Übertreibungen von Krankheitserscheinungen
Alimentation	finanzielle Leistung für den Lebensunterhalt; Unterhaltsgewährung der Berufsbeamten
alternieren	abwechselnd; einander ablösen; Erkrankung mit abwechselnd fiebrigen und fieberfreien Zuständen
Ambiguitäts(-toleranz)	1. Geduldig unterschiedliche Wertaussagen zunächst stehen lassen und sachlogische Begründung einfordern 2. Doppeldeutigkeit von Wörtern, Werten, Sachverhalten, Symbolen
Amygdala	Mandelkern, der das emotionale Gedächtnis darstellt
Anamnese	Erinnerung; die Vorgeschichte des Kranken (bio-psycho-soziale Ursachen und/oder Wirkfaktoren)
Anthropologie	Lehre von den Erscheinungsformen menschlichen Lebens und der biologischen Beschaffenheit des Menschen 1. Wissenschaft vom Menschen und seiner Entwicklung in natur- und geisteswissenschaftlicher Hinsicht 2. Von V. Frankl entwickeltes Menschenbild (Existenzanalyse und Logotherapie); Lehre vom Menschen, seiner Existenz (Geistigkeit, Freiheit und Verantwortung)
Apartheid	Geschichte der Menschenrassen; Rassentrennung zwischen weißer und schwarzer Bevölkerung
Apnoe	Atemstillstand, Schlaf-Apnoe-Syndrom, Dyspnoe: (unregelmäßige Atmung)
Apostel	Abgesandte, Boten, Jünger Jesu
a posteriori	empirisch, aus der Erfahrung stammend
a priori	Von vornherein, ohne vorhergehende Erfahrung, aus der Vernunft durch logisches Schließen gewonnen (Erkenntnistheorie)
Assimilation	Angleichung, Anpassung, Verschmelzung, z.B. von Begriffen

Atman	(sanskr.) Atem oder Seele, Weltseele in der indischen Philosophie
Authentizität	Echtheit, Zuverlässigkeit
Autonomie	Selbständigkeit, Unabhängigkeit
Biofeedbackmessung	s. Feedbackmessung
Biopsychopathogenese	Krankheitsursachen aus bio-, psycho- und soziomedizinischem Bereich
Body Mass Index (BMI)	Körpergewicht in Kilogramm geteilt durch Körpergröße in Metern zum Quadrat. Der Index sollte zwischen 18,5 und 25 liegen
Borderline Syndrom	psychiatrische Krankheitsbilder, die zwischen neurotischer und psychotischer Persönlichkeitsstörung liegen
Bradyphrenie	Verlangsamung der geistigen Funktionen durch Mangel an innerem Antrieb, z. B. als Folgezustand der Enzephalitis
Bruxismus	Zähneknirschen beim Schlafen
Buddhismus	Die von Buddha (Erleuchteter) gegründete indisch-ostasiatische Heilslehre (500 v. Chr.)
Caodaismus	neue Religion im heutigen Vietnam, bestehend aus buddhistischen, christlichen konfuzianischen und taoistischen Elementen
Chromosomen	Erbkörperchen; sichtbare Träger der Erbmassen (Ideoplasma) auf den Chromosomen sind die Gene linear angeordnet; es gibt 23 Ch.-paare (22 Paare von Autosomen); 22 Autosomen und 1 großes X-Chromosom resp. kleineres Y-Chromosom für das Geschlecht: XY (mask.); XX (fem.)
Chromosomenaberrationen	Chromosomensatzstörung wie z.B. Trisomie 21 oder Down-Syndrom sowie Klinefelter Syndrom u.a.m.
Delinquenz	Straffälligkeit; kriminelles Verhalten, auch Weißkragen-Kriminalität
desavouieren	bloßstellen, im Stich lassen, brüskieren, verleugnen
Deskription	Beschreibung; deskriptiv versus proskriptiv
Dialektik	1. Innere Gegensätzlichkeit 2. Philosophische Arbeitsmethode, die ihre Ausgangsposition durch gegensätzliche Behauptungen (These – Antithese) und in der Synthese beider Positionen eine Erkenntnis höherer Art zu gewinnen sucht

Disease-Management	Krankheitsmanagement interdisziplinär mit Fachleuten (Ärzte, Therapeuten) und dem Klinik-Personal
Diskrimination	Unterscheidung, Trennung, z. B. was ist rational – gut und was ist irrational – böse, schlecht
diskriminativer Stimulus	Schlüsselreiz oder Hauptfaktor, der alleine schon mit hoher Wahrscheinlichkeit die Unterscheidung oder Trennung bewirkt
Diskurs	1. methodisch aufgebaute Abhandlung über ein bestimmtes wissenschaftl. Thema 2. Gedankenaustausch, Wortgefecht 3. tatsächlich realisierte Äußerungen eines Sprechenden aufgrund seiner sprachlichen Kompetenz
Dispositionen	Veranlagung; Gesamtheit der inneren Krankheitsbedingungen
DNA	Die Chromosomen bestehen hauptsächlich aus DNA (Desoxiribonukleinsäure) und Histonen
education	educator, lat.= Erzieher, Hofmeister, Erziehung zum Kulturwesen Mensch, vgl. die Kunst der Erziehung
ego te absolvo	Ich spreche dich los von deinen Sünden; Beichtvater (Ponitent) Ende einer Beichte zum Ponitent (Büßender, Beichtender), vgl. sich die Absolution geben lassen
Eklektizismus	(positiver) in der VT eine schöpferische, geistige Arbeitsweise, bei der gesichert wissenschaftliche Theoreme in einem System integriert werden
Elektroencephalogramm (EEG)	Hirnstrommessung
Elektromyogramm (EMG)	Muskeltonusmessung
Elektrookulographie (EOG)	Registrierung der Augenbewegungen durch Ableitung der Spannungsdifferenzen zwischen vorderem und hinterem Augenpol
Embryo	ungeborene Leibesfrucht; Frucht in der Gebärmutter während der Zeit der Organentwicklung (Organogenese) in den ersten drei Schwangerschaftsmonaten
Emission	ausströmen luftverunreinigender Stoffe in die Außenluft

Emotionen	Gefühle werden überwiegend von Informationen der Außenwelt provoziert, die die Sinnesorgane sammeln und die bewertend – mit narrativer Redundanz – im Großhirn (Hirnrinde) engrammiert (eingeprägt) werden. Die kognitiv verarbeiteten Informationen werden weitergeleitet an andere Hirnregionen, z. B. Hippokampus und Amygdala. In der IKV und REVT werden unter G. seelische, körperliche und physiologische Reaktionen verstanden, die in unmittelbarem Zusammenspiel mit Denken (v.a. bewertendes Denken) entstehen. Wahrnehmen, Vorstellen, Erinnern und Schlussfolgern. Diese kognitiven Leistungen können nicht von emotionalen Zuständen getrennt werden.
Empathiefähigkeit	Fähigkeit, sich in die Gefühle und Überzeugungen eines anderen einfinden und ihm eine Rückmeldung geben (empathisches Feedback)
Empirismus	Philosophische Lehre, die als (einzige) Erfahrungsquelle(n) die Sinnerfahrung, die Beobachtung, das Experiment gelten lässt
Endokrinologie	Lehre von der Funktion der Drüsen und der Hormone (Endokrinium)
Engramm, Engrammierung	Dauernde strukturelle Änderung im Nervensystem im ZNS, die aus einer vorübergehenden Erregung resultiert; dieser Prozess wird als physiologische Basis des Gedächtnisses hypostasiert, vgl. Synonyme wie Neurogramm oder Gedächtnisspur
Environment	Umgebung, Umwelt; die Bedingungen auf der Erde (biologisch, sozial, psychisch), vgl. Umweltschützer (environmentalist); Umweltschutz (pollution control)
Erziehung	Kunst der Selbsterziehung (Liebe und Vorbild innerhalb der Polaritäten Führen und Wachsen lassen) als Voraussetzung andere (mir anvertraute Menschen) erziehen zu können (Kinder, Auszubildende, Studenten etc.), vgl. Fremderziehung
Eschatologie	Lehre von den letzten Dingen, vom Endschicksal des Einzelnen und der Welt

Esoteriker	1. esoterische Geisteshaltung; nur für Eingeweihte bestimmt; nicht wissenschaftlich 2. esoterische Beschaffenheit einer Lehre oder Geheimlehre einer Religion oder Alternativmedizin
Essay	Abhandlungen, die wissenschaftliche Fragen in knapper und anspruchsvoller Form behandeln
Ethik	Sittenlehre, moralische Gesinnung
Ethos	sittliche Lebensgrundsätze eines Menschen oder einer Gesellschaft, die die Grundlagen des Wollens und Handelns bilden
Eucharistie	Danksagung; das Sakrament des Abendmahls; Eucharistiefeier, die katholische Feier der Messe
Eudämonismus	ethische Lehre, die das Ziel des Menschen in der Glückseligkeit sieht (mag sie mehr oder weniger erreichbar sein)
Euthanasie	Sterbehilfe
Evaluation	Bewertung, Bestimmung des Wertes Beurteilung von Lehrplänen, Therapiesettings etc.
Evidenz	Beweis, Befund
Exazerbation	Verschlimmerung, Wiederaufleben einer Krankheit
Excerpt	Auszug; das Wichtigste herausholen, nehmen und nicht so Wichtiges bewusst weglassen
Exegese, Exegetik	1. Wissenschaft der Aufklärung und Auslegung eines Textes 2. Wissenschaft der Bibelauslegung
Exposition	1. Grund der Gefährdung eines Organismus, der sich aus der Häufigkeit und Intensität aller äußeren Krankheitsbedingungen ergibt, denen der Organismus ausgesetzt ist 2. Expositionsübungen sind in der IKV (VT) Konfrontationsübungen in vivo bei Angstpatienten hauptsächlich, die zunächst mit einem Co-Psychotherapeuten außerhalb der Klinik/Praxis durchgeführt werden

Extraversion	Auswärtswendung der psychischen Energie (Libido); kognitive Einstellung, die durch Konzentration der Interessen auf äußere Objekte, Ziele gekennzeichnet ist bei hohem Realitätsbezug
falsifizieren	das Unwahre von etwas bestätigen; Falschaussage (Falsifikation)
FAO	Food and Agriculture Organisation of the United Nations (UNO) – autonome Sonderorganisation der UNO für Ernährung, Landwirtschaft, Fischerei und Forsten, gegr. 1945, 158 Mitglieder (Rat-Exekutivorgan-Rotationsverfahren der Mitglieder im Rat nach 7 J.)
Feedback	Rückmeldung; sprachliche Aussage zum Gehörten
Feedbackmessungen (Biofeedbackmessungen)	Anwendung elektronischer Geräte, mit denen Patient und Therapeut unmittelbar bestimmte physiologische Vorgänge (auf-) gezeigt werden können und optisch, akustisch, taktil synchron gemeldet werden. Myofeedback (MFB): Muskel-FB; EEG-Feedback: Elektro-Enzephalogramm-FB; SRL-Feedback: Skin-Response-Level (Haut-Widerstand-Niveau); RF-Feedback: Atem-FB; Thermo-FB: Temperatur-FB
Fertilität	Fruchtbarkeit
Fetus, Fötus	ungeborene Leibesfrucht ab 4. Schwangerschaftsmonat bis zur Geburt (4. bis 9. Schwangerschaftsmonat)
Fokus	(Brennpunkt), Herd, Sitz einer Krankheit
Fundamentalismus	sich gegen jede (Bibel-)Kritik oder Religionskritik und gegen moderne Naturwissenschaft wenden; eine strenge, unwissenschaftlich-orientierte, religiöse Richtung; sie erwächst wie Terrorismus aus einer Geistes- und Charakterkrankheit, z. B. Islamismus
Gen	Funktionelle Einheit des Genoms; Erbfaktor; die Gene sind in den Chromosomen linear aneinandergereiht
Genom	1. die Gesamtheit der Gene eines Menschen →

2. der haploide Chromosomensatz und die in ihm lokalisierten Gene

German Disease deutsche System- und Verfassungskrankheit

Gesetzesänderung die einfache Mehrheit innerhalb einer demokratischen Verfassung genügt

Glykogen Tierische Stärke, energiereiches Kohlenhydrat in fast allen Körperzellen (bes. in Muskeln und Leber); Aufbau des Glykogens in der Leber

Habitualisierung Eine Denk- und/oder Verhaltensweise, die (ungeprüft) zur Gewohnheit wird oder zur Gewohnheit gemacht wird.

Habituation (Verhaltenstherapie) Abnahme einer Reaktionsbereitschaft auf einen mehrmals dargebotenen Reiz, auch im Sinne einer Veränderung der Reaktionsbereitschaft auf diesen Reiz (ein aktiver Lernvorgang), vgl. Expositionsübungen (VT)

Hippokampus Wissensgedächtnis

histrionisch „schauspielerhaftes“ Verhalten

Homöosthase 1. Gleichgewicht der physiologischen Körperfunktionen, u.a. durch Regulationshormone der Nebennierenrinde aufrechterhalten

2. Psychisches Gleichgewicht durch rationale Sichtweisen, die sich wiederum positiv auf die somatogene Homöosthase auswirken

Hospitalismus-Syndrom 1. Deprivationssyndrom, soziokulturelle Verwahrlosung: fehlende individuelle Zuwendung, f. Nestwärme, Pferchungsschäden (psychischer Hospitalismus)

2. Nosokomial Infektionen: alle aus Heimen, Krankenhäusern, Arztpraxen erworbenen Infektionen, da hier signifikant mehr Viren, Bakterien angesiedelt sind

3. Klassischer Hospitalismus: Vorbakteriologische und vorantibiotische Ära: Spitalinfektionen Verwundeter; Frischoperierten und bei Wöchnerinnen (Gasbrand, Sepsis, Kindbettfieber, Wundrose), vgl. iatrogene Krankheiten

Hyperventilation	Zu rasches Atmen; mehr als zwölf Atemzüge/Min. Gegenteil: Hypoventilation (weniger als fünf Atemzüge/Min.)
iatrogene Krankheiten	(iater, gr.= Wortteil mit der Bedeutung Arzt); durch Handlungen und Äußerungen des Arztes hervorgerufene Erkrankungen, psychische Belastungen, vgl. Probleminfektionen und Hospitalismus
Identifikation	sich gleichsetzen (meist unbewusst) mit einer anderen Person (Emotionen, Verhalten und Übernahme deren Motive und/oder einer Gruppe/Gruppennormen)
Immission	Einwirkung von Umweltstoffen auf Menschen, Tiere, Pflanzen (Schadstoffe, Lärm, Strahlen, Luftverschmutzung etc.)
Immunstimulanzien	Pflanzliche Arzneimittel zur Reaktivierung des Immunsystems
Implantation	Einnisten der befruchteten Eizelle in das Endometrium (Schleimhaut des Gebärmutterkörpers)
Improvement-Prinzip	Leistungsverbesserungen messen und belohnen (Lob)
Indoktrination	Massive, psychologische Mittel nutzende Beeinflussung im Hinblick auf die Bildung einer bestimmten Meinung oder Einstellung
Input	Energiezufuhr, Einsatz, vgl. Aufwand vor oder zu Beginn einer Psychotherapie oder einer Untersuchung, z. B. Experiment, Interview-Studie
Insemination	Befruchtung
Integration	1. Wiederherstellung eines Ganzen 2. Einbeziehung, Eingliederung in ein größeres Ganzes, z. B. Integrative Kognitive VT
Integrative Kognitive Verhaltenstherapie	Die IKV beinhaltet als Leittherapieform auch die REVT, aber auch Kognitive VT, Selbstmanagement-Therapie, Ordnungstherapie, Tiefenpsychologie (Methoden wie Hypnose, Traumanalyse, projektive Psychodiagnostik, Theorie von inneren Widerständen, Übertragungen, Gegenübertragung etc.)

Introversion	Psychische Energie wird gegen sich selbst gerichtet; mangelhafte Anpassungsfähigkeit an die Realität; zögerliche, zurückgezogene Menschen. C.G. Jung nennt den introvertierten Typus „Entscheidungs-Naturellen" im Gegensatz zum extravertierten Typus, den er „Handlungs-Naturellen" nennt
in-vitro-Fertilisation	Im Glas, außerhalb des lebenden Organismus, eine Eizelle mit Samen befruchten, s. Embryonentransfer, vgl. Insemination
irrationales Denken	objektiv nicht bewiesene Sichtweisen, subjektive Ansichten, unvernünftige Aussagen und Meinungen, z.B. Vorurteile
irreversibel	Derzeit noch unheilbare Krankheitsbilder wie Plasmozytome (Knochenkrebs) oder AIDS
Kanonisierung	Aufnehmen von neuen Inhalten (z.B. Fächer) in einen Kanon (Gesamtheit eines bestimmten Fachgebietes)
kaptativ, kaptatorisch	besitzergreifend, Vorteile erschleichend
kardiovaskulär	Herz und Gefäße betreffend
Kategorischer Imperativ	Unbedingt gültiges Sollen
Kinästhetik	Lehre von den Bewegungsempfindungen, v.a. auf die Muskelempfindungen bezogen
Klerus	Katholische Geistlichkeit, Priesterschaft und Priesterstand im Gegensatz zu „Laien": 1. Nichtgeistlicher, zum Volk gehörend 2. Nicht-Fachmann 3. Außenstehender
Kognitionen	1. Sammelbegriff für unbewusst automatisch ablaufende Denkprozesse 2. Teilbewusste und bewusste Denkprozesse, die wiederum in irrationale und rationale Denkmuster unterteilt werden
Komorbidität	verschiedene, sich aufrechterhaltende und /oder verstärkende Krankheitsbilder
kompatibel	Verträglich miteinander, z.B. ethische Kulturwerte oder vschd. Medikamente oder Blutgruppen oder Software-Programme
kompensieren	Funktionsstörung eines Organes oder eines Triebes oder deren Folgen ausgleichen (wollen)

Konstitutionalismus	Staatsform in der Rechte und Pflichten der Staatsgewalt und der Bürger in der Verfassung festgelegt sind
Kontext	1. der umgebende Text einer gesprochenen oder geschriebenen sprachlichen Einheit 2. der umgebende inhaltliche Gedanken- und Sinnzusammenhang
Konzil	Versammlung von Bischöfen und anderen Würdeträgern der röm.-kath. Kirche (mit Entscheidungsbefugnissen)
Koran	Das heilige Buch des Islam (7. Jh. nach Chr.), Sammlung der Offenbarungen Mohammeds
Libido	1. Urkraft des Sexualtriebes, Begierde; sexuelle Lust 2. allen psychischen Äußerungen zugrundeliegende psychische Energie, vgl. libidinöse Beziehung
limbisches System	Ein Zusammenwirken von Hirnstamm, Zwischenhirn und Großhirn
Logik	1. Lehre von den Gesetzen und Vollzugsweisen des Denkens 2. Gesetzlichkeit des Denkens selbst, der es zu folgen hat 3. innere Folgerichtigkeit des Denkens, sofern es dieser Gesetzlichkeit folgt
Mäeutik	„Entbindungskunst", von Sokrates entwickelt: Methode, durch geschicktes Fragen, die unbewussten richtigen Antworten und Einsichten heraufzuholen
Maxime	Leitsatz, Hauptgrundsatz, Vorsatz für eigenes sittliches Handeln, Lebensregel (Philosophie)
mea culpa	(lat.) meine Schuld; keine Ursachen- resp. Fehleranalyse
Mediation, mediatisieren	die Vermittlung eines Staates in einem Streit zwischen anderen Mächten; bisher unmittelbar dem Reich unterstehende Herrschaften oder Besitzungen wie beispielsweise Reichsstädte der Landeshoheit unterworfen
Menschenrechte	universal-eth.: Rechte, die jedem Menschen unabhängig von seiner Stellung im →

	Staat, Gesellschaft, Familie, Beruf, Religion und Kultur bereits dadurch zustehen, dass er als Mensch geboren ist." Verständnis als leitendes normatives Prinzip, das der Menschenwürde. Dieses Prinzip sieht den Menschen von Geburt an (nach der Zeugung; Anm. des Autors) im Besitz eines unantastbaren, unveräußerlichen Rechts; vgl. auch 30 universal-ethische Leitlinien
Metaethik	hinter oder über der Ethik; über die Ethik hinausgehend, vgl. auch Metaphysik mit den metaphysischen Grundfragen: Leib-Seele-Problem, Frage nach dem Sein, nach Gott, nach dem Wesen, der Materie etc.
Metastasen	Veränderung, Wanderung, Verschleppung von Zellen eines Geschwulstes, insb. maligne (bösartig) Geschwulst (Karzinom, Sarkom etc.)
Methylisierung	Stoffwechselmuster in menschlichen Zellen
Mitose	Zellteilung, indirekte Kernteilung
Mobbing	Pöbelei, Pöbelmethoden wie Übergehen, Anschwärzen, Hochloben („Peter"-Prinzip), Tratschen etc., nicht informieren, ins Leere laufen lassen
Monotheismus	1. altchristl. Sektenlehre, die in Jesus Christus, wohl zwei unvereinigte Naturen (Dyophysilismus) sieht, aber nur an einen gottmenschlichen Willen wirksam glaubt 2. an einen Gott glaubend
Moral	System von auf Tradition, Gesellschaftsform und Religion beruhenden sittlichen Grundsätzen und Normen, das das zwischenmenschliche Verhalten reguliert.
Multimodale Verhaltenstherapie	nach Lazarus (1976) im Vergleich mit Rational-emotive Verhaltenstherapie REBT und klassischer VT (CBT); s. Anhang Nr. 3
Mythologie	1. Gesamtheit der mythologischen Überlieferungen eines Volkes (meist mündlich) 2. Wissenschaftliche Erforschung und Darstellung der Mythen (Sagen, Legenden, Erdichtetes)

narrativ	erzählend, in subjektiv erlebter Form darstellen und interpretieren
Nekrose	Zelltod
Nidation	Einnisten des befruchteten Eies in der Schleimhaut des Uterus (oder der Tube), vgl. Implantation
Nirwana	(sanskr.) Erlöschen, Verwehen; im Buddhismus die völlige, seelige Ruhe als erhoffter Endzustand (Glückseligkeit)
Nozizeptoren	Umfasst alle auftretenden motori., vegetativen und verhaltensbiologische Äußerungen des Schmerzes mit Hilfe spezifischer Nozizeptoren (Nervenbahnendigungen, z. B. in der Haut)
Obskurantismus	Bestreben, die Menschen bewusst in Unwissenheit zu halten, ihr selbständiges Denken zu verhindern und sie an Übernatürliches glauben zu lassen
Okkultismus	Geheimwissenschaft: Lehren und Praktiken, die sich mit der Wahrnehmung übersinnlicher Kräfte beschäftigen, z. B. Telepathie, Telekinese, Materialisation
Ökologie	1. die Wissenschaft von den Beziehungen der Lebewesen zu ihrer Umwelt (Teilgebiet der Biologie) 2. die Wechselbeziehungen zwischen den Lebewesen und ihrer Umwelt, der ungestörte Haushalt der Natur
Ökonomie	Wirtschaftswissenschaft
Ökumene	1. die bewohnte Erde als menschlicher Lebens- und Siedlungsraum 2. Gesamtheit der Christen 3. die ökumenische Bewegung (ökumenisch: allg. die ganze bewohnte Erde betreffend) geht v.a. von der ev. Kirche aus
Ökumenismus	Bestrebung der kath. Kirche (in der Reformation noch dagegen, wollte eigene Vormachtstellung) zu Einigung aller christlichen Konfessionen (seit dem 2. Vatikanischen Konzil: 11.10.1962)
Okzident	Europa, Abendland
Omnipotenz	1. Göttliche Allmacht 2. Absolute Machtstellung (med.) der Frau →

	gegenüber dem Sexualtrieb des Mannes und seiner Orgasmusfähigkeit
Onanie	Masturbation, sexuelle Selbstbefriedigung bei beiden Geschlechtern
Orient	1. Östliche Welt (Morgenland) 2. Vorder- und mittelasiatische Länder
Oszillation	Schwingung, Schaukelbewegung
Output	Produktion, Ertrag, Leistung, Aus-(outcome)beute, z.B. Ergebnisse nach einer VT oder einer Untersuchung
Paradigma / Paradigmenwechsel	1. Beispiel, Muster, Erzählung, Geschichte mit beispiel- oder modellhaftem Charakter 2. Anzahl von sprachlichen Einheiten, zwischen denen in einem gegebenen Kontext zu wählen ist
Parästhesien	krankhafte Empfindung, z.B. Kribbeln (Formicatio), Prickeln, Taubsein; vgl. Sensibilitätsstörungen
Pathogenese	Lehre von der Krankheit, und zwar ihren Ursachen (Ätiologie), ihren körperlichen Veränderungen (pathol. Anatomie), ihrer Entstehung und ihrem Wesen (Pathogenese), ihren klinischen Erscheinungen (Symptomatologie und Nosologie)
Patriarchat	1. Würde- und Amtsbereich eines kirchlichen Patriarchen 2. Gesellschaftsform, in der der Mann (irrational) eine bevorzugte Stellung hat in Stand und Familie
Peristaltik	wurmförmige, fortschreitende Bewegungen des Darmes, Magens, Ureters, Samenleiters
Persönlichkeitsbildung	ein interdependenter (sich gegenseitig beeinflussender) Prozess zwischen Kognitionen (rationalem Denken), Emotionen, physiologischen Reaktionen (Gefühle und Physiologie) und Verhalten
Phytotherapeutika	(Phytopharmaka) Arzneimittel, die ausschließlich aus Pflanzen oder Pflanzenteilen sowie deren Zubereitungen entstehen und klinisch erprobt sind
PISA-Studie	„Program for International Student Assessment" wurde im Auftrag der OECD

	(Organisation für wirtschaftliche Zusammenarbeit und Entwicklung) veranlasst (2001/02)
Politeia	Platons Hauptwerk „Der Staat“
Positronen	positiv geladene Elektronen; sie entstehen beim Zerfall eines Protons im Kern von bestim. radioaktiven Nukliden, vgl. Positronen-Emissionen-Tomographie, ein bildgebendes Verfahren, mit dem Neurobiologen, Hirnforscher derzeit verstärkt forschen
Prädiktion	Vorhersage, Voraussage; prädiktive Tests (die Möglichkeit einer Voraussage enthaltenden Tests)
Prädispositionen	Vor-Veranlagung; Vorstufe der Krankheitsbereitschaft
Präimplantationsdiagnostik (PID)	1. Einpflanzung, Einheilung von Fremdteilen in den Körper eines Individuums 2. Einnistung der befruchteten Eizelle in das Endometrium; s. Nidation; Ggs. Explantation: Früheingriffe des Arztes in diese Vorgänge der Implantationsphase und davor (Befruchtung; Auslese von gut- resp. bösartigen Zellen), Untersuchungen, Bestimmungen und Eingriffe in die physiologischen Vorgänge
Primärtumor	Erstgeschwulst im Ggs. zu Tochtergeschwulst (Metastase), v.a. bei Krebs
Probe-Identifikation	sich probeweise in die Gefühlswelt, Ansichten, Motive eines Patienten hineinzuversetzen und wieder bewusst herauszugehen, um verstehen und helfen zu können
Propheten	Seher, Mahner, Weissager
Protektionismus	Schutz der einheimischen Produktion gegen die Konkurrenz des Auslandes durch die Maßnahmen der Außenhandelspolitik und der Handelsbeschränkungen der Wirtschaft (Globalisierung)
Psychotherapie	Ein Heilverfahren zur Behandlung von bio-psycho-sozial bedingten, also psychosozialen resp. psychosomatischen Erkrankungen, Störungen (früher: Neurosen) bzw. Leidenszustände. „Jede psychotherapeutische Methode bedarf einer Krank-

heits- bzw. Störungs-(Neurosen-)lehre, (Ätiologie-Modell mit Krankheits- und Gesundheitsbegriff), einer Persönlichkeitstheorie und Entwicklungstheorie sowie zugrundeliegender anthropologischer Annahmen, Therapietheorie (therapeutische Beziehung, Prozessverständnis, Methodik, Techniken, Praxis), auch unter einem störungsspezifischen Gesichtspunkt, z. B. für Personen mit Angststörungen, Depressionen, Zwangsstörungen, Persönlichkeitsstörungen und/oder psychosomatischen Erkrankungen sowie der Nachvollziehbarkeit, d. h. auch Lehr- und Lernbarkeit des Ansatzes" (ebda, S. 569)[7]. Außerdem ist eine Qualitätskontrolle erforderlich, um die Effizienz der Behandlung zu messen und zu beweisen, z. B. aktuelle Literatur zur REVT von Albert Ellis 135-137 und zur Praxis der Psychotherapie[138].

Randomisierung Aus gegebener Gesamtheit von Elementen eine vom Zufall bestimmte Auswahl treffen, vgl. Zufallsstichprobe (Statistik)

Rassismus Eine Behauptung eines Zusammenhanges zwischen rassischen Merkmalen von Menschen und ihrem „Wert"; Folge von Rassismus ist Sklaverei

rational-emotiv-behavioral vernünftiges Denken, echtes Fühlen, faireres Verhalten, vgl. REBT (Rational-Emotive Behavior Therapie: Rational-Emotive-Verhaltenstherapie: REVT)

Rational-Emotive Verhaltenstherapie (REVT) Gründer Albert Ellis, N.Y., 1956

rationales Denken tatsachen-, faktenorientiertes, bewertendes und schlussfolgerndes Denken; wissenschaftlich-kontrollierbares, beweisbares Denken (v. a. Grundwissenschaft Verhaltensmedizin als bio-psycho-soziale Medizin und Verhaltenstherapie; vgl. REVT)

Redundanz 1. Üppigkeit, Überfluss

2. Grundinformationen stützende Prozesse „Färbung" zu bzw. um einen Begriffsgehalt oder eine Kognition

Reframing 1. Strategie und Technik in der Psychotherapie (v.a. Hypnose- und Rational-emotive Verhaltenstherapie und IKV); durch die Ereignisse, Tatsachen, Gefühle, Verhaltensweisen etc. eine neue Bewertung erhalten, die im Dienste von konstruktiver Weiterentwicklung steht. Einem Inhalt wird durch (rationale) Umdeutung eine neue, in der Regel positive und fördernde (problemlösende) Funktion zugeschrieben.
2. Reframing Techniken sind wichtige Werkzeuge des Neurolinguistischen Programmieren (NLP) und der neurolinguistischen Psychotherapie, vgl. REBT (A. Ellis) und IKV. Reframing bedeutet, einer Situation einen neuen Bezugsrahmen (frame) zu geben. Es werden unterschieden: Kontext-, Bedeutungs- und Inhalts-Reframing

Regress Rückgriff eines ersatzweise haftenden Schuldners auf den Hauptschuldner (Rechtswissenschaft)

reine Vernunft apriorische Erkenntnis

Religion 1. Glaubensvereinigung mit eigenen Regeln und öffentlichem Bekennen (Gelübden); Glaubensbekenntnis, Gottesfurcht, Frömmigkeit, Gewissenhaftigkeit
2. Religio (lat.): Bedenken, Zweifel, Besorgnis oder abergläubisches Bedenken oder heilige Verpflichtung, Verbindlichkeit

REM-Schlaf und SEM-Schlaf Rapid Eye Movements (schnelle Augenbewegung; auch Traumphase), vgl. Slow Eye Movements (langsame Augenbewegungen beim Einschlafen)

Renaissance 1. kulturelle Bewegung in Europa im Übergang vom Mittelalter zur Neuzeit
2. Wiedergeburt i. S. v. Wiederaufleben zu neuer Blüte (Renaissance einer Beziehung)

respiratorisch Atmung betreffend

Rezeptoren Empfangs- und Aufnahmeeinrichtungen von Zellen für den Empfang bestimm-ter Reize, z. B. Tasten, Sehen, Riechen, Schmecken, Wärme-Kälteempfindungen, Schmerzempfindungen, vgl. Nozizeptoren →

Rigidität	Unfähigkeit, Starre, Versteifung, Unnachgiebigkeit (vgl. rigides Denken)
Robotik	Apparatemedizin, elektronisch gesteuerte Geräte, (Fern)operationen mit Roboter („Maschinenmenschen"); Einsatz von Operationsrobotern
sacrificium intellectus	Opfer des Verstandes 1. der von kathol. Gläubigen verlangte Verzicht auf eigene Meinungsbildung in Glaubensdingen 2. Aufgabe eigener Überzeugungen
Sakrileg	1. Vergehen gegen Gegenstände und Stätten religiöser Verehrung (z.B. Gotteslästerung, Kirchenraub) 2. ungebührliche Behandlung von Personen oder Gegenständen, die einen hohen Wert besitzen oder große Verehrung genießen
salutogenetischer Ansatz	Heilungs-Behandlungsansatz: Neben konservativer (somatischer) Medizin/Behandlung noch Psycho, Physio-, Ernährungs-, Sport- und Biomedizin
Sanskrit	altindische Literatur- u. Gelehrtensprache
Schisma	Kirchenspaltung aus kirchenrechtlichen, aber auch dogmatischen resp. inhaltlichen Gründen
Schlafdrucklähmung	Lähmung von Nerven durch Druck während des Schlafes, z.B. des Nervus radialis durch den auf dem Oberarm ruhenden Kopf des Schläfers
Screening	(engl.) Untersuchungen, Proben vornehmen
Semantik	Teilgebiet der Linguistik (Sprachwissenschaft), auf dem man sich mit den Bedeutungen der Sprache und den sprachlichen Zeichen sowie der Zeichenfolge befasst (hier: Wortbedeutungslehre; semantisieren: die Bedeutung ermitteln und beschreiben
Simonie	Käuflichkeit kirchlicher Ämter i. Mittelalter
Single-Photon-Emission	CT: Spezielles ECT-Verfahren (elektronisches Computer Tomographie-Verfahren) unter Einsatz einer um den Pat. rotierenden Gammakamera, das auch konventionelle Szintigraphie (nuklear medizin. Un-

tersuchungsmethode) in drei Ebenen erlaubt insbes. zur Darstellung des Myokards und des Gehirns, vgl. Myokard- und Hirnszintigraphie

sokratischer Dialog Schüler durch geschicktes Fragen Antworten und Einsichten selbst finden lassen

Solipsismus Ichbezogenheit; einen Standpunkt vertreten, der nur das eigenes Ich mit seinem Bewusstsein gelten lässt

Spermieninjektion reife Samenfäden in Zytoplasma einspritzen (Form der künstlichen Befruchtung), vgl. auch in-vitro-Fertilisation

Spiritualismus 1. metaphysische Lehre, die das Wirkliche als geistig oder als Erscheinungsweise des Geistigen annimmt
2. theolog. Richtung, die die unmittelbare, geistige Verbindung des Menschen mit Gott gegenüber der geschichtlichen Offenbarung betont

Steroidstoffwechsel Stoffwechsel, der von den Hormonen, deren Grundgerüst das Gonan (Steran), gesteuert wird; zu den Steroiden gehören Östrogene, Gestagene, Antrogene, Glukokortikoide und Mineralkortikoide

Stoa, Stoiker um 300 v. Chr. gegründete Philosophenschule, deren oberste Maxime der Ethik darin bestand, in Übereinstimmung mit sich selbst und der Natur zu leben sowie Neigungen und Affekte als der Einsicht hinderlich zu bekämpfen

supervidieren überprüfen, überwachen, kontrollieren; Leistungskontrolle (Supervision); aber auch konstruktiv beraten (Psychotherapie)

Synkretismus Gemeinsamkeit aller Religionen, z.B. Gerechtigkeit, Liebe, Hoffnung, Frieden
1. Vermischung verschiedener Religionen, Konfessionen oder philosophischen Lehren, meist ohne innere Einheit
2. Kasussynkretismus (Zusammenfall zweier oder mehrerer Fälle)

Teleologie Die Lehre von der Zielgerichtetheit und Zielstrebigkeit jeder Entwicklung im Universum oder in seinen Teilbereichen; Lehre vom Zweck, von der Zweckmäßigkeit

Terrorismus Begriff, der bei Christen und Juden gilt, nicht aber im Islam; analog ist es bei Fundamentalismus – andere muslemische Führer behaupten Gegenteiliges – objektiv sind die Begriffe für alle Menschen gültig und diese Handlungen irrational:
1. Schreckensherrschaft
2. Verbreitung von Angst und Schrecken durch Anschläge und Gewaltmaßnahmen zur Erreichung eines bestimmten (politischen) Ziels
3. Gesamtheit der Personen, die Terrorakte verüben

Tuben 1. Eileiter; 2. Ohrentrompeten

UNEP „United Nations Enviroment Programme", 1972 gegründet; Sitz in Nairobi, koordiniert die Umweltaktivitäten weltweit: Gefährdung der Arten, Kampf gegen Treibhauseffekte, Erhaltung der Ozonschicht, Weiterentwicklung des Internationalen Umweltrechts

UNESCO United Nations Educational Scientific (Wissenschaft) and Culturel (Kultur) Organisation (Bildung)

Unilateralismus philosophisches Macht-Recht-Problem des Griechen Thukydides (um 460–400 v. Chr.): Der Starke macht, was er will, was ihm nützt, und der Schwache muss mit dem, was übrig bleibt, zurechtkommen

upbringing (engl.) Betreuung; ein Kind mit dem biologisch Notwendigsten versorgen (Essen, Trinken, Schlafen, Kleiden, Wohnen) bei sporadischer, immer wiederkehrender Zuwendung ohne echte emotionale Tiefe

Uterus Gebärmutter

Utilitarismus philosophische Lehre, die im Nützlichen die Grundlage des sittlichen Verhaltens sieht und Ideale nur anerkennt, wenn sie dem Einzelnen oder der Gemeinschaft nützen

Valenzen 1. zugeordnete Wertigkeit
2. Aufforderungscharakter, den Objekte der Wahrnehmung besitzen

Vandalismus	Zerstörungswut, meist infolge einer großen Frustration wegen irrationalen Ansprüche
Verfassungsänderung	für eine Verfassungsänderung in der Demokratie sind 2/3 der wahlberechtigten Menschen notwendig; bei der UNO 2/3 des Sicherheitsrates
Verhaltensmedizin	biopsychosoziale Medizin oder somapsychosoziale Medizin (behavioral-medicine)
verifizieren	die Richtigkeit von etwas bestätigen, Überprüfbarkeit (Verifizierung)
Vernunft	im engeren Sinne: Vermögen der Ideen. Im weiteren Sinne: apriorische Erkenntnis überhaupt
Verstand	begriffliche Erkenntnis (Kant)
Vigilität / Vigilanzstörung	Fähigkeit, Aufmerksamkeit und Affekt auf etwas Neues zu richten; Bewusstseins- oder Wahrnehmungsstörung
WTO	World-Trade-Organisation (Welthandelskonferenz)
Zufallsstichprobe	siehe Randomisierung
Zytokinese	Lehre vom Wachstumsverhalten der Zellen
Zytoplasma	Grundplasma der Zelle, das keine homogene Proteinlösung darstellt, von zahlreichen Membranen durchzogen wird und eine Fülle kleinerer Zelleinschlüsse enthält.

Literaturverzeichnis

1 Küng, Hans: Projekt Weltethos. München, Zürich, 2001

2 Habermas, Jürgen: Diskursethik. München, 1991

3 Miltner, W.; Birbaumer, N.; Gerber, W.-D.: Verhaltensmedizin. Berlin, Heidelberg, New York, Tokyo, 1986

4 Hayakawa, S. I.: Semantik. Darmstadt, 1967. Original: Language in Thought and Action. Harcourt, Brace & Word Inc. New York, 1939

5 Huber, Fred: Vernünftig leben aber wie? Karlsruhe, 1994

6 Huber, Fred: Integrative Kognitive Verhaltenstherapie sowie verhaltensmedizinische Erkenntnisse in der Bewältigung chronischer Schmerzen und Schmerzsyndrome. ICCMO-Brief, 6. Jg., Ausgabe 2, Mai 1999, S. 29–36; International College of Cranio Mandibular Orthopedics. Sektion Deutschland (Hg.), Schulstraße 35, 91052 Erlangen, 1999

7 Stumm, G.; Pritz, A. (Hg.): Wörterbuch der Psychotherapie. Wien, New York, 2000

8 Schwanitz, Dietrich: Bildung. Alles was man wissen muss. Ludwigsburg, 1999

9 Neuhäusler, Anton: Grundbegriffe der philosophischen Sprache. München, 1963

10 Platon: Der Staat (Politeia). 6. Buch, 19. Kap., 508a–509b. In: Walter F. Otto et al. (Hg.): Platon – Sämtliche Werke, Bd. 3. S. 220–221. Hamburg, 1959

11 Aristoteles: Nikomachische Ethik. Herausgegeben von Günther Bien, Hamburg, 1972, S. 1–2

12 Kant, Immanuel: Leben und Werk. Gerhard Stenzel, Walter Del-Negro (Hg.). Sigbert Mohn, o. J.

13 Kant, Immanuel: Grundlegung zur Metaphysik der Sitten. Hamburg, 1965, S. 393–395

14 Schweitzer, Albert: Kultur und Erbe – Ges. Werke, Bd. 2, München, 1990, S. 377–390

15 Pieper, Annemarie: Einführung in die Ethik. Tübingen, 1991

16 Frankena, William K.: Analytische Ethik. Eine Einführung. München, 1972

17 Sokrates und die Vorsokratiker: Ernst R. Lehmann-Leander (Hg.), Wiesbaden, Berlin, 1960

18 Ellis, Albert: A New Approach to Psychotherapy Techniques. Journ. Clin. Psychol. 11, 207–260, 1955

[19] Ellis, A.; Bernard, M.E. (Eds): Clinical Application of RET. New York, 1985

[20] Ellis, A.; Grieger: Praxis der rational-emotiven Therapie. München, 1979. Original: Handbook of Rational-Emotive Therapy. New York, 1977

[21] Walen, S.; Di Guiseppe, R. & Wessler, R. L.: A practitioner's guide to Rational-Emotive Therapy. New York, 1980

[22] Grawe, K.; Donati, R.; Bernauer, F.: Psychotherapie im Wandel – Von der Konfession zur Profession. Göttingen, Bern, Toronto, Seattle, 4. Auflage 1996 (1994)

[23] Huber, Fred: Advanced Cognitive Psychotherapy. Integrative Cognitive Psychotherapy (ICP) with Adolescents and Adults. Dissertation. Century University, Los Angeles CA and Albuquerque, NM, USA, 1988

[24] Lazarus, A. A.: Mulimodal behavior therapy. New York, 1976

[25] Rubin, R. T.: University of California, Los Angeles, USA, President of the International Society of Psychoneuroendocrinology

[26] Flor, H.; Birbaumer N.; Hahlweg, K.: Grundlagen der Verhaltensmedizin. Göttingen, Bern, Toronto, 1998

[27] Flor, H.; Birbaumer, N.; Hahlweg, K.: Anwendungen der Verhaltensmedizin. Göttingen, Bern, Toronto, Seattle, 2001

[28] Schwartz, G. E.; Weiss, S. M.: Yale conference on behavioral medicine: A proposed definition and statement of goals in: Journal of Behavioral Medicine, 1978 1,3–11

[29] a) Fachausschuß Psychosomatik (Hg.): Verhaltensmedizin Heute – Basisdokumentation Psychosomatik in der Verhaltensmedizin (10 Jahre). Hilden, H.2, Mai 1994

b) Reinecker, Hans: Verhaltenstherapie und Verhaltensmedizin. Lengerich, Berlin, Riga, Rom, Wien, Zagreb, H.1, 2000 (Quartalszeitschrift der Verbände AVM (Arbeitsgemeinschaft für Verhaltensmodifikation Österreich und Deutschland) sowie DVT (Deutscher Fachverband für Verhaltenstherapie)

[30] Grundgesetz, Verfassungsreform G, Menschenrechtskonvention, Bundesverfassungsgerichts G-Novelle 1998, Parteiengesetz: Beck-Texte im dtv, 36. Auflage, 2001, Vorwort: Jutta Limbach

[31] Europarechte, EMRK: Beck-Texte im dtv, 17. Auflage, 2001

[32] EU-Arbeitsrecht: Beck-Texte im dtv, 1. Auflage, 2001

[33] Berufsverband Deutscher Psychologen e.V. (Hg.): Ehrengerichtsordnung. Report Psychologie, Ztsch. 1/1980

[34] Schaffer, Ulrich: Grund-Rechte – Ein Manifest. Stuttgart, 1988 (Nachdruck 2000)

[35] Kanfer, F. H.; Reinacher, R.; Schmelzer, D.: Selbstmanagement-Therapie. Berlin, Heidelberg, 1996, S. 553–555

[36] Deutscher Fachverband für Verhaltenstherapie e.V. (DVT) Hg.: Ethische Grundsätze für die Ambulante Verhaltenstherapeutische Praxis. Münster, 4/1998, Literaturempfehlungen von DVT (Mitgliederbrief 37–44)

[37] American Psychological Association (APA). Ethical issues in behavior modification. Report of the American Psychological Association Commission. Francisco: Jossey-Bass-Publishers (1978)

[38] Association for Advancement of behavior therapy (AABT). Ethical issues for human services. Behavioral therapy, 8, page 763–764 (1977)

[39] Friedmann, P. R.: Legal regulation of applied behavior analysis in mental institutions and prisons. Arizona Law Review, 17, page 39–104 (1975)

[40] Goldiamond, I.: Toward a constructial approach to social problems. Behaviors, 2–1, page 1–84 (1974)

[41] Davison, G. C. & Stuart R.B.: Behavior therapy and civil liberties. Annual review of behavior therapy, page 40–57 (1976)

[42] Deutsche Gesellschaft für Verhaltenstherapie: Ethische Rahmenrichtlinien der DGVT und deren Kommentare. Geschäftsstelle der DGVT, Tübingen (1996)

[43] Berufsverband Deutscher Psychologen. Berufsordnung für Psychologinnen und Psychologen. Deutscher Psychologenverlag GmbH, Bonn (1986)

[44] Lieb, H.: Die verhaltenstherapeutische Lösung ethischer Probleme. Eine Rezession der amerikanischen Ethik-Debatte. Aus: Lieb, H. und Lutz, R. (Hg.): Verhaltenstherapie, VAP 1992

[45] Pschyrembel, Willibald (Hg.): Klinisches Wörterbuch, 255. Auflage, Berlin, New York, 1986

[46] Chaplin, J.P.: Dictionary of Psychology. New York, 1985

[47] Brockhaus, F.A.: Brockhaus Enzyklopädie. 24 Bd., Mannheim. 1986–1994

[48] Anold, W.; Eysenck H. J.; Meili R. (Hg.): Lexikon der Psychologie. 3 Bände, Freiburg, Basel, Wien, 1972

[49] Freud, Sigmund: Drei Abhandlungen zur Sexualtheorie. G. W. Bd. V, 27–145, Frankfurt, 1905

[50] Dilling, H.; Mombour, W.; Schmidt, M. H. (Hg.): Internationale Klassifikation psychischer Störungen. Klinisch-diagnostische Leitlinien. Bern, Göttingen, Toronto, 1991 (Nachdruck 1992).

[51] Fiedler, Peter: Persönlichkeitsstörungen, Weinheim, 1994

[52] Symposium: Ethisches Handeln an den Grenzen des Wissens in Medizin, Psychologie, Seelsorge und Pädagogik, IEPG am 24.10.2000, Mannheim, (Institut für medizinische Ethik, Grundlagen und Methoden der Psychotherapie u. Gesundheitskultur)

[53] Hermann, T.; Lautermann, E. D. (Hg.): Persönlichkeitspsychologie. München, 1985

54 Roth, E.: Sämtliche Menschen. München, Wien, 1983

55 Bauer, A. W. (Hg.): Medizinische Ethik am Beginn des 21. Jahrhunderts. Theoretische Konzepte, Klinische Probleme, Ärztliches Handeln, Heidelberg, Leibzig, 1998

56 Pöldinger, W.; Wagner, W. (Hg.): Ethik in der Psychiatrie. Wertebegründung – Wertedurchsetzung. Bd.1, Berlin, Heidelberg, New York, 1991

57 Rawls, John: Theorie der Gerechtigkeit. Frankfurt, 1979

58 Allport, G. W.: Personality. A psychological interpretation, London, 1938

59 Wiesing, Urban: Widersprüchliche Regelungen. In: Deutsches Ärzteblatt, Bd. 96, S. A-3163-3166, 1999

60 Werner, H. Micha: Menschenwürde als Grundnorm in der Medizinethik: Ärzteblatt Baden-Württemberg (ABW) Stuttgart, 6/2000

61 Cordijn, B.; Wiesing, U.: Euthanasie in den Niederlanden. ÄBW, 9/2000, S. 363–366

62 Nagel, Gerd (Hg.): Brückenschlag. Aktuelles über Klinik und Forschung. Wissenschaftl. Direktor der Klinik für Tumorbiologie. Ztsch. Nr. 14/März 1998 (Krebs und Abwehr) und Nr. 27/2001 (Was kann ich selbst noch tun?)

63 Verbraucher Zentrale Hamburg e.V. (Hg.): Liste 2000 – Notwendige Arzneimittel (Phytotherapeutika, Homöopathika, Anthroposophika). Hamburg, 2000

64 World Cancer Research Fund (Ed.): Food, Nutrition and the Prevention of Cancer: a global perspective. Washington, 1997

65 Deutsches Institut für Ernährungsforschung(Hg.): Krebsprävention durch Ernährung. Potsdam, 1999

66 Bauer, A. W.: Braucht die Medizin Werte? Reflexionen über methodologische Probleme in der Bioethik. In: Medizinische Ethik. Heidelberg, Leipzig, 1998, S. 1–18

67 Laub, Dieter: Training, Ernährung, Regeneration und Verletzungen in Bezug auf Leistungssport (für Ausdauersportler) – Internet: Stand 11.12.2000 (Aufsatz 38 Seiten)

68 Tausch, R.: Atementspannung. Techniker Krankenkasse (Hg.) Tonkassette, 1993

69 Schultz, I.H.: Das Autogene Training. Stuttgart, 1923 (1970)[13]

70 Jacobson, E.: Progressive Relaxation. Chicago, 1938 (Reprint 1974)

71 Lazarus, A. A.: Innenbilder – Imagination in der Therapie und Selbsthilfe. München, 1977

72 Simonton, Carl: Wieder gesund werden. Hamburg, 1982

73 Theobald, Steffen: Krebsprävention durch Ernährung. In: Brückenschlag (Ztsch. der Klinik für Tumorbiologie, Freiburg), 3/2001

74 Neue Apotheken Illustrierte: Gesundheit. 10/2000, S. 6

75 Schneider, R.: Die Suchtfibel. München, 1988

76 Kraus, L.; Gerstens, J.: Heilpflanzen. Gesundheit aus der Natur. Stuttgart, 1995

77 Fröbel, F. W. A., (1782–1852): Ausgewählte Pädagogische Schriften. Paderborn, 1966

78 Litt, Theodor: Führen und Wachsen lassen. Stuttgart, 1949, und: Mensch und Welt. München, 1948

79 Pestalozzi, Johann Heinrich (1746–1827): Wie Gertrud ihre Kinder lehrt. Baden-Baden, 1947

80 Lorenz, Konrad: Die acht Todsünden der zivilisierten Menschheit. München, 1973

81 Albert Ellis Institute: 45 East 65th Street, New York, N.Y. 10021, E-mail: orders@rebt.org

82 PAL-Verlagsgesellschaft, Am Oberen Luisenpark 33, 68165 Mannheim

83 Feld, Karsten: Wieder gut schlafen können. Was Sie gegen Ein- u. Durchschlafprobleme tun können. Mannheim, 1994

84 Wolf, Christa: Ängste verstehen und überwinden. Mannheim, 1992

85 Merkle, Rolf: Laß dir nichts gefallen. Wie Sie ihr Selbstbewußtsein stärken ..., Mannheim, 1990

86 Dahlke, Rüdiger: Krankheit als Sprache der Seele. Be-Deutung und Chance der Krankheitsbilder. München, 1992

87 Huber, Fred: Pädopathologie der Verhaltensauffälligkeit. Genese, Diagnose, Therapie und Prophylaxe. Heidelberg, 1982 – (Exemplare nur noch beim Autor erhältlich, da vergriffen)

88 Steinhausen, H. Ch.; von Aster, M. (Hg.): Verhaltenstherapie und Verhaltensmedizin bei Kindern und Jugendlichen. Weinheim, 2. Auflage, 1999

89 Gordon, Thomas: Familienkonferenz. Die Lösung von Konflikten zwischen Eltern und Kind. Hamburg, 13. Auflage, 1979

90 Dreikurs, R. und Soltz, V.: Kinder fordern uns heraus. Wie erziehen wir zeitgemäß. Stuttgart, 1966. Original: Children. The Challenge. New York, 1964 (26. Auflage 1994)

91 Richter, H.-E.: Eltern, Kind, Neurose. Die Rolle des Kindes in der Familie. Reinbek b. Hamburg, 1969

92 Richter, Horst-Eberhard: Patient Familie. Reinbek b. Hamburg, 1970

93 a) Rogge, Jan: Ängste machen Kinder stark. Hamburg, 1999
b) Rogge, Jan: Kinder brauchen Grenzen. Hamburg, 1993

94 Fromm, Erich: Die Kunst des Liebens. Weltperspektiven. Frankfurt, Berlin, Wien, 1980 (Erstausgabe: The Art of Loving, New York, 1956)

95 Rosemond, John, K.: Kinder erziehen mit Vernunft. So bereiten Sie ihren Nachwuchs am besten auf ein selbständiges Leben vor. Das Beste, Sonderdruck Stuttgart, Zürich, Wien, 1997, S. 74–78

96 Universitätsklinikum Hamburg Eppendorf, Abteilung für Psychiatrie und Psychotherapie des Kinder- und Jugendalters (Hg.): Fragebogen „Wie geht es meinem Kind?“ (Professor Schulte-Markwort u. Mitarbeiter, Martinistraße 52, 20246 Hamburg), Stern, Ztschr., Heft 28/2001, S. 36

97 Stern, Magazin (Hg.): Hilfe mein Kind braucht mich. Heft 29/2001, S. 108–112. Infos im Internet: www.stern.de/wissenschaft – Material für das „Triple P“-Training: PAG Institut für Psychologie, Hoyastraße 1a, 48147 Münster Internet: www.triplep.de

98 Bultmann, Rudolf: Jesus Christus und die Mythologie. Das N.T. im Lichte der Bibelkritik. Hamburg, 1964. Original: Jesus Christ and Mythology. New York, 1958

99 Deschner, Karlheinz: Kirche und Faschismus. Rastatt, 1993

100 Deschner, Karlheinz: Opus Diaboli. Fünfzehn unversöhnliche Essays über die Arbeit im Weinberg des Herrn. Hamburg, 1994

101 Herrmann, Horst: Sex & Folter in der Kirche. 2000 Jahre Folter im Namen Gottes. München, 1994

102 Rosa de, Peter: Der Vatikan von Gott verlassen? Kirche, Sex und Tod. München, 1993. Original: Sex and Death: The Chrisis in Christian Ethics.

103 Guerri, Giordano, Bruno: Ego te absolvo. Beichtstuhlprotokolle. Hamburg, 1995. Original: Io ti assolvo. Mailand, 1993

104 Evangelische Landeskirche Baden (Hg.): Leitsätze: Was wir glauben. Wer wir sind. Was wir wollen. Internet: www.ekiba.de Nov., 2000, Blumenstraße 1–7, 76133 Karlsruhe

105 Tonbee, A. J.: A Study of History. Bd.V., Oxford, 1933, S. 126

106 Baar, Marius: Das Abendland am Scheideweg. Ismael oder Israel – Koran oder Bibel – Mohammed oder Jesus? Frankfurt, 1979

107 Ritschl, Dietrich: Gerechtigkeit als ethisches Kriterium: Zur konsensfähigen Grundlegung der Ethik in Psychiatrie und Psychotherapie. In: Pöldinger W.; Wagner, W. (Hg.): Ethik in der Psychiatrie. Wertebegründung –Wertedurchsetzung. Berlin, Heidelberg, New York, 1991 (S. 81–94)

108 Pieper, Annemarie: Anthropologische Aspekte (S. 11–21) in: (56)

109 Honnefelder, Ludger: Person und Menschenwürde: Zum Verhältnis von Metaphysik und Ethik bei der Begründung sittlicher Werte (S. 22–39) In: Pöldinger W.; Wagner,W. (Hg.): (56)

110 Arnim v., Hans Herbert: Diener vieler Herren. Die Doppel- und Dreifachversorgung von Politikern. München, 1998

111 Stern-Magazin: Gesichter der Lüge (Spendenskandal, Geheimkonten, Flugaffäre – Politiker kohlen, um an der Macht zu bleiben ...)8/2000, S. 52–60

112 Stern-Magazin: Der Schmiergeld Staat. H8, 2/1992, S. 16–23

113 Stern-Magazin: Wieviel unsere Politiker wirklich verdienen? 5/2001, S. 51–68

114 Henn, Wolfram: Embryonenschutz: Keine Entscheidung ohne qualifizierte Beratung. In: Deutsches Ärzteblatt, Jg. 98, H.33, (17.08.2001), P506–507

115 Hartkamp, Norbert: Ethische Aspekte in der Psychotherapieforschung – eine vorläufige Standortbestimmung In: Tress, W.; Langenbach, M. (Hg.): Ethik in der Psychotherapie. Göttingen, 1999, (S. 217–230)

116 American Psychological Association (APA) (Ed): Ethical principles of psychologists and code of conduct. American Psychologist, Washington, 1992 47: pp 1597–1611

117 Orlinsky, David (University of Chicago): The Psychotherapist as Source of therapeutic Effect. Report in Clinic Bad Herrenalb, Germany, April 18, 1998

118 Tress, W.; Langenbach, M. (Hg.): Ethik in der Psychotherapie. Göttingen, 1999

119 Jung, Johanna: Das Ethos des Erziehers. Ratingen, 1967

120 Piaget, Jean: Psychologie der Intelligenz. Stuttgart, Zürich, 1947

121 Mühlan, Claudia und Eberhard: Das große Familien Handbuch. Asslar, 1996, (2. Auflage 1997)

122 Henning, Max (Übers.): Der Koran. Stuttgart, 1960, (1991) (gilt als beste deutsche Übersetzung des Korans aus dem Arabischen)

123 Tress, W.; Langenbach M. (Hrsg.): Ethik in der Psychotherapie. Göttingen, 1999

124 Schweitzer, A.: Das Christentum und die Weltreligionen. München, 1924

125 Rautenstrauch, J.: Entzündliches Rheuma – Erfahrungen mit der Stammzellentherapie. Deutsches Ärzteblatt, Jg. 98, H.21, P 324, 25. Mai, 2001

126 Gesundheitsreport 2001: Psychosen nehmen zu. In: Deutsches Ärzteblatt Jg. 98, Heft 22, 1. Juni, 2001; P 348

127 Dr. med. Anonymus (Hg.): Urlaub auf Krankenschein. Die geheimen Tricks der Blaumacher, Hamburg, 2001

128 Richter, Eva A.: Forschung und Medizin. Therapie zwischen Leitlinien und Zukunftsvisionen. Dies. et.al: Forschung und Ethik. Die Weichen sind gestellt. In: Deutsches Ärzteblatt, PP, H.1, Januar 2002, S. 12f.

129 Apotheken Umschau (Hg.): Neurobiologie: Wie Gefühle entstehen? (Ztsch.), 08.01.2002, S. 42–45; hierin einseitig deterministisch-genuine Schlussfolgerungen der beobachtbaren Fakten durch Hirnforscher der Universitäten Düsseldorf und Bremen

130 Gerster, Petra: Der Erziehungsnotstand in Deutschland. Reinbek b. Hamburg, 2001

[131] Lempp, R.: Warum ist unsere Schule zum führenden pathogenen Faktor für Verhaltensstörungen geworden? Bern, Stuttgart, Wien, 1975; Sonderdruck aus: Ehrhardt, Helmut E. (Hg.): Aggressivität, Dissozialität, Psychohygiene

[132] Hartmann, H.: Bemerkungen zum Realitätsproblem. Psyche, 18 Jg., 1964/65, S. 65 und S. 76

[133] Holl, Adolf: Die neue Weltreligion ist der Kapitalismus. In: Ztschr. Psychologie Heute, 3/1992, 19. Jg., H.3, S. 20–24.

[134] Hermann, Horst: Auf dem Bildschirm ist die Kirche los? In: Psychologie Heute. 3/1992, H.3, 19. Jg., S. 31–34

[135] Ellis, A.: Reason and Emotion in Psychotherapy: A Comprehensive Method of Treating Human Disturbances, New York 1962 and 1994 (Revised and Updated).

[136] Ellis, A.; Kindy, W.: The practice of Rational Emotive Behavior Therapie (REBT). Springer, New York, 1997

[137] Ellis, A.: Rational Emotive Behavior Therapy as an International Control Psychology. Journal of Rational-Emotive & Cognitive-Behavior Therapy. Volume 18, Number 1, Spring 2000, P. 19–38

[138] Senf, W.; Broda, M.(Hg.): Praxis der Psychotherapie. Ein integratives Lehrbuch: Psychoanalyse, Verhaltenstherapie, Systemische Therapie. Stuttgart, New York, 2. Auflage 2000

[139] Remschmidt, H.: Ärzte und Psychologen als Psychotherapeuten. Besinnen auf gemeinsame Ziele. Deutsches Ärzteblatt/PP/ Heft 2, Februar 2002, S. 55f.

[140] Platon: Krifon, 47 d–48b, Stuttgart, 1998, S. 46

[141] Sonnenfeld, A.: Stammzellforschung. Das Argument des Sokrates. Deutsches Ärzteblatt, PP, H.2, Februar 2002, S. 59f.

[142] Neyer, F. J.: Individuum und soziales Netz. Ztschr. Verhaltenstherapie und Verhaltensmedizin, 2001, 22. Jg. (4), 319–331

[143] Ethik in der Krebsmedizin. Klinik für Tumorbiologie, Freiburg (Hg.): Ztschr. „Brückenschlag", 10. Jg., Nr. 30, März 2002

[144] Aschenbrenner, K.-H.: PISA und die Folgen – 12 Thesen. Mit der Analyse beginnen. In: Ztschr. Bildung & Wissenschaft, März 2002, S. 8 u. 10-12), (Hg.: GEW- Baden Württemberg, Stuttgart); (Darin auch: Dörr, Hans: Anmerkung zur Talkrunde „Nachtcafe", S. 9)

[145] a) Hawking, St.: Eine kurze Geschichte der Zeit. Deutscher Taschenbuch Verlag, München, 1988

b) Hawking, St.: Das Universum in der Nussschale. Hoffmann u. Campe, München, 2001.

Index